4. 9. 21

27. 12. 02
von CiG

Hiltrud Häntzschel
Brechts Frauen

Rowohlt

Lektorat Annalisa Viviani

1. Auflage Juli 2002
Copyright der deutschsprachigen Ausgabe © 2002
by Rowohlt Verlag GmbH, Reinbek bei Hamburg
Verwendung der Zitate Bertolt Brechts mit
freundlicher Genehmigung des Suhrkamp Verlags,
Frankfurt am Main
Alle Rechte vorbehalten
Gesetzt aus der Minion PostScript PageMaker
bei Pinkuin Satz und Datentechnik, Berlin
Druck und Bindung Clausen & Bosse, Leck
Printed in Germany
ISBN 3 498 02964 9

Die Schreibweise entspricht den Regeln
der neuen Rechtschreibung.

Inhalt

Für Günter

«Etwas Glanz fällt auf jede»

Die Frauen und der Dichter

Im Juli 1933 sitzt Margarete Steffin «vormittags, nachmittags, abends und nachts allein»[1] in ihrem Exil-Unterschlupf in Paris. Sie kämpft um den Aufbau einer Lebensgrundlage als Literaturagentin, vor allem aber kämpft sie mit einer herben Enttäuschung: Die Hoffnung, dass sich Brecht für ein gemeinsames Leben mit ihr entscheidet, hat der Geliebte zerschlagen. Brecht ist zu Frau und Kindern nach Dänemark abgereist. Die intensivsten Liebeserlebnisse der vergangenen Monate, seine Sonette der Liebe von erregender Intimität, die sie zu einem durchaus ebenbürtigen lyrischen Echo inspirierten, gemeinsame literarische Vorhaben, schließlich eine unter bitterer Verlusterfahrung durchgestandene Abtreibung, alle diese Zeugnisse engster Zusammengehörigkeit nährten nur eine Gewissheit: Er wird sich für mich entscheiden, wir werden gemeinsam leben und arbeiten.

Mitte Juli schreibt sie an Brecht: «es geht mir ganz gut hier, weil Du mich den leuten vorgestellt hast. Etwas glanz fällt auf jeden. Hoffentlich kommst du bald?»[2] Keine böse Szene, selbst den nagenden Schmerz steckt sie weg, immer ist man wer gewesen neben Brecht, ein bisschen Hoffnung bleibt immer noch, alles Weitere in diesem Brief handelt von der Arbeit, seiner und ihrer.

In Brechts Leben bleibt die Entscheidung 1933 eine Anekdote, oft genug traf er ähnliche – davor und danach. Die Mitarbeiterin Grete Steffin allerdings wird ihm in den kommenden acht Jahren (bis zu ihrem Tod) unverzichtbar sein – für sein Werk.

Diese Geschichte enthält das Grundmuster der Beziehungen zwischen Bert Brecht und den Frauen, die er an sich zog. In den Variationen der Textur dieses Beziehungsgeflechts lassen sich immer wiederkehrende Konstellationen erkennen: sexuelle Anziehung bei rascher emotionaler Abkühlung auf seiner Seite, Treue dem Untreuen auf der ihren; als Ersatz für die Liebeserfüllung mit dem Mann muss die Befriedigung in der Arbeit für sein Werk genügen. Keiner ist das Auserwähltsein von Brecht zum dauerhaften Lebensglück geworden – nicht selten war es zum Davonlaufen –, aber keine würde wohl im Rückblick darauf verzichtet haben wollen.

Frauen um Goethe, Frauen um Nietzsche, Frauen um Rilke, Frauen im Magnetfeld des Genies: Welche Rolle spielten sie in vergangenen Zeiten für den Künstler, für die Meisterung des Lebens, für sein Glück, für sein Unglück, für die Entfaltung seiner Begabung, für sein Werk? Unendliche Variationen von Geschlechterbeziehungen begegnen in der Kunst- und der Geistesgeschichte: von der Treue einer sorgenden Gattin, die dem Genie die Forderungen des Tages abnimmt, bis zur Verstrickung in zerstörerische Leidenschaft zu einer Femme fatale, die das Werk gefährdet. Wir kennen die schwärmenden Anbeterinnen, die Musen, die klugen Leserinnen, die zu kritischen und befruchtenden Briefpartnerinnen werden, die – fast – ebenbürtigen Frauen im Kreis der Romantiker, die das Werk inspirieren und durch das Werk zu Eigenem inspiriert werden. Die vergötterte Frau als Schöpferin oder doch Vollenderin des Genies mag eine eher seltene, unaggressive Spielart von Männerphantasien sein, in der Realität wird sie die Beziehung zumeist überfordern. Der Architekt Walter Gropius rechtfertigt seiner skeptischen Mutter gegenüber die Wahl der Frau, die er zu heiraten beabsichtigt, Alma, die Witwe Gustav Mahlers und bis vor kurzem noch die Geliebte Oskar Kokoschkas: «Sie wird in ihrer unablässigen Sehnsucht nach Vollendung aus mir machen, was nur möglich ist.»[3] Einer leidenschaftlichen Liebe folgte eine glücklose Ehe, die nach fünf bitteren Jahren endgültig zerbrach.[4]

Mit dem katastrophalen Ende des Ersten Weltkriegs wurden auch die Übereinkünfte über die Rollen der Geschlechter radikal in Frage gestellt, moralische Reglements im Umgang mit Sexualität, auch mit der Kategorie des Besitzens, entwertet. Den Dichter als gottähnlichen Schöpfer feiert nur noch der Kreis um Stefan George in seinem Meister, jedes seiner Worte ist eingehüllt in die Aura unantastbarer Genialität, Frauen haben darin keinen Ort.

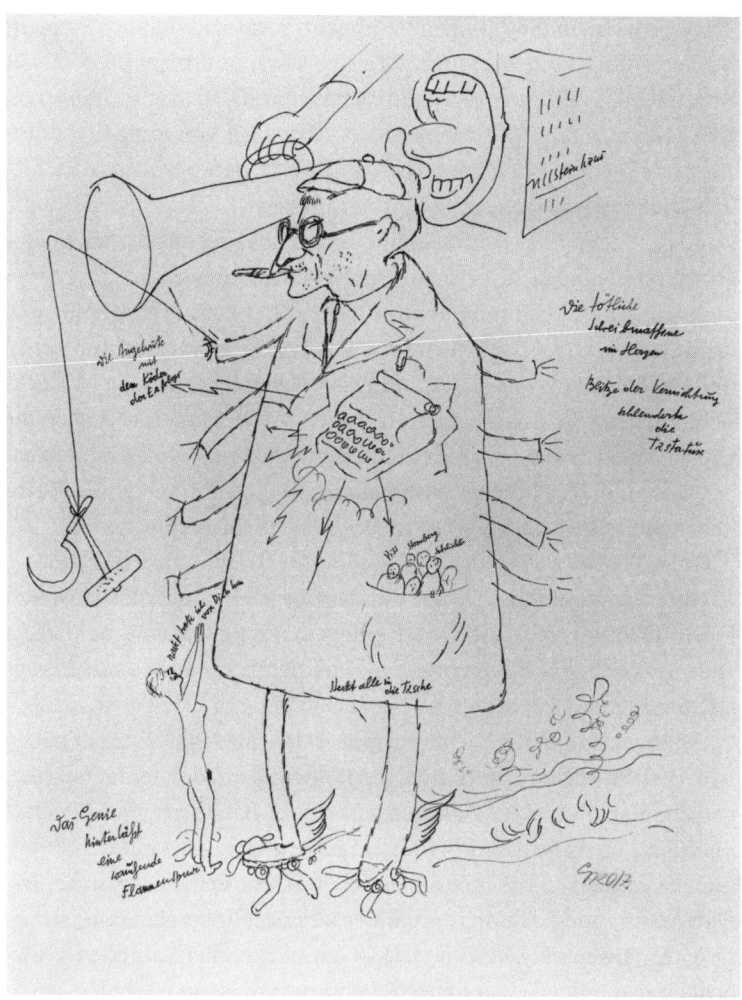

George Grosz, Brecht-Karikatur, 1927

In schärfstem Gegensatz dazu Brecht. Zwar träumt auch er über-heblich früh in sein Tagebuch: «Vierzig Jahre, und mein Werk ist der Abgesang des Jahrtausends»[5] und «Ich beobachte, daß ich anfange, ein Klassiker zu werden»[6] – da war noch kein Stück von ihm aufgeführt! Aber was Dichten ist und wie das vor sich geht, darüber hat er entschie-den andere Vorstellungen. Die Arbeitsprozesse haben sich radikal ge-wandelt, in Amerikas Fabriken sind die Fließbänder angelaufen, Team-arbeit heißt die neue Erfolgsformel – und Arbeitsteilung. Von der anderen Seite, von Osten, kommt das Zauberwort Kollektiv für den Produktionsprozess, also auch für den schöpferischen (meint Brecht), und wo der Besitz, das Eigentum obsolet geworden sind, da ist Rück-sicht auch auf geistiges Eigentum nur im Wege. Frauen besuchen die Universitäten, haben sich nun ebenfalls für anspruchsvolle Berufe qua-lifiziert, sind zunehmend erwerbstätig, leben selbständig, die Büros haben millionenfachen Bedarf an Angestellten, die weiblichen sind bil-liger.

Wie das ökonomische, wie das geistige, so ist auch das «Liebes»-Eigentum in antibürgerlichen Kreisen in Verruf geraten, bei Brecht zum Beispiel, aber bei genauerem Hinsehen nur dann, wenn es ums Nehmen geht.

Die Frauen um den Dichter heißen jetzt – ganz im Geiste der neuen Arbeitswelt – Mitarbeiterinnen, auch etwas degradierender: Sekretä-rinnen. Nur die ersten – die Jugendliebe Bi Banholzer und die erste Ehefrau, Marianne – sind wirklich Eroberungen. Die anderen Bezie-hungen verdanken sich mindestens ebenso sehr dem Schriftsteller wie dem Mann, und nach dem Abkühlen des Begehrens (bei ihm) haben sie als Mitarbeitsverhältnis im Dienst am Werk weiterbestanden. Nütz-lichkeitserwägungen von seiner Seite waren vor allem im Spiel, sexuel-les Begehren und körperlicher Genuss eine erfreuliche Zugabe. (Ma-rieluise Fleißer betreffen alle diese Erwägungen nicht, sie ist ein Sonderfall.)

Brecht und seine Frauen als Liebes- und Arbeitsteam scheint ein singuläres Phänomen zu sein. Hatte sich in diesem historischen Mo-ment angesichts der katastrophalen Folgen des Ersten Weltkriegs das Selbstverständnis der Frauen so weit gewandelt, dass sie freiwillig in ein

Verhältnis einwilligten, das ihnen eine Verbindung versprach, in der Liebe und intellektuelle Arbeit sich nicht ausschlossen? Waren sie aber doch noch nicht so souverän, dass sie aus jeweils unterschiedlichen Gründen nicht wieder aussteigen konnten, als das Verhältnis zu einseitiger Abhängigkeit wurde?

Denn eines charakterisiert die Mitarbeiterlieben alle, und das straft die schönen Reden vom Kollektiv Lügen: Es sind eben doch Abhängigkeitsverhältnisse, in jeder dieser Paarbeziehungen stehen die Partner nicht in gleicher Augenhöhe, die Frauen (sogar Helene Weigel, mindestens in der Emigration) stehen immer eine Stufe unter Brecht. Die Frauen bleiben trotz aller Anstrengungen ökonomisch abhängig: Elisabeth Hauptmann unterschreibt einen Brief an ihn – gewiss ironisch und nicht ohne eine Portion Stolz – «Ihr chiefgirl»; Grete Steffin schreibt – gewiss nicht ohne eine Spur Missmut – vom «chef». Und sie sind emotional wehrlos. Es gibt keine Waffen gegen eine Neue: Ihre Liebe baut auf einen, «auf den dürft ihr nicht bauen».

Allerdings: In dem Maße wie Brecht postum aufs Klassikerpodest stieg, verlieh er den Frauen, die im Kraftfeld des Genies gelebt, geliebt, mitgearbeitet hatten, besondere Attraktivität. Die eine oder andere mag diese Auszeichnung ein wenig entschädigt haben für die negativen Erfahrungen, die Entbehrungen, die erlittenen Kränkungen. Und die Kräfte verzehrende Zuarbeit von Mitarbeiterinnen zum Werk, zu seinem Werk, deren Ausmaß erst in den letzten Jahrzehnten durch philologische Grabarbeiten unter der glänzenden Hülle der Alleinautorschaft aufgedeckt wurde, sie scheint bei der einen oder anderen glaubwürdig zur Erklärung für das ausgebliebene eigene literarische Œuvre oder dessen Scheitern zu taugen.

Denn ihre Werke sind zwar allesamt durch die Brecht-Schule gegangen, von ihm angeregt und gefördert, aber sie sind fragmentarisch geblieben, vorläufig, es sind Gelegenheitsarbeiten (mit Ausnahme des Werks der Schauspielerin Helene Weigel), immer wieder zurückgestellt zugunsten der gemeinsamen Sache.

Ein Objekt der Anziehung im Magnetfeld des Begehrens gewesen zu sein, das lädt ein zur Legendenbildung. Alle diese Frauen sind interessant, sind *für uns* interessant im Hinblick auf ihre Beziehung zu ihm als Geliebtem, als Ehemann, als dem großen Dichter. Sie wurden von den Brecht-Forschern befragt, sie gaben bereitwillig auch dort Auskunft, wo sein Werk und sein literarischer Nachlass nichts verraten. Und wo neigt man nicht *mehr* zur eigenen Parteilichkeit, zur Glättung, zur besten Beleuchtung als bei der Rekonstruktion von Beziehungen und ihren Krisen? Bis auf Grete Steffin haben alle hier Porträtierten Brecht um viele Jahre überlebt und ihre Erfahrungen mit dem Genie zu Papier gegeben, am folgenreichsten die Wahrheit durch die Dichtung manipulierend Marieluise Fleißer. Gegen Legenden, Beschönigungen, Schuldzuweisungen konnte er sich nicht mehr rechtfertigen. Andererseits haben die ersten Frauen Brechts (Paula Banholzer und Marianne Zoff) die Briefe des Verliebten, des Zornigen, des Untreuen sorgfältig aufbewahrt; ihre Briefe an ihn sind verloren gegangen (entweder aus Unachtsamkeit, oder sie sind dem erzwungenen Exilwanderleben zum Opfer gefallen). Jetzt hören wir immer nur die eine Seite, die des Mannes, ihre Gegenreden sind verloren, sie können nichts mehr richtig stellen, können nichts erklären, ihren Gefühlen wird nicht mehr Ausdruck gegeben.

Das sind die Schwierigkeiten beim Schreiben der Wahrheit über Brechts Frauen. Es kann immer nur eine vage Annäherung geben.

Die Frauen um Brecht: Sie bewegen sich durch sein Leben wie in einer Choreographie. Ein etwas lauter, etwas auffälliger, frecher Junge mit Gitarre läuft hinter einem hübschen Schulmädchen her, ziemlich stürmisch, um nicht zu sagen dreist, buhlt er um sie. Sie gehen heiter ein Stück Weg gemeinsam, da kreuzt eine höchst attraktive Frau, eine ganz andere Schönheit, in Begleitung eines Mannes ihren Weg. Die Aufmerksamkeit des Sängers, des Poeten, wird in Bann gezogen. Er lässt das Schulmädchen nicht los, aber er prügelt sich schon mit dem Rivalen um die Schöne. Sie weiß nicht, soll sie mit dem oder mit jenem gehen, zupft an ihrem Gänseblümchen (ja, nein, ja, nein, ja, nein, ja), geht mit dem einen und flirtet mit dem anderen. Das hübsche Schulmädchen hat sich ganz allmählich dem Griff entwunden und verschwindet in der Ferne. Endlich gewinnt unser stürmischer

Dichter gegen den Rivalen, aber da hat er schon ein wenig die Lust an seiner Trophäe verloren. Denn eine junge Wiener Schauspielerin taucht aus dem Hintergrund auf, sie kommt ihm gerade recht, er ist jetzt ein bekannter Dramatiker. Trotzdem geht er weiter Arm in Arm mit der hart Erkämpften (und wehe, ein anderer macht ihr schöne Augen), schwingt sich wie in der Quadrille vom Arm der Schönen in den Arm der Wienerin und so ein paar Mal an uns vorbei, um die Beine wuseln schon ein paar Kinder. Die Schöne mag diese Sorte Tanz nicht, sie wird ganz ärgerlich, sie will mit ihm alleine tanzen – welche Frau will das nicht? Bei der nächsten Runde taucht sie am Arm eines anderen, eines sehr Freundlichen auf, da schnaubt der Dichter vor Zorn und hält doch die Wienerin schon fest am Arm. Aus den Kulissen treten neue Frauen hervor, attraktive und gescheite, eine schreibt auch Stücke, hängt sich eine kurze Zeit an die anderen an; eine zweite hat immer den Notizblock dabei und schreibt alles auf, was der Dichter sagt. Er kann bald nicht mehr ohne sie tanzen und dichten, ihr fällt vieles ein, das er für sein Werk gut gebrauchen kann. Wenn ihm der Tross zu viel wird, reißt er sich von allen los, am Rande stehen begehrenswerte junge Frauen, die schnappt er sich, nimmt sie sich und lässt sie wieder gehen. Die Gruppe wächst, eine neue kommt hinzu, die kleine Dramatikerin dreht zornig ab und wird von einem anderen Mann gewaltsam weggezerrt. Mit der Frau mit dem Notizblock schmollt der Dichter, sie verschwindet in der Ferne, aber nicht für lange. Die Wienerin findet kaum noch Platz im übervollen Arm ihres Dichters, sie macht sich los für kurze Zeit, wird wieder von ihm eingefangen, schaut bitter auf die emsigen Schreiberinnen, die sich gleichzeitig in seinem Arm drehen. Wenn er sie anschaut, lächeln sie ihn an, hinter ihm sprühen sie vor Eifersucht. Die Wienerin betrachtet das Treiben aus der Distanz, die anderen, die einstigen, treten zurück, sie drehen sich nur noch im äußersten Kreis mit, im inneren sind neue, junge aufgetaucht.

Ganz plötzlich ist die Mitte leer, der Dichter tot, die Frauen halten an, setzen sich und arbeiten für den Nachruhm, jede auf ihre Weise. Die Wienerin nimmt seinen Platz ein, kein Reigen mehr, ein Denkmal zu seinem und zu ihrem Ruhm.

Am 26. April 1922 dichtet Brecht im D-Zug von Berlin nach Wien sein Selbstporträt: *Vom armen B. B.* Die vierte Strophe lautet:

In meine leeren Schaukelstühle vormittags
Setze ich mir mitunter ein paar Frauen
Und ich betrachte sie sorglos und sage ihnen:
In mir habt ihr einen, auf den könnt ihr nicht bauen.[7]

«Verschwimmt dein Antlitz, Bittersüße»

Paula Banholzer

Paula, Paul, Bittersweet, Bi – das sind Namen, Koseworte für ein Mädchen, für eine Frau, von der Helene Weigel gesagt haben soll: «Brecht hat viele Frauen gehabt, geliebt hat er aber nur die Bi.»[1] Die Erinnerungen der 80-jährigen Paula Groß, geborene Banholzer beginnen mit einem Fanfarenstoß: «Bert Brecht. Ein Name, der um die Welt gegangen ist und der um die Welt gehen wird. Als ich ihn kennen lernte, da war er noch der Eugen Bertholt oder der Bertholt Eugen, wie er seine ersten Pressebeiträge und schriftstellerischen Arbeiten zeichnete, oder einfach der Brecht.»[2] Der Glanz, den der Ruhm des Dichters auch auf ihre Person abstrahlte, nahm im Alter zu, als die Brecht-Biographen – neugierig auf Details – sich bei ihr Auskunft holten. Und er verlieh ihr Macht, die Macht über die Geschichte ihrer Beziehung zu Brecht. Sie konnte die Erlebnisse in die ihr genehme Beleuchtung rücken. Und sie scheint sie nicht völlig falsch beleuchtet zu haben. Die Erlebnisse sind freilich in ihrer Erinnerung so gesetzt, so tugendhaft, dass sie das Tageslicht nicht zu scheuen brauchen. Brechts Phantasien entwerfen andere Bilder. Und sie kommt ohne Eitelkeit aus. Im Schatten des berühmten frühen Liebhabers haftet an der Figur des späteren Ehemanns, der eben nicht Brecht heißt, allerdings das unfreundliche Etikett ‹zweite Wahl›.

Ohne Brechts Ruhm würde Paula Banholzers Leben spurlos aus dem Gedächtnis der Öffentlichkeit verschwunden sein. Sie war weder Künstlerin noch Schriftstellerin, noch Intellektuelle, sie hinterließ nur ein paar hübsche Töne in seinem Frühwerk, sie hat keinen memoirenreifen Ort in der Gesellschaft, sie bleibt für immer die Jugendliebe.

Ein Paarfoto: Die beiden lehnen an einem Mauervorsprung im grellen Sonnenlicht, er hat die Hände in die Taschen gesteckt, das Spielbein lässig übergeschlagen, in Knickerbockern und flotten Stiefeln, schon mit seinem Markenzeichen auf dem Kopf, der Schiebermütze, das Korrekte mit Schlips und Kragen wird nicht ernst genommen. «Ich bin wirklich nicht dazu da, das Straßenbild zu verschönern», hört man ihn sagen.[3] Sie stützt sich mit einem Bein kokett an die Wand, den Rock ein wenig lüftend, der Blick ist frei auf adrette Stiefeletten und viel Bein für damalige Zeiten. Eine große Schleife hält, schmückt die üppigen dunklen Locken. Einen zimperlichen Eindruck macht sie nicht, eher einen patenten. Sein Blick ist ihr neugierig und gut gelaunt zugewandt, sie strahlt ihn an, ein heiteres, beschwingtes Paar, fern jeder bürgerlichen Prüderie. Auf allen Fotos sieht Paula auffällig älter aus, als sie ist, und reifer als der zwei Jahre ältere Brecht, nicht wie ein Schulmädchen, sie ist immer schon die Frau. Der Bidi der ersten Bi-Zeit war noch der Junge mit dem dichten Lockenkopf, noch nicht der zum Intellektuellen Geschorene, dabei kommt er sich mächtig überlegen vor: «Liebste Bi!», beginnt er seinen Brief am 29. Januar 1919, «Weißt Du: ‹erwidern› schreibt man ohne e! Mhm.»[4] Und sie gesteht im späten Interview: «Ich habe mich […] an der Seite von Brecht immer als zweitklassig empfunden, und er hat auch keinen Versuch unternommen, mir dieses Gefühl zu nehmen.»[5] Ob diese ‹Erinnerung› nicht auch aus dem Gefühl der enttäuschten alten Frau erwachsen ist, weit weg vom Genie ein mittelmäßiges Leben geführt zu haben? Was wissen wir denn wirklich über diese Liebesgeschichte und aus welcher Sicht? Im Nachlass des Bruders Walter Brecht (gestorben 1986) fanden sich neunundzwanzig bis dahin unbekannte Briefe von Brecht an Paula Banholzer, die meisten aus den Jahren 1919 und 1920. Von ihr ist offensichtlich nur ein einziger erhalten. In seine Tagebücher und autobiographischen Aufzeichnungen von 1920 bis 1924 (sie schließen zeitlich an die aufgefundene Briefe an) notiert er seine atmosphärische Wahrnehmung von ihr, gibt er sich Rechenschaft über seine Gefühle, auch über die nachlassende Liebe, über Enttäuschungen, über die anstrengende Choreographie seiner Treffen mit mehreren Geliebten.

In Briefen an die Freunde, vor allem an seinen Schulfreund und späteren genialen Bühnenbildner seiner Stücke, Caspar Neher, erzählt der Verliebte mal prahlerisch, mal kleinlaut von seinen ‹Fortschritten› bei der Freundin, von seiner Angst vor möglichen Folgen.

Paula Banholzer und Bert Brecht, 1918

Die junge Paula Banholzer hat in der Erzählung ihrer Liebesgeschichte keine eigene Stimme. Zeitgenössische Äußerungen sind nicht
überliefert. Wir wissen nicht von ihr, wie sie Brecht damals erlebt hat,
was sie an ihm geliebt, was sie an ihm gestört hat, wie es wirklich war,
die Schwangerschaft, die Entfernung aus der Familie, das uneheliche
Kind. Wir wissen das alles erst aus der distanzierten Sicht der 80-Jähri-
gen. «Geblieben sind Erinnerungen, die von der Zeit geschliffen und in
Ordnung gebracht wurden.»[6]

Die Beziehungsgeschichte von Bert Brecht und Paula Banholzer ist
eine lange Geschichte der Inbesitznahme, und damit scheint sie ihren
Reiz letztlich auch erschöpft zu haben. Besitzen im doppelten Sinn:
einmal am Ziel des sexuellen Begehrens sein, zum anderen über den
Menschen verfügen, ihn als Eigentum betrachten. In einer solchen Beziehung sind die Partner hierarchisch angeordnet, Widerstand gegen
diese Anordnung bedeutet das Ende.

Paula Banholzer datiert die ersten Wahrnehmungen voneinander weit
zurück: «Im Frühling des Jahres 1916 war ich fünfzehn Jahre alt.»[7] (Sie
irrt sich, da war sie erst vierzehn, und Brecht bemühte sich gerade um
ihre gleichaltrige Freundin Maria Rosa Amann. Hat Paula Banholzer
im Alter das frühere Anbändeln auf dem Schulweg ihrer Freundin zu
dem ihren gemacht?) Die Arzttochter besucht die Augsburger Maria-
Theresia-Schule, eine Höhere Töchterschule. Der drei Jahre ältere
Eugen Berthold Brecht, Sohn des kaufmännischen Direktors der
Haindl'schen Papierfabrik, war Schüler des Königlichen Realgymna-
siums und schon kein unbeschriebenes Blatt mehr, als er sich zusammen mit einem Mitschüler dem auffällig hübschen Mädchen in den
Weg zu stellen begann und damit seine und ihre erste sexuelle Bindung einfädelte. Es folgten viele Monate schüchterner Annäherungsversuche, jungenhafter Nachstellungen. So zumindest erzählt es Paula
Banholzer. Und dass sie sich überhaupt nicht für ihn interessierte: «Er
war weder fesch, noch sah er gut aus und besaß auch – wie ich zu beobachten glaubte – keine anderen Eigenschaften, die mich angezogen
hätten.»[8] Sie hat sich rar gemacht, die brave Tochter aus ordentlichem
Hause: «Meine Schüchternheit und meine mir angediehene Erziehung

erlaubten es ohnehin nicht, die Blicke der Gymnasiasten zu erwidern. Für mich war es aber doch, wenn ich das so sagen kann, ein erstes Frühlingserwachen, das ich sehr schön fand, denn so viel ‹Eva› war ich bereits, daß ich ein leises angenehmes Prickeln empfand.»[9]

Alle Details dieser langen hartnäckigen Werbezeit hat sie in der Erinnerung bewahrt, auch wenn sie sich mit den Jahren wohl ein wenig gedehnt haben. Je länger ihr lustvoller Widerstand die Annäherungsversuche abwehrte, umso höher stieg der Wert des Objekts der Begierde, stieg ihre Attraktivität und soll es noch tun im Urteil der Nachwelt. Wir wissen heute – noch detaillierter als damals Paula –, dass sie nicht die Einzige war, um die Brecht warb. Er lauerte nicht nur Paula Banholzer auf dem Schul-

Paula Banholzer im Herbst 1919

weg auf, er hatte es – wie gesagt – schon länger und noch hartnäckiger auf die hübsche Maria Rosa Amann abgesehen. Sein geheimes Interesse allerdings galt einer Dritten, Unnahbaren, der gleichaltrigen Therese Ostheimer, die das Lehrerinnenseminar besuchte. Er kannte sie nur vom Sehen, traute sich wohl nicht, ihr mit seinen Gymnasiastenscherzen nachzustellen. Im Juli 1916 schrieb er ihr einen Brief, ein Meisterstück pubertärer Selbstdarstellung und schüchterner Liebeserklärung, besser Liebesverschleierung. Sie ging auf sein Werben nicht ein (bewahrte allerdings den Brief bis ins hohe Alter und überließ ihn 1975, zwei Jahre vor ihrem Tod, der Augsburger Staats- und Stadtbibliothek).

Im Alter erzählt Paula: «Noch immer war ich von seiner Gegenwart keineswegs begeistert, und ich wich ihm auch aus, sooft und wie immer ich konnte. Ich wagte es trotzdem nicht, ihm klipp und klar zu sagen, daß mir durchaus wohler wäre, wenn er nicht immer meinen Weg kreuzen würde. Wie Brecht darauf reagiert hätte, kann ich nicht einmal ahnen, aber ich neige dazu, anzunehmen, daß auch meine Worte ihn nicht von seiner Zielsetzung abgebracht hätten.»[10]

Die Inbesitznahme Paulas durch Brecht, zwischen Bidi und Bi, ist eine Geschichte vom Verführen und Entziehen an der Schwelle zum Erwachsenwerden. Die Sinnlichkeit wird gesteigert durch das Verbot und die Angst vor Geschlechtskrankheiten und Schwangerschaft.

Das Eislaufen, nicht nur ein sportliches, immer auch ein erotisches Spiel von Annähern und Entfernen, bei dem mehr erlaubt war als auf der Straße, brachte den Werbenden im Winter 1916/17 ein Stück weiter. Aber erst mit Hilfe einer kleinen Betrugsinszenierung, bei der von einem Freund die Rede war, der dann gar nicht erschien, gelang endlich das Rendezvous zu zweit. Spaziergänge in den Lechauen, abendliche Ständchen mit Brechts Freunden vor ihrem Fenster, die selbst den Eltern gefielen, Schiffschaukeln auf dem Plärrer, wie das Augsburger Volksfest heißt – die harmlose, von ihren Eltern entschieden verbotene Schülerfreundschaft überdauerte das Ende der Schulzeit der beiden. Ab dem Wintersemester 1917/18 studierte Brecht in München. Man sah sich am Wochenende und in den Ferien. Schließlich die Mansardenbesuche in der Bleichstraße 2: «Ich selbst sträubte mich lange, sein Zimmer zu betreten, aber schließlich sah ich dann doch ein, wieviel bequemer es war, wenn wir uns dort trafen. Vor allem konnten wir uns dann auch bei Regen sehen.»[11] Die alte Dame Paula Banholzer schaut mit einer sehr sittsamen und verklärenden Brille zurück in ihre Vergangenheit. Hans Otto Münsterer erinnert sich, wie er Brecht das erste Mal in der legendären Mansarde besuchte: Da war bei ihm «ein junges Mädchen, etwas blaß und roßmuckig [sommersprossig], was ihr hübsches Gesicht aber eher noch verschönerte».[12]

Ohne Zweifel war es mitten im deprimierenden Krieg eine besonders schöne Zeit für beide. Und Brecht wusste Bittersweet aufs Schmeichelhafteste anzubeten: «Er vergötterte mich so sehr, daß es mir peinlich war, denn ich war bescheiden erzogen worden und zudem als Schwester von vier Buben nicht unbedingt an Schmeicheleien gewöhnt.»[13] Der sprachgewandte Jungdichter wusste alle Register zu ziehen, ironisch natürlich, zum Beispiel im Hohelied-Ton: «Geliebte Paula! Angebetete! Erlaube Deiner Majestät untertänigster Kreatur,

Paula Banholzer und Bert Brecht 1919 in der Mansardenstube

Dir seine ehrfurchtsvollsten Unterwürfigkeiten vor die zarten Füßchen zu legen. […] Oh, Du süße Gazelle meiner dunkelen Träume. […] O Du Stern in der Nacht meines Unglücks! Denn: Ich bin unglücklich. Fehlen mir die Freunde, Schafe, Kamele, Kühe meiner Heimat, oder fehlst *Du* mir, Gegenstand meiner Ekstasen? Ich bin voll Schwermut.»[14]

Es ist nicht ohne ironischen Reiz, die ganz in Unschuld getauchten Erinnerungen Paula Banholzers mit den begehrlichen Männerphantasien zu vergleichen, wie Brecht sie Caspar Neher gegenüber keck zur Sprache bringt.

Paula: «Langsam muss auch in ihm der Plan und das Verlangen gereift sein, mich ganz zu besitzen. Immer wieder schwärmte er mir vor, wie schön es doch wäre, wenn man einmal gemeinsam eine ganze Nacht miteinander verbringen könnte. Und ich stellte mir das auch ganz nett vor, eine ganze Nacht mit ihm durchzuplaudern.»[15]

Brecht stellte sich das eher etwas anders vor, davon sprechen zweideutig-schlüpfrige Pubertätsverse an Caspar Neher:

Paula!
Wenn du gut turnst – bekommst du einen Gaul.
Dein Vater versprachs. Du willst dich nicht binden?
Nun: Turnen *ist* schön. Also nur nicht so faul!
Und so manche, Paul, die *braucht* einen Gaul
Um einen Reiter zu finden.[16]

Im Frühjahr 1918 hat Brecht – so hört es sich in den Briefen an Caspar Neher an – nicht viel mehr im Sinn als Rosmarie (Rosa Maria Amann) und Paula, immer abwechselnd, auch mal beide gleichzeitig. (Und in München gibt es die Liaison mit Hedda Kuhn, der Medizinkommilitonin. Sie geht bald zum Weiterstudium nach Berlin und heiratet einen Arzt). In dieser Zeit hat er wohl Claudels Drama *Der Tausch* gelesen und darin das Vorbild und den Namen für Paula gefunden: Bittersüße, Bittersweet. Gewiss nicht von ungefähr meint der Tausch in Claudels Stück einen Partnertausch, handelt die Geschichte vom freizügigen Liebesspiel zwischen den beiden Paaren. In Claudels Martha, seiner Bittersweet, hat Brecht Paula Banholzer bis in die Nuancen ihres Wesens beschrieben gefunden: «Bitter-Süße, du bist einfach und gutmütig. Du wirst dir immer gleich bleiben, bist natürlich, mit hochtrabenden Worten bringt man dich nicht aus der Fassung. So warst du, so bist du auch heute noch.»[17] Aber auch den verführerischen Reiz der Untreue, wenn Marthas Rivalin lockt: «Liebe mich, denn ich bin die Freiheit!»[18] Damit hat Brecht für all seine schwanger gewordenen und verlassenen Geliebten das literarische Vorbild gefunden. Er leugnet Marianne Zoff (Bis Nachfolgerin) gegenüber jede Absicht, als er ihr dieses Stück zu Weihnachten 1921 schickt: «Was hast Du da wieder für eine teuflische Absicht herausgelesen?»[19] Zum selben Weihnachtsfest hat er das Stück Bi geschenkt, der «gefällt» es «sehr gut»[20]. Schließlich zählt es auch Hedda Kuhn zu den Büchern, die ihr Brecht geschenkt hat.

Mal redet Brecht in seinen Briefen an Cas abfällig über die Mädchen, wenn er nicht ans Ziel kommt, mal macht ihn die Liebe so selig, dass er biblische Töne anschlägt, aber er ist doch wieder so viel Brecht, dass er mit sich selbst in diesen Tönen Scherze treibt, so am 24. Februar 1918: «Nun hat mich Bittersüß lieb. So nenne ich Paul. Sie ist wundervoll weich und frühlingshaft, scheu und gefährlich. Tagtäglich führe ich mich in Versuchung, um mich von allen Übeln zu erlösen. Aber ich will nicht tun, was ich tun will? Was aber, wenn *sie* will? Schreibe mir, heiliger Cas, was dann ist! Wer besser ist als ich, auf den werfe ich den ersten Stein.»[21] Am 20. April 1918: «Wir singen nachts Lieder vom Goethe, vom Wedekind und vom Brecht. Alle lieben uns. Und ich liebe auch alle – außer Bittersüß. Die hab ich satt. Und Rosl ist längst nicht mehr im status quo ante.»[22] (Was so viel heißen soll, wie im jungfräulichen Zustand.) Mitte Juni 1918: «Der Fall Bittersweet nähert sich irgendeiner Katharsis, die vorüber sein muß, bis Du dieses liest. Das wühlt mich ziemlich tief um. Sie scheint ‹es› nun zu wollen. Helfe ihr Gott und ich!»[23] Paula Banholzer steuert diese «Katharsis» in ihren Erinnerungen wortreich an, jene vor den Eltern als dreitägige Hamstertour getarnte Reise nach München. Noch im Alter scheint sie an die Geschichte vom Zufall glauben zu wollen, wie Brecht ihr (klug eingefädelt) ein Hotelzimmer besorgt und ganz zufällig eines neben ihr hat, weil sie so ängstlich ist; und wie beruhigt sie ist, dass er noch zu ihr kommt, weil sie sich alleine so fürchtet; und wie er dann zärtlich wird und sie sich wehrt und ihm zu verstehen gibt, dass sie noch völlig un-erfahren ist; und wie er sie dann die ganze Nacht sanft im Arm haltend aufklärt: «Unser Gespräch dauerte bis in die Morgenstunden. Ich glau-be, daß selten ein junges Mädchen auf solch zarte und geistreiche Art die Geheimnisse der Menschwerdung erfuhr.»[24] Die Verzauberung durch Brechts Zärtlichkeit muss alle Widerstände hinweggeschmolzen haben, alle ‹seine› Frauen berichten davon. Für Paula Banholzer ist mit dieser liebevollen Aufklärungsnacht die nächste entschuldet: «Als ich im Halbschlaf dalag, überfiel er mich im wahren Sinne des Wortes, noch dazu mit einer großen Unbeholfenheit. Brecht war damals 21 Jahre alt [in Wirklichkeit erst 20] und bis zu diesem Tage – wie er mir später versicherte – noch mit keiner Frau beisammen gewesen. Ich bin sicher, daß er nicht log, denn sonst hätte er sich nicht so angestellt.»[25] Lassen wir sie in dem Glauben, auch wenn Zweifel angebracht sind.

Anfang Juli schwärmt Brecht mit expressionistischem Pathos: «Hier ist alles herrlich: Blaue, schöne, heiße Sonne! Himmel! Nachts! Jasmin riecht! Linden, in ihrem Wipfel schaukelt sich der Große Bär! Dann Baden im Lech, Wolfzahn! Wald! Allee! Mein Zimmer, nachts! Willst Du nicht auf meinem Sofa sitzen? Ich will meine Gitarre stim-men! Der Eisladen! Lampions! Bittersweet!» – dann in Klammern der neue Besitz, als sei beiläufig, was doch das Wichtigste ist – «(Die ich jetzt *ganz* habe. Du, was soll ich tun, wenn ‹es› Folgen hat? Sackerm. Schreib darüber. Sag mir was drüber! Komm!) Dazu Kunst: Meine Ko-mödie! Lieder! Geschichten! Ich brauche auch Titelblätter! Und ich brauche Dich!»[26]

Paula, nach der Erfahrung des «ersten Mals»: «Von diesem Tage an wurde ich ein gewisses Schuldbewußtsein nicht mehr los. […] Ande-rerseits hielt ich jetzt noch viel inniger zu Brecht. Von nun an begann unsere schönste Zeit; Brecht trug mich auf Händen. Viel später sagte er einmal über mich: ‹… ich habe sie behandelt wie eine Königin, und ich habe sie dabei tyrannisiert, doch sie hat es nicht gemerkt.›»[27]

Drei Wochen später ruft Brecht höchst beunruhigt nach dem Freund, in einem langen Brief, der mit seiner Zartheit, seinem Glück und seiner Sorge vielleicht den Höhepunkt der Liebe zwischen Bidi und Bi beschreibt: «Wenn Du nur *kommen* könntest! Du bist hier nötig. Es hat eine dumme Geschichte mit der kleinen Bittersüß gegeben, sie ist noch nicht ganz überstanden. Ich habe sie sehr gern: Sie sieht prachtvoll aus! Du *mußt* sie malen! Ich war mit ihr im Gebirge, am Starnberger See, Tage und Nächte! Ein Sturm kam nachts am See und ich trug sie ans Fenster, das auf den See hinausging; denn sie war schrecklich müd. Sie war eine Herzogin auf drei Tage und dann kam die verfluchte Angst, weil die Periode ausblieb! Sie ist noch nicht da, seit drei Tagen, ich warte auf das Telegramm und ich hoffe, Du liest das nicht grinsend. Ich werde mir vom lieben Gott das Wunder nicht versauen lassen, das wir ihm stehlen mußten. [...] Ich hoffe, Du betest für mich; denn einem Kind stünde ich fassungslos gegenüber. [...] Ich war natürlich nicht vorsichtig, kein bißchen, es hätte der Heiterkeit geschadet, es wäre unästhetisch gewesen, und dann: es ist nicht gegangen. Ich bin doch kein Tarockspieler. Ich *kann* meine Trümpfe nicht so zurückhalten. Du weißt. Himmelherrgottsackerment, wozu das Gefluche! Weißt Du: ich habe nur so Angst für Bittersweet. Ich habe sie ganz tapfer gemacht, ihr gar nichts vorgelogen, nicht einmal was verschwiegen und sie hat mir nicht *ein*mal einen Vorwurf gemacht. Obwohl sie ‹es› nicht wollte und sich sehr wehrte. Aber es war so schön! Nichts davon war gemein und danach hatte ich sie viel lieber als vorher.»[28]

Am 14. Januar 1918 war Brecht gemustert und für «dauernd garnisonsverwendungsfähig Feld» befunden worden. Der offensichtlich einflussreiche Vater hatte ein Rückstellungsgesuch für das Sommersemester eingereicht, damit sein Sohn an der Münchner Universität sein Studium fortsetzen könne. Am 1. Oktober wurde er doch noch zum Militärdienst eingezogen, aber mit Glück oder Beziehungen nicht an die Front, sondern als Militärkrankenwärter ins Reservelazarett Augsburg. Dort scheint er Status und Dienst nicht eben ernst genommen zu haben. Dem Zusammensein mit Bittersweet war der Lazarettdienst weniger im Wege als das Studium in München.

Brecht, der Bi nun ‹hat›, verteidigt seinen Besitz mit beängstigender Eifersucht. «Ich war sein persönliches Eigentum, und er ließ mich das durchaus fühlen.»[29] Von Freunden ließ er sie überwachen. Vermeintliche Rivalen knöpfte er sich vor und überzeugte sie in stundenlangen Vorträgen mit ausgeklügelter Rhetorik von der Nutzlosigkeit und Unrechtmäßigkeit ihrer Absichten. «Er log einfach drauflos und erzählte ungeheuerliche Schauergeschichten über mich.»[30]

Bi ließ sich von seinen Tiraden immer wieder betören. Zwei Vokabeln tauchen jetzt in ihren Erinnerungen an die Liebesgeschichte häufig auf: ‹zuhören› und ‹hörig› werden. Sie gehören natürlich zusammen. Sie beschreibt sich bei diesen rhetorischen Ergüssen als mal hingerissene, mal eingeschüchterte, als begabte Zuhörerin. Neben dem eifersüchtigen Liebhaber und Besitzer gibt es ja vor allem den Poeten. Brecht ist der angehende, von sich selbst begeisterte Dichter, er deklamiert, er singt zur Gitarre, er entwickelt Stücke vor ihr. «Meine Anwesenheit schien ihn bei der Arbeit zu beflügeln. Oft fragte er mich nach meiner Meinung.»[31] Waren die späteren Frauen Brechts aktive Mitarbeiterinnen an seinen Texten, so genügte bei Bi die Anwesenheit, das ihm hingegebene Zuhören, als Katalysator seiner Dichtung. Es besteht kein Anlass, ihre Betonung dieser Qualität als späte Stilisierung einer Art Mitarbeit am Text anzuzweifeln. Freunde des Augsburger Brecht-Kreises erinnern sich an Paula als an die gute, geduldige Zuhörerin.[32] «Natürlich kannte ich viele Beiträge und Gedichte teilweise schon vor ihrer Veröffentlichung. Wenngleich ich ihm weniger Hilfe, aber dafür um so mehr Gehör schenkte, achtete er doch sehr auf meine Reaktionen.»[33] Andere Frauen schenkten Text, sie schenkte Gehör.

Und dann das zweite Stichwort, ‹hörig›: «Ich wurde ihm hörig. Seine Ansichten wurden meine Ansichten […].»[34] In dem Maße, wie er von ihr Besitz ergriff, sie ihm gehörte, gab sie ihren eigenen Willen auf. Nie – erzählte sie – hätte sie seinen Überredungskünsten standhalten können, obgleich Bittersweet ziemlich bald durchschaute, dass Brecht ein Meister im Lügen war.

Was im Juli nur als Vorgeschmack auf die Zukunft gedroht und sich alsbald in Nichts aufgelöst hatte, holte die beiden im Winter doch noch ein: Bi wurde schwanger. Die erhaltenen Briefe von Brecht weisen eine Lücke auf zwischen dem 21. Oktober 1918 und dem 19. Januar 1919. Es gibt keine überlieferte Äußerung von Brecht zu seiner neuen Rolle und dem veränderten Verhältnis zu Bi. Der erste Hinweis am 29. Januar 1919 klingt noch ein wenig abwehrend: «Das mit der Kinderwäsche, muß das schon jetzt sein? Das kann man doch immer noch besorgen.» Die kommende finanzielle Belastung freilich drückt ihn: «Vormittags schreibe ich an dem Stück, das 10 000 Mark einbringt [...].»[35] 10 000 Mark werden *Trommeln in der Nacht* erst einmal nicht einbringen, aber er widmet die Druckfassung 1922: «Der Bie Banholzer 1918». «Er widmete es mir. In jedem Exemplar der ersten Auflagen, in 5000 Büchern, konnte ich meinen Namen lesen.»[36]

Paula Banholzer berichtet in ihren Erinnerungen ausführlich von der Reaktion ihres Vaters, als Brecht ihre Eltern vor die nun also vollendete Tatsache stellt und die Schuld ganz auf sich nimmt. Von ihren eigenen Nöten lässt sie kein Wort verlauten.

Paula Banholzer ist gerade siebzehn Jahre alt, der Vater praktiziert als respektabler Arzt in Augsburg, acht Kinder machen die Familie stadtbekannt – und dann ein solcher Skandal. Man sollte die Familie nicht ohne weiteres bürgerlicher Engstirnigkeit bezichtigen. Ein uneheliches Kind der minderjährigen Tochter von einem ebenso jungen Vater, der nichts ist und nichts hat, das war noch in den fünfziger Jahren Grund genug, die Tochter ‹verschwinden› zu lassen, irgendwo an unbekanntem Ort auf dem Land. Welche Pein muss Paula ausgestanden haben, die Fakten Eltern mitzuteilen, die schon immer gegen ihr Techtelmechtel mit Brecht gewesen waren, wie grässlich muss dem lebenslustigen Mädchen mit dem großen Geschwister- und Freundeskreis in Augsburg die Entfernung in ein Allgäuer Kaff gewesen sein, dabei wohl wissend, wie gut sich Brecht mittlerweile in München amüsieren würde. Kein Wort davon erfahren wir von Bittersweet. Die agile Paula sollte Sportlehrerin werden, hatte sich der Vater gedacht – und da kommt dieser Brecht und erklärt, er wolle sie aus gegebenen Gründen heiraten. Was hatte er eigentlich aufzuweisen? Ein solides Elternhaus, einen Fabrikdirektor als Vater, aber sonst? Ein nicht eben gepflegt aussehender und völlig mittelloser Bummelstudent, der seinen Ruf in der Stadt schon ruiniert, respektlose Schulaufsätze und freche Theaterkritiken, ein paar patriotisch unzuverlässige Texte und Gedichte geschrieben hat, ein Bänkelsänger, der Dichter werden will und vorerst nur gescheiterte Verlagsverhandlungen präsentieren kann. Kein Traum von einem Schwiegersohn. Der Vater geht auf Brechts Vorschlag nicht ein, die «unanständige» Tochter muss unauffällig verschwinden, bis alles vorüber ist.

Bi übersiedelt zur Familie Frick nach Kimratshofen im Allgäu (deren Tochter Walburga ist gelernte Hebamme) und verbringt dort ihre Schwangerschaft.

«Ich habe ein Gedicht gemacht, dieser Tage, im Zug, das ist an Dich», so zaubert Brecht der Geliebten ihr Bildnis vor:

Als sie unschuldsvoll in Kissen
Weißen Kissen schuldlos lag
War sie so zum Schluchzen herrlich
Daß ich nicht dran denken mag.
Über uns war weiße Decke
Aber Himmel *über* der –
Wilder Himmel, blauer Himmel
Und erlöste die Begehr.
Und sie zitterte, ich glaube
Schon war Wiegen mir im Knie
Aber lang sah ich den Himmel
Und ich sah: ich darf es nie. –
Dies war Himmel. Aber Wolken
Weiße in der wilden Nacht
Die der Sturm trieb, die sich bangten
Sah ich – als sie halb erwacht
Halb im Schlaf die schwachen Arme
Hilflos lächelnd um mich schlang
Und mit ihr das milde warme
Leben selig an mich drang.[37]

Brecht arbeitet besessen und erfolgreich, auch engste Freunde wissen nichts von einer bevorstehenden Vaterschaft. Schreiben wird nun zum bitterernsten Broterwerb, er muss Bis Aufenthalt in Kimratshofen bestreiten und hofft auf große Einnahmen durch die in Aussicht stehenden Aufführungen seiner Stücke, auf die er schon so lange wartet.

Er hat nur nicht häufig Zeit für Besuche: «Bitte, behandle den kleinen Sohn des großen Brecht recht höflich! Ich freue mich immer *so* über Deine Briefe! Ich will ungeheuer gern zu Dir, aber ich kann nicht weg [...]»[38] Paula scheint das Leben weit weg von den Eltern gar nicht so übel gefunden zu haben. Täglich schreibt sie an den Freund, und sie erzählt noch im Alter, wie Brecht voll Liebe um sie besorgt war. «Der kleine Sohn des großen Brecht» kommt am 30. Juli 1919 zur Welt und wird am 2. August auf die Namen Frank Otto Walter katholisch getauft. Mit der Studienfreundin Hedda Kuhn hatte Brecht verabredet, die Verehrung für Frank Wedekind an die Kinder weiterzugeben: «So kam es, daß Brechts Sohn mit Bie Frank hieß, und auch ich ließ meinen ersten Sohn Frank taufen.»[39] Frank Banholzer, Brechts erstgeborenes Kind, hatte es nicht besonders gut in seinem kurzen Leben. In Augsburg nahm man an ihm Anstoß. Weder die Banholzers noch Brechts Vater wollten das Kind bei sich aufnehmen. Eine Weile blieb Paula Banholzer bei ihm in Kimratshofen, dann gab sie ihn dort in Pflege. Die Mutter und vor allem den Vater sieht er immer seltener. «Frank geht es gut, sonst habe ich nichts Besonderes von ihm gehört», schreibt Bi an Brecht in dem einzigen erhaltenen Brief von ihr im Februar 1922.[40]

An seinem Schicksal in den ersten Lebensjahren spiegelt sich die Geschichte seiner Eltern, der Zerfall ihrer Beziehung, das Auftauchen neuer Bindungen des Vaters. Im August 1922 nimmt Marianne Zoff den Jungen eine Zeit lang zu sich, zwei Jahre später kommt er zu Helene Weigels Schwester nach Wien. Paula Banholzers Ehemann, der Augsburger Kaufmann Hermann Groß, duldet Brechts Sohn nicht in seinem Haus, erst 1935 nimmt sie den Jungen zu sich nach Augsburg. Er ist oft krank und tut sich offensichtlich mit seiner Berufsausbildung zum Dentisten schwer, Brecht ist mit seiner Familie im Exil und knausert mit der Unterstützung. Am 12. August 1935 schreibt Frank nach Svendborg:

Lieber Papa – liebe Tante Helli!
Zuerst einmal vielen Dank für die 50 Mk. Die ihr Mama für mich geschickt habt. Sie hat mir von dem einen Anzug gekauft, den ich dringend gebraucht habe.
Wie geht es euch eigentlich? Hörte von dem Unglück, daß Ihr aus Deutschland verbannt wurdet und hoffe, daß es hier bald anders wird und Ihr zurückkommen könnt.[41]

Frank kommt am 13. November 1943 als Soldat in Russland bei einem Sprengstoffanschlag auf das Wehrmachtskino ums Leben.

Die Liebe zwischen Paula Banholzer und Bert Brecht trug jenen Krankheitskeim in sich, für den in der Folge immer wieder Frauen so bitter bezahlen mussten: die ungleiche Verteilung von Abhängigmachen und Abhängigsein. Paula Banholzer spürt bald nach Franks Geburt und mit zunehmender Selbständigkeit und Entfernung von den Eltern, wie die Liebe dem Besitzanspruch weicht. «Irgend etwas war zwischen uns zerbrochen [...].»[42] Brecht muss sich dieser Frau immer wieder dringend versichern: «Sie ist mir mehr wert als alles zusammen, sie ist im Wachen meine Frau, ihrer bin ich nie sicher, sie ist stärker über mich als alle, sie liebe ich.»[43] Brecht hat die ruhige Verlässlichkeit dieser Liebe nötig in all den Turbulenzen mit Marianne Zoff. Jeder noch so beiläufige Kontakt Bis zu einem anderen Mann irritiert ihn. «Ich war sein persönliches Eigentum, und er ließ mich das durchaus fühlen.»[44] Sie sieht sich dem dominierenden Einfluss Brechts ausgeliefert, beobachtet sich, wie sie ihn kopiert, auch wie sie durch ihn lernt, selbstbewusster zu werden – und kann doch nicht mit ihm rechnen. Im Juli 1921 gelingt ihr ein erster distanzierender Schritt, sie nimmt eine Stelle als Erzieherin in Nürnberg an und genießt, so erzählt sie später, die Lockerung von Brechts «suggestiver Kraft und Beherrschung»[45]. Aber sie hat sich verrechnet. Brecht ist längst heftig in die Liebe zu Marianne Zoff verstrickt, er pendelt unstet zwischen München, Augsburg und Berlin und besteht doch strikt auf dem Besitz von Bi. Als sie von seiner Untreue erfährt und sich in Nürnberg verlobt, kommt er angereist und kämpft – so erzählt es die greise Paula Banholzer – wie in alten Augsburger Schülerzeiten mit suggestiver Macht, mit dem Charisma seiner faszinierenden Ausstrahlung so lange um Bi, bis sie gegen ihren Willen die Verlobung löst. Im Herbst 1921 ist sie wieder schwanger: «[...] ich liebe sie sehr», schreibt Brecht in sein Tagebuch, «und erschrecke über die Maßen. [...] Dann kommt, von der Bi, ein Brief, es sei alles all right, sie habe sich selbst helfen können.»[46] Alles all right?

«Meine liebe kleine Geiß,
ich danke Dir für Deinen Brief, der so schrecklich lang nicht kam, und für die
Photographie, auf der Du so schön dumm aussiehst.»
Brecht an Paula Banholzer, 2. Dezember 1921

Paula Banholzer ist die erste dieser langen Reihe von Frauen in Brechts Leben, die sich plötzlich in einer Beziehung wiederfinden zwischen zärtlichster Zuwendung und brutalster Zumutung, mit Abtreibungen und nicht erwünschten Geburten, ohne Rücksicht auf Lebensplanungen und Karrierevorhaben. Das Maß von Gewalt, mit der Brecht Bindungen erzwingt oder sprengt und den Willen anderer sich gefügig macht, ist beeindruckend.

Die pragmatische Paula Banholzer hat sich dem gefährlichen Sog widersetzen können. Nach dem Tod ihres Vater im Inflationsherbst 1922 nimmt sie eine Stelle als Kontoristin bei M.A.N. in Augsburg an. Brecht sieht sie gelegentlich am Wochenende. Viel erhofft sie sich wohl nicht mehr vom Heiratsversprechen. Selbst als Brecht am 3. November 1922 Marianne Zoff heiratet, weil sie ein Kind von ihm erwartet, hält *er* an seinen Heiratsabsichten mit Bi fest. Paula Banholzer lässt sich nicht ewig enttäuschen. Sie gedenkt, sich an den Augsburger Kaufmann Hermann Groß zu binden, der ihr ein geregeltes Leben in Aussicht stellt. Das Szenario wiederholt sich: Brecht taucht auf, stellt den Rivalen zur Rede, zieht die Register seiner Überredungskunst, diesmal ganz lakonisch, aber um einiges zu sicher: «‹Die Bi weiß ganz genau, wie sie sich entscheiden muß. Sie weiß, daß ich mich scheiden lasse, um sie zu heiraten, denn sie ist meine Braut.›»[47] Diesmal hat Brecht die Gegenwehr des Rivalen und dessen Heimvorteil unterschätzt. Brecht ist weit entfernt in Berlin. Als er im Februar 1924 von Bis Hochzeitstermin erfährt, schickt er Helene Weigel, die neue Frau in seinem Leben, mit dem Auftrag nach Augsburg, Bi nach Berlin zu holen. Welch groteske Machtanmaßung! Das Ehepaar Groß führt «eine bürgerliche Ehe»[48] mit zwei gemeinsamen Söhnen. Hermann Groß sorgt dafür, dass weitere Kontakte mit Brecht auf Unterhaltsfragen des Sohnes Frank beschränkt bleiben.

Trotz Brechts häufiger Aufenthalte in Augsburg bis 1933 sind sie sich im Leben nie mehr begegnet, an der tief verborgenen sympathetischen Übereinstimmung hat das wohl bis in die letzten Lebensjahre nichts geändert, auch wo Welten sie trennten:

Bidi in Peking
Im Allgäu Bi
Guten, sagt *er*
Morgen, sagt sie.[49]

Von den frühesten Erwähnungen bis zu den nüchternen, fast spröden
Selbstaussagen am Ende von Bittersweets Leben bleibt das ungestörte
Bild einer Frau, die mit sich selbst im Einklang ist, unprätentiös, un-
intellektuell, unaffektiert, unkompliziert, «ganz menschlich, ganz einfach. Eine Königin, das ist eine Königin, ein Erschrecken, das ist ein
Erschrecken, und die Bi, das ist die Bi.»[50] Was Lion Feuchtwanger 1922
über Brechts Dramen sagt, sie seien «von einer beseelten Sachlichkeit»[51], lässt sich auch auf die Beziehung Brechts und Bittersweets
übertragen. Brechts Einträge in seinem Journal signalisieren unzwei-
deutig, warum er inmitten der Turbulenzen seiner Sexualität ihrer so
sehr bedarf, wie er sich mit schlechtem Gewissen immer wieder seiner
Liebe versichern muss, und wie er sie dabei immer ein wenig von oben
herab taxiert: «[…] und ich bin gut zu ihr und habe sie lieb und wende
mich zurück, und sie gibt sich Mühe und ist nett»[52], drei Tage später:
«Bi ist nett, und ich habe sie gern»[53], am 7. Mai 1921: «Ich habe sie lieb
und achte sie. Und ich schaukle Schiff mit ihr auf der Auer Dult.»[54]
«Ich bin viel bei der Bi, die wieder gut ist und verliebt, und ich bin es
auch.»[55] Bittersweet steht ihm über allen anderen, gerade den intellektuellen Frauen: «Daß ich diese Frauen wie Hedda [Kuhn] und Edith
[Neher] nicht erzählen hören kann! Es ist alles falsch und geschminkt
und stillos, die Sätze sind wie Karfunkel oder Abszesse, geschwollen
und ungesund farbig. Und dann stimmt auch nichts, und ich mag Urteile nicht. Habe auch einen Widerwillen gegen Lebensbeichten, mag
keine Geschichten, sitze wie auf Kohlen: es ist alles falsch! Bi dagegen
höre ich gern: Ich weiß, wie sie ist, und sie tut nichts zu den Dingen
hinzu.»[56]

Nein, Bi hat keine Geschichten gemacht, sie ist unauffällig von der
Brecht-Bühne abgetreten. «Oft wundere ich mich selber, daß mein Gedächtnis so schwach ist. Alle meine Angelegenheiten, auch die gefähr-
lichsten, vergesse ich umgehend. Selbst die Geliebte meiner Jugend, der
ich sehr zugetan war und die mir wegen einer merkwürdigen Gleich-

gültigkeit meinerseits entglitt, kommt mir heute in der Erinnerung vor wie die Gestalt in einem Buche, das ich gelesen habe.»[57] Das schreibt nicht etwa der alte Bert Brecht aus großer Distanz, nein, das notiert der Achtundzwanzigjährige um 1926, nur zwei Jahre nach seinem heftigen Kampf um die «Braut».

An Bittersweet, 31. 10. 19

So halb im Schlaf in bleicher Dämmerung
An deinem Leib, so manche Nacht: *der* Traum.
Gespenstige Chausseen unter abendbleichen
Sehr kalten Himmeln. Bleiche Winde. Krähen
Die nach der Speise schreien, und nachts kommt Regen.
Mit Wind und Wolken, Jahre über Jahre
Verschwimmt dein Antlitz, Bittersüße, wieder
Und in dem kalten Wind fühl ich erschauernd
Leicht deinen Leib, so, halb im Schlaf, in Dämmerung
Ein wenig Bitternis noch im Gehirn.»[58]

«Serbati fido! – Bleibe getreu mir!»

Marianne Zoff

«Ich lebe luxuriös, mit der schönsten Frau Augsburgs, schreibe Filme. Alles am hellen Tag, die Leute sehen uns nach.» Das schrieb sich leichter, als es erkämpft worden war. Und der Tagebucheintrag geht weiter: «Abends die Katastrophe.»[1] So schwankt die Liebe zwischen Marianne Zoff und Bert Brecht in den nächsten sechs Jahren.

Zur Wintersaison 1919/20 war die Neue, die Mezzosopranistin Marianne Zoff, als «Spezialsängerin» an das Augsburger Stadttheater engagiert worden. Ihr Spezialfach sind, nach dem Repertoire ihrer beiden Spielzeiten zu schließen, androgyne Typen, Knaben, Pagen, «der schlanke Cherubin»[2]. Am 28. September 1919 hat sie ihren ersten Auftritt als Zigeunermädchen Mercédès in Georges Bizets *Carmen*. Schon am 28. Oktober und noch einmal am 30. November 1919 bekommt sie die Chance für eine große Rolle. Sie muss in der *Carmen*-Inszenierung vertretungsweise die Hauptrolle singen und erringt einen Achtungserfolg, der sie bekannt macht: «Sie erweckte im ersten Akt allerbeste Hoffnungen, die sich leider im Verlauf des Abends nicht erfüllten. Die Künstlerin vermochte ihr Spiel nicht ins Tragische zu steigern, blieb einfach kühl und streng, gab mehr Figur als mimische und dramatische Durcharbeitung und hielt auch gesanglich, besonders in den tieferen Lagen den kräftigeren Orchesterklängen nicht stand.»[3]

Die 26-jährige, attraktive Carmen ist Österreicherin und wurde am 30. Juni 1893 in Hainfeld bei Wien geboren. Ihre spätere Schwägerin Lieselotte, die Frau von Mariannes Bruder Otto Zoff, überliefert eine Anekdote, die ein wenig Licht, vielleicht auch ein märchenhaftes, auf die Familiengeschichte wirft. Die Mutter, zum Katholizismus konvertiert, «kam aus einem sehr wohlhabenden jüdischen Haus und wurde 1889 mit einem jüdischen Mann gegen ihren Willen verheiratet, der

Marianne Zoff als Zigeunermädchen in Carmen

Friedländer hieß. Als man sich nach der Trauung an die Tafel setzte, stand die Braut auf, verließ den Raum und kehrte nicht mehr zurück. Vor der Tür wartete der Offiziersanwärter Otto Zoff, den sie liebte, und er entführte sie in einer Kutsche. In der Nacht der Entführung wurde die Braut schwanger. Die Flüchtenden wurden gefangen. Den Offiziersanwärter verurteilte man zu zwei Jahren Festungshaft und verwehrte ihm die Offizierslaufbahn für immer. [...] Als die Mutter später den Vater ihres Kindes heiratete, konnte nicht er, sondern nur ein Onkel den Sohn adoptieren.»⁴

Ihre Gesangsausbildung scheint den Theaterkritiken zufolge eher dilettantisch denn sonderlich professionell gewesen zu sein. Sie bekommt wohl kleinere Engagements in Wien, singt auf privaten Festen besonders gerne Mozart. Seit 1919 lebt sie in München zusammen mit Oskar Camillus Recht. Er ist in Wien geboren, neun Jahre älter als Marianne. Im März 1920 gründet er den O. C. Recht Verlag in München, der Kunstbücher und Künstlermonographien, illustrierte Bücher der deutschen Literatur, Jugendbücher, *Rechts Roman Reihe* und die Mappenwerke der Gesellschaft für Zeichnende Künstler herausgibt.⁵ Mariannes Bruder Otto, promovierter Kunsthistoriker und Schriftsteller, wird 1919 Dramaturg an den Münchner Kammerspielen unter Otto Falckenberg; ein Nachfolger in diesem Amt wird Brecht werden. Für 1921 wird Otto Zoff als Geschäftsführer des O. C. Recht Verlags genannt, er veröffentlicht dort auch eigene kunsthistorische Arbeiten über Rubens und Tizian.

In der Spielzeit 1919/20 schreibt Bert Brecht zahlreiche Kritiken von Augsburger Schauspielaufführungen für den *Volkswillen* und tritt eine polemische Diskussion um Leitung und Niveau des Augsburger Stadttheaters und seinen Direktor Carl Häusler los. Ob er auch die Oper besucht hat, ist nicht bekannt. Auf die neue Sängerin scheint er erst in deren zweiter Augsburger Saison aufmerksam geworden zu sein. In beiden Spielzeiten ist sie jeweils an sieben Produktionen beteiligt, sie singt dreimal Jacques Offenbach, singt Smetana, die Lola in der *Cavalleria Rusticana* von Pietro Mascagni, den Hänsel in Humperdincks *Hänsel und Gretel*. Ihr größter Abend wird der 16. März 1921, an dem sie als Dorabella in Mozarts *Così fan tutte* nicht nur die Kritiker bezaubert.

Die erste Bekanntschaft zwischen Marianne Zoff und Bert Brecht ist nicht dokumentiert, umso bunter von Legenden umrankt: Nach Marieluise Fleißers Erzählung soll Brecht in einer (bislang nicht nachweisbaren) Kritik etwa Folgendes geschrieben haben: «[…] da sei eine Sängerin und wenn der Gesang so schön wäre, wie ihre Beine schön sind, dann wäre sie eine Sängerin.»[6]

Lion Feuchtwangers Frau Marta verlegt in ihrer Erinnerung die Bekanntschaft auf eine viel spätere Zeit, als Marianne schon in Wiesbaden engagiert war. Marianne Zoff gibt als annähernd Neunzigjährige in einem Interview Auskunft. Allerdings müssen wir Nachsicht damit haben, dass die alte Dame die Chronologie ein wenig durcheinander gebracht hat und dass die freundliche Begegnung mit Brechts Mutter gar nicht mehr stattgefunden haben kann, weil sie schon im Mai 1920 gestorben war. «Wie hat er sich Ihnen genähert? Ganz einfach. Er ist in meine Garderobe gekommen und hat mir Komplimente gemacht. Und Sie? Ich hab' mich gewundert. Worüber? Na ja, zunächst über das Aussehen dieses spindeldürren Männleins. Er wirkte überaus ungepflegt, mit einer strapazierten Lederjacke, in einer zerbeulten, alten Cordhose und mit einer schäbigen Schiebermütze in der Hand. Was sagte er? Er lobte meine Stimme, meine Darstellung – das alles mit starkem, schwäbisch-bayerischem Akzent. Ich dankte artig und hoffte, daß er bald wieder verschwinden würde. Er aber bat, Platz nehmen zu dürfen und begann ohne Unterbrechung zu reden.»[7]

Brecht nimmt Platz ein, macht sich breit in dieser Beziehungsgeschichte, und er übernimmt die Erzählung darüber. Was sich da im Frühjahr 1921 anbahnte, mal in Augsburg, mal in München, zwischen Marianne Zoff und Bert Brecht und seinem Rivalen Oskar Camillus Recht (und lange ahnungslos im Hintergrund Bi Banholzer und in Berlin Hedda Kuhn), das reifte bald zum Stoff für eine Soap Opera mit den schönsten dramatischen Auftritten: Hauptdarsteller ein ungewaschenes Genie, eine überaus schöne Frau, die mit Charme, Koketterie, «großer Zartheit und Kindlichkeit»[8] Theater zu spielen weiß, und ein Mann, der vor der Geschichtsschreibung keine andere Chance hat, als das miese «Schwein» abzugeben, das Brecht in ihm sieht. Es geht um

Liebesnächte, Morddrohungen, mehrere Abtreibungen und ein wüstes Geflecht von Lügen.

Brecht hat seine Erfahrung dieser Liebesgeschichte doppelt überliefert und beide Male in der privatesten Form: Seine Briefe an Marianne, an Ma oder Mar, an seine »Maorifrau«[9] sind erhalten. Seine Liebe, seine Irritationen, seine Wutausbrüche und Lügen, gerichtet an Marianne, sind dort nachzulesen. Und dann gibt es Brechts Tagebücher, noch intimer als die Briefe. Hier notiert er für sich Erfolge und nicht wenige Niederlagen bei der Geliebten, macht sich Mut gegen den Rivalen, indem er ihn lustvoll herabsetzt, vor sich selber protzig auftrumpft. Er winselt um ihre Zuneigung, hat Größenphantasien und Potenzprobleme.

Die früheste exakt überlieferte Datierung («13.1.21 ½ 1 Uhr nachts») für die Bekanntschaft ist Brechts Gedicht

An M

In jener Nacht, wo du nicht kamst
Schlief ich nicht ein, sondern ging oftmals vor die Türe
Und es regnete und ich ging wieder hinein.[10]

Diese ersten Verse an die zukünftige Geliebte erzählen, wie es wohl sein wird, wenn er vergeblich auf sie warten wird, sie nehmen die Enttäuschungen und Verlusterfahrungen, die den Beteiligten bevorstehen, vor aller Glücksbeschreibung in einer merkwürdig in die Zukunft weisenden Form vorweg.

Das Drama, das bald zur Schmonzette wird, setzt ein mit der nachwirkenden Verzauberung von der letzten Faschingsnacht im Schwabinger Steinickesaal am Vorabend von Brechts 23. Geburtstag:

[…] und mit Marianne habe ich Wange an Wange getanzt. Wir haben uns bald, voll Bergamotteschnaps, in ein Auto gelegt und sind heim geflitzt. […] Mar sagte, ich hätte mit Frau Feuchtwanger sinnlich getanzt und die Frauen seien alle so wenig. Einmal wurde ihr schlecht, einmal weinte sie, weil sie kein Kind bekommt, und da sah sie herrlich aus, viel sei ihr verziehen! Auf dem Ball trug sie ein Pagenkostüm und war die schönste Frau dort und behandelte die Männer wundervoll, ganz rein und königlich und still und lustig und unnahbar und doch nicht stolz. Sie war die einzige, die auf den Ball gehen konnte, denn sie paßte nicht hin. Er war einzig für sie veranstaltet, aber sie machte sich nichts draus.[11]

Das Tagebuch reicht bis September 1921. Brecht hat es später jener Person zur Aufbewahrung anvertraut, die darin neben dem schreibenden Genie die Hauptrolle spielt, Marianne Zoff. Und auf diesem Weg gelangte es in den Besitz der Tochter Hanne.[12]

Wie aber hat Marianne Zoff die Geschichte damals erlebt, welche Entscheidungen hat sie getroffen, in welche Konflikte ist sie geraten, welche Beschädigungen hat sie davongetragen? Ihre sämtlichen Briefe an Brecht müssen als verloren gelten. Im späten Interview erzählt sie keineswegs das, was damals geschehen ist, sondern das, was Marianne Zoff-Lingen im Alter gerne erinnern und überliefern möchte.

Das düstere Bild der jungen Provinzschauspielerin, die sich durch die Intendantenbetten zum Erfolg schlafen muss, wie es Heinrich Mann in seinem Drama *Schauspielerin* 1911 schildert (und wie er es an seiner Schwester Carla und ihrem Selbstmord 1910 selbst erfahren hat) scheint sich mit Marianne Zoff und ihrem Leben nicht zu decken. Sie ist auffällig schön, mal sehr feminin, mal knabenhaft apart in Hosenrollen und Pagenkostümen. Brecht schwärmte immer wieder von der braunen Haut seiner Maori-Frau. Sie scheint das freizügige Leben als berufstätige Frau zu genießen, an der Seite eines Mannes, der ihr einen großzügigen Lebenswandel ermöglicht. Ob es halbseidene Geschäfte sind, in die ihr Freund Oskar Camillus Recht verwickelt ist, oder ob diese Geschichten nur Brechts Eifersucht entsprungen sind, lässt sich nicht entscheiden. Man will bald heiraten. Da ergreift der 23-jährige Literat mit Brachialgewalt von Marianne Besitz. Er kann ihr nicht viel bieten: noch keinerlei Ruhm, kein Geld, schon gar keine Versprechen auf Treue, aber eines – Brecht. Marianne Zoff charakterisiert ihn in einem der wenigen von ihr überlieferten Texte:

Bert Brecht wäscht sich nicht. Er wäscht sich nicht. Alles hat man versucht. Aber er ist dann immer so witzig, und zum Schluß lacht man nur, und er ist wieder einmal fein heraus. Dieser Schmutz kostet viel, sehr viel, denn man braucht die teuersten, wohlriechendsten Dinge, um die schlechte Luft in den Zimmern verschwinden zu lassen, das ist gar nicht so einfach. Überhaupt sieht alles viel einfacher aus, alles. Ja, wenn man selbst auch schmutzig wäre, aber dem Teufel zur Freude ist man selbst rein, zu rein, lächerlich rein. [...] Bert Brecht behauptet immer, daß das Waschen sein größter Genuß ist. Traurig, daß er keine Zeit dazu hat. Überhaupt hätte er keine Zeit zu Genüssen wie andere Menschen. Ach, mein Gott, was könnte man da nicht wieder alles sagen, aber man schweigt, denn jede Frau weiß, was sie davon zu halten hat, nicht? Wie merkwürdig es doch ist – Bert Brecht hat nicht viele Freunde – gewiß nicht – aber er denkt, er hätte 15 – warum nur 15? Vielleicht vertragen sie diesen merkwürdigen Geruch nicht – oder sie vertragen sein Lügen nicht – sie verstehen eben nichts – sie denken – die Wahrheit sagen, das mache es aus – Gott, wie lächerlich – wie kleinlich – als ob es darauf ankäme – ein großer Mann darf auch lügen – immer lügen, warum auch nicht? Macht das vielleicht den Menschen arm. Überhaupt, wenn man so lügt, so daß man selbst alles glaubt, was man sagt – das ist auch Kunst. Gewiß – die Kunst. Und ist es dann vielleicht nicht die Wahrheit, und wer kann auch im Sommer lügen – wenn es heiß, ganz heiß ist? Bert Brecht kann es – Bert Brecht kann alles! –[13]

Brecht kann alles, fast alles. Die Eroberung der begehrten Marianne war ein hartes Stück Arbeit, und keinem der Beteiligten hat es am Ende Glück gebracht.

Nach der Ouvertüre auf dem Faschingsball treibt das Melodram in rasantem Tempo auf seinen Kulminationspunkt zu, erzählt ist es wohlgemerkt immer in Brechts Version. Am Sonntag nach Aschermittwoch ist Brechts Tagebuch voll von Gehässigkeiten gegen den Nebenbuhler Oskar Camillus Recht, feige sei er und kriminell, «stahl überall, wo er hinkam», und «irgendwo verkracht», «klein und mutlos» und weinerlich und «liebt Machiavell».[14] Aber Recht verbringt die Nacht doch bei Marianne. Das folgende Wochenende «Abends 7 bis morgens 9 Marianne im Kral» – das ist Brechts Mansarde in der Augsburger Bleichstraße 2. Brecht räsoniert über Geld, das er nicht hat, und über Marianne, «die sich Pelzmäntel schenken läßt, Ringe, Kostüme. Für sich selbst. Soll man sie herausholen? Ich kann sie nicht bezahlen und nichts für sie.[...] Und ich kann nicht heiraten. Ich muß Ellbögen frei haben, spucken können, wie mir's beliebt, allein schlafen, skrupellos

Brecht und Marianne Zoff, etwa 1922

sein.»[15] Zwei Wochen später: «Marianne denkt nicht mehr daran, Recht zu heiraten, sie heiratet jetzt mich.» Aber sie scheint doch Skrupel zu haben, zweifelt an sich selbst: «es stimme was nicht, sie falle zu leicht um»[16]. Notiert Brecht das als seine eigene Meinung oder als Mariannes Ausspruch? Brecht verhandelt mit der Webbs Film Company und arbeitet an Filmprojekten, Marianne Zoff soll eine Hauptrolle spielen. Dauernd gibt es Zusammenstöße zwischen den Rivalen, «und er hat einen Stockdegen, seit er nimmer bei ihr schläft.»[17]

Brechts Hass befeuert ihn zur hämischen *Ballade vom verliebten Schwein*, die dann als *Historie vom verliebten Schwein Malchus* in die *Hauspostille* eingeht. Er nennt seinen Rivalen einen «Affenblut speienden Pappendeckel, der Napoleonimitator mit dem Stockdegen und der Selbstverstümmelung».[18] Der Hass auf den Nebenbuhler, der ihm einfach unterlegen sein *muss*, löst bei Brecht die allerprimitivste Kettenreaktion der Gefühle aus: Der Nebenbuhler muss alt sein (er ist gerade neun Jahre älter als Marianne!) und hässlich, sein Wohlstand von zweifelhafter Herkunft, ein bisschen kriminell und fies, alles in allem verdächtig: So einer kann nur Jude sein.[19] Von diesem üblen allerorts virulenten antisemitischen Vorurteil einmal abgesehen, hat Oskar Camillus Recht laut seinem Polizeimeldebogen in München, wo er bis zu seinem Tod 1959 lebte, mit dem Judentum überhaupt nichts zu tun. Sein Verlag bestand auch nach 1945 noch. Recht trat immer wieder als Autor, bisweilen unter Pseudonym hervor, edierte historische Bücher, schrieb Kriminalromane. Als er sich nach dem Krieg mit einem bislang unbekannten Verwandten treffen wollte und dieser fragte, wie er ihn denn erkennen könnte, antwortete er: «Ich sehe aus wie Mussolini.»[20] Mit dieser wenig sympathischen Selbstcharakteristik wäre Brechts abfällige Beschreibung von Rechts äußerer Erscheinung noch am ehesten bestätigt.

Im März 1921 ist Marianne schwanger: «Sonntag, 13. Nun kriege ich ein Kind von der schwarzhaarigen Marianne Zoff, der braunhäutigen, welche in der Oper singt. Ich knie mich auf die Erde, weine, schlage mir an die Brust, bekreuzige mich zu vielen Malen. Der Frühlingswind läuft durch mich wie durch einen Papiermagen, ich verbeuge mich.

Mir wird ein Sohn geboren werden. Abermals.»[21] Und am Mittwoch: «Abends singt sie in ‹Così fan tutte› die Dorabella. Ihr Spiel ist sehr schön, ruhig und graziös, und sie singt leicht trällernd, lerchenhaft. Ich gehe still heim.»[22] «Die Dorabella Frl. Zoffs war ganz Stil, von der spielerischen Leichtigkeit der Tonführung, wie der Behandlung der buffonesken Schnellsprechmanier der Rezitative, der Leichtigkeit des Spiels, bis zur kleinsten Geste.»[23]

Die anspruchvollste Rolle der Augsburger Zeit, ein wunderbarer Erfolg! Wie mag sie sich gefühlt haben als Dorabella, in diesem Intrigenstück aus Liebesschwüren, Täuschung und Untreue in ihrer Lage? Sie hat einen Schwangerschaftsabbruch gerade hinter sich. Diesmal ist das Kind von Brecht. Und der bleibt nicht bei seiner euphorischen Begeisterung: «Ein Kind ist etwas Positives. Aber Ketten drücken und Armut entfleischt. […] Ich habe schon ein Kind, das unter den Bauern aufwächst, mag es dick werden und weise und mich nicht verfluchen! Aber jetzt reißen sich die Ungeborenen um mich!!»[24]

Heiraten will Brecht trotzdem nicht, Recht dagegen bietet ihr Sicherheit. «Mittwoch, 23. Helle Tage. Sie soll das Kind kriegen, Recht heiraten. Aber jetzt schreibe ich Filme, jetzt versuche ich es, ihr ein Dach zu machen. Sie sagt: Ich bin wie du. Ich bin von einem zum andern gelaufen. Ich bin eine Zigeunerin. Und sie meint: Ich brauche einen, der anders ist. Einen, der mich hält, daß ich nicht laufe. Keinen Zigeuner, du!»[25] Am 23. März will sie Brecht nicht sehen und Recht heiraten und das Kind behalten, am 24. macht sie Schluss mit Recht und will das Kind bekommen, am 26. meint Brecht: «Ich lebe luxuriös, mit der schönsten Frau Augsburgs, schreibe Filme. Alles am hellen Tag, die Leute sehen uns nach. Wie lange noch und Gottes Geduld reißt, ich sitze auf dem Stein, und die Hunde schiffen mich an!? Abends die Katastrophe.»[26]

Angebliche gewalttätige Übergriffe von Recht und Mariannes Flucht, Aussprache bei Mariannes Bruder. Recht erfährt von der Schwangerschaft und gibt sie nach vierjähriger Bindung frei. Aber Marianne hat sich überrumpeln lassen, hängt noch immer an Recht, und Brecht erklärt ihr, «daß man mich nicht heiraten kann».[27] Und dann ist da noch die Sache mit Bi, der er in drei, vier Jahren die Heirat verspro-

chen hat und der er Vorhaltungen macht, wenn sie einen Mann anschaut und darauf besteht, dass sie treu auf ihn wartet. «Halt mich! Ich
kann nicht leben ohne dich. Warum tue ich nur so viel Falsches!?»[28],
soll Marianne weinend Brecht gefragt haben. An Brecht fesselt sie
offensichtlich Leidenschaft, Jugend und sexuelles Begehren. Dass nur
er sie befriedigt habe, wissen wir nur von Brecht. An Recht bindet sie
die lange gemeinsame Zeit, seine Großzügigkeit und (wenn Brecht
wahrheitsgemäß berichtet) ihr Mitleid mit einem Leidenden, schließlich steht Recht zu seinem Heiratsversprechen. Sie laviert, taktiert,
schauspielert, will beide nicht verlieren. Dass sie der Aussicht auf ein
uneheliches Kind die Heirat mit dem langjährigen Freund immer wieder vorzieht, verübelt ihr nur die Brecht-Gemeinde.

Schließlich gibt es auch noch ihre Karriere. Ein Engagement nach
Wiesbaden ist ihr für die nächste Spielzeit angeboten worden. «Erfolg
um jeden Preis», kommentiert Brecht höhnisch diesen Wunsch und
unterstellt sofort einen Flirt mit dem Intendanten, der die Karriere för-
dert. Brecht weiß überhaupt, was Frauen wünschen: «ein Kind ist besser als irgend sonstwas. Dazu helfe ich ihr, wenn ich auch nicht heirate,
denn ich bin ein Provisorium und muß Sprungweite haben, ich wach-
se noch.»[29]

Die Auseinandersetzungen zehren an allen, auch an der Liebe, tragen den Keim der Zerstörung in die Beziehung: «Ich bin's müde. Die
Affairen verbrauchen mich.»[30] Der einzig Aufrichtige in diesem un-
schönen Spiel scheint der geschmähte Recht zu sein. «Zeitweise fühle
ich gar nichts zu dieser Frau. Bi steht mir immer näher», und an anderer Stelle schreibt er über Bi: «Hier ist mein Zentrum, schießt nicht
hinein! Sie ist mehr wert als alle zusammen [...].»[31] Mit «Eifersuchts-
krämpfen»[32] registriert Brecht in diesen dramatischen Wochen, die
sein männliches Selbstbewusstsein auf eine harte Probe stellen, jeden
noch so kleinen Kontakt Bis mit anderen Männern, Blicke, einen Kaf-
feehausbesuch. Er lässt sich dergleichen zutragen, hat rasende Angst,
er könnte Bi verlieren.

Marianne weiß nicht mehr aus noch ein, sie ändert täglich ihre Entscheidungen, Recht kämpft weiter. Ihr ist dauernd übel, dabei hat sie
häufig in Augsburg aufzutreten. Das Engagement nach Wiesbaden für

die nächste Spielzeit ist abgemacht. Brecht hat für ihre fatale Situation nur Hohn übrig und denkt sich reißerische Titel für ihren Kolportageroman aus: «Die Karriere geht über Kindsleichen in die öffentlichen Schauhäuser. Der Roman ‹Ihre letzte Chance› oder ‹Bettelstab oder Lorbeerbaum?› neigt sich zu den letzten Seiten.»[33]

Anfang der zweiten Maiwoche 1921 verliert sie das Kind. Fehlgeburt oder Abtreibung? Brecht wütet, vor allem, weil er das alles von Recht erfährt, weil man ihn nicht dazuholte. «So entlädt sich die schwangere Hure! Und diesen gesprungenen Topf, in den die Abflüsse aller Männer rinselten, habe ich in meine Stuben stellen wollen! *Daher* ihre wütende Angst, verlassen, durchschaut, entlarvt, verlassen zu werden, ihre verzweifelte Hoffnung, ein neuer, unerhört starker Zustand sei nötig, *sie* noch dem Hurentum zu entwinden, zu entlisten, abzuraufen. Heraus aus mir!»[34]

Beim Besuch in der Münchner Universitäts-Frauenklinik offenbart er ihr seine Beziehung zu Paula Banholzer, zeigt ihr im passendsten Moment Bilder vom kleinen Frank, geht «schwanger mit Plänen, der Marianne den Frank zu geben. Immer Politik!!!»[35]

Am Pfingstmontag, dem 16. Mai, tritt Marianne, soeben aus der Klinik entlassen, zum letzten Mal im Augsburger Stadttheater auf und singt Waltraute in Wagners *Walküre*. Am 20. Mai reist sie für eine Woche mit Recht nach Bad Reichenhall, dann zu ihrer Familie nach Berchtesgaden, bittet Brecht heimlich zu kommen. Dieser scheint sich innerlich zu entfernen. Ins Tagebuch notiert er sich unter dem 22. Mai 1921 poetische Verse, die ein Erinnerungsbild festhalten wollen, eh es verschwindet:

Auf dem Weg von Augsburg nach Timbuktu habe ich
die Marianne Zoff gesehen;
Welche in der Oper sang und aussah wie eine Maorifrau,
Und im Gras schön war, auch im Bett und in den Kleidern
schön aussah
Und ich schlief auch mit ihr und machte ihr ein Kind.
(Sie rollte sich zusammen wie ein Igel im Schlaf.
Sie war schlau wie ein Tier und handelte ohne Schlauheit
Sie nickte beim Lachen mit dem Kopf, sah einen von unten schief an

Serbati fido! – Bleibe getreu mir!

und zog einen Grashalm
durch die Zähne
Sie ging aus Freude
Sie sagte einmal zu mir: Debb!
Sie war stolz auf ihre Beine.
Sie sah aus wie verbranntes Gras in der Leidenschaft.)[36]

Er denkt bereits an eine Literarisierung des soeben erlebten «Romans»:

Worauf man bei einer Schilderung der Mariannegeschichte das sorgfältigste Gewicht legen müßte, das ist die merkwürdige Färbung des Milieus. Hier kommt eine Frau vor, die ihrer Abstammung nach eine (in sich vollendete) Kreuzung spanischer Adeliger und tschechischer Juden ist, ferner ein Mann, der halb Jude, halb Böhme (wenn ich nicht irre) ist, und ihre Geschichte (denn vielleicht ist es wirklich *ihre* Geschichte) spielt in einer kühlen, fast nüchternen Zone, für die man, um sie besser sichtbar zu machen, etwa den Schwarzwald wählen könnte. Denn der dritte Beteiligte, in dessen Zone sie spielt, ist eine im Vergleich zu jenen fast trockene und einer romantischen Entwicklung der Fabel hartnäckig entgegenarbeitende Natur. Welche Verwicklung der Gesichtslinien noch gefördert wird dadurch, daß der letztere der Literat ist, diesmal nicht was seine Handlungen, wohl aber was seine Auffassung bestimmt. Der Halbjude ist Geschäftsmann, die Frau Opernsängerin, der junge Mann Literat, der Geschäftsmann wünscht ihren Geist, der Literat ihren Körper zu besitzen, der Geschäftsmann ist Idealist in der Rede, Zyniker in der Tat, der Literat umgekehrt. Der Literat ist unsympathisch in dieser Geschichte, weil er nichts tut und weil er Literat ist. Der Geschäftsmann sympathisch, weil er um seinen Kopf kämpft. Die Frau bleibt in Dunkel gehüllt und sieht selbst auch nichts.[37]

Brecht, vorerst der Verlierer in der Geschichte, macht sich hart, redet sich im Tagebuch Coolness ein: «Die Frauen reichen nicht über ihr Bett hinaus, sie sind nicht gut inszeniert, heben sich nicht scharf genug voneinander ab, auch ist ihre Fabel zu sorglos komponiert.» Er entdeckt den Unterhaltungswert des Durchgestandenen («Eigentlich ist von allen Gefühlen, mit denen die Liebe einen unterhält, nur die Eifersucht nicht allzu langweilig») und dessen Tauglichkeit zum literarischen Stoff, «denn ein Gebildeter interessiert sich angesichts aller menschlichen Ereignisse immer nur für ihre literarische Aufmachung, ihren Stil, ihre Ethik, die Geschliffenheit ihrer Pointe oder die Brutalität ihres Raffinements».[38] In drei Tagen macht Brecht im Juni mit Caspar Neher aus der «Mariannegeschichte» ein umfangreiches Filmdrehbuch. Titel: *Drei im Turm*; Akteure: ein Kapitän, seine Frau, ein Leutnant. Ein düsteres Szenario in einem Turm, eine enge Wendeltreppe, aufflammende und erlöschende Leuchter, Pistolenschüsse, Blut, viel Wein, ein Gerippe im Wandschrank, greller Wechsel von Licht und Finsternis: ein toll expressiver Filmentwurf, realisiert wird er nie.

Gut scheint es Brecht nicht zu gehen, er arbeitet an zahllosen Projekten gleichzeitig, ist unzufrieden. Eine Ausnahme, ein paar gemeinsame Tage im Juli in Possenhofen am Starnberger See mit Marianne, «die schöner ist denn je: das ist die Kuppel des Sommers».[39] Marianne bereitet sich auf ihr Repertoire in Wiesbaden für die nächste Spielzeit vor, übt *Carmen* und den *Rosenkavalier*, aber sie trifft sich auch weiter mit Recht. Was mag in ihr vorgegangen sein? Die erste Augusthälfte verbringen Marianne und Brecht in München, «sie» – so notiert Brecht ins Tagebuch – «hat endgültig gebrochen mit Recht». Am 16. August 1921 reist sie ab nach Wiesbaden und hat ihren ersten Auftritt am 24. August als Wellgunde in Wagners *Rheingold*; Partien in *Tannhäuser*, in *Parsifal* und *Walküre* folgen. Brecht scheint vorerst den Kampf gewonnen zu haben, aber «jetzt beginnt wieder die Jagd auf sie».[40] Und es beginnt ein intensiver Briefwechsel, der in der nur einseitigen Überlieferung zum dringlichen Monolog an «Meine liebe Marianne» wird.

Marianne hat keine Stimme mehr, ihre Briefe sind nicht überliefert. Nur selten lässt sich aus Brechts Briefen erschließen, wie es um sie steht. Sein Ton ist von tiefer Sehnsucht und Zärtlichkeit. Am 18. September 1921 erzählt er der Geliebten erstmals von seinem neuen Projekt, der Beschreibung der Großstadt als Dschungel, zugleich die Symbiose seiner Liebe mit seiner Kunst, *Im Dickicht der Städte*:

Das Stück heißt *George Garga oder das Dickicht* und es handelt nicht von uns, aber es ist eine einzige Liebeserklärung an Dich. Es ist, als seien alle seine Proportionen von Deinem Körper genommen und die Milde der Worte von Deinem Gesicht, und von Dir ein Hauch ist noch das Goldene über den schwarzen Abwässern. Es ist die Betrunkenheit, die von unserm Bett aufsteigt, und drin ist die Linie Deines Halses und das Timbre

Deiner Stimme, Dein Gesang, wenn er noch in der Höhe des Herzens ist. Es ist das ‹Poetische› darin, kurzum.[41]

Bei aller innigen Liebe ist er nach wie vor unruhig, eifersüchtig, besorgt, Recht könnte sie in Wiesbaden hinter seinem Rücken besuchen. Dieser Recht ist aber anscheinend doch nicht ein derartiges Scheusal, dass er nicht mit ihm ins Filmgeschäft einsteigen möchte. Brecht stellt sich einen Film von BB vor mit Marianne Zoff, den Recht produziert. Die neue Sängerin scheint in Wiesbaden nach ersten erfolgreichen Auftritten in die erwartete Bedrängnis zu geraten. Brecht bittet sie dringend, Carl Hagemann (Bühnenleiter und ab 1922 Intendant) nicht mehr zu sehen, Einladungen abzulehnen. Krank, im schlecht geheizten Zimmer, mit zu wenig Geld, in unguter Atmosphäre am Theater, ist sie nun doch einer Situation ausgesetzt, die Heinrich Mann in *Schauspielerin* so beklemmend geschildert hat. Die Frau am Theater verkauft nicht nur ihre Begabung, ihre Professionalität, ihre Stimme; man erwartet, dass sie ihren Körper dazugibt, anders sind begehrte Rollen nicht zu haben, ist ein Aufstieg verbaut.

Im Januar 1922 erkrankt Brecht schwer, Nierenentzündung, Blut im Urin, er ist unterernährt. Er wird in die Charité eingeliefert, von Hedda Kuhns Verlobtem, dem Arzt Dr. Ernst Wollheim, betreut. Marianne reist sofort aus Wiesbaden an, besucht Brecht täglich. Sie wird nicht nach Wiesbaden zurückkehren, denn sie hat sich nun für ein Zusammenleben mit Brecht entschieden, obwohl sie beide in prekärer finanzieller Lage sind. Da findet sie in Brechts Wohnung Paula Banhofers Briefe, «es fährt ihr in die Glieder»[42]. Bi hatte (vermutlich) am 8. Februar 1922 besorgt an Brecht zum Geburtstag geschrieben: «[...] ich weiß nicht, warum Du nicht schreibst, ich habe so Angst um Dich.» Und am Ende: «Wenn wir jetzt heiraten wollten, müßten wir schon sehr viel Geld haben, sonst wäre nicht auszukommen. Bert, hast Du mich eigentlich noch lieb? Ich sehne mich so sehr nach Dir und habe so gar niemand, der mich in die Arme nimmt, so daß ich mich ganz vergraben kann. Ich küsse dich tausendmal Deine Bi.»[43]

Marianne ist schockiert, bekommt hohes Fieber. Sie erwägt die endgültige Trennung, reist ab zu ihren Eltern nach Pilching bei Linz. Wieder einmal steht sie mit völlig leeren Händen da, krank, den Vertrag mit dem Theater gebrochen, die Beziehung zu Recht offensichtlich nun gelöst, mit einem Geliebten, der sie anlügt und den sie sich mit anderen Frauen teilen muss, zuletzt auch mit dem drei Jahre älteren Dramatikerkollegen Arnolt Bronnen. Die enge Freundschaft der beiden reichlich arroganten Männer beobachtet sie seit längerem mit Unmut. Brecht scheint ehrlich verzweifelt: «Liebste, liebste, liebste Marianne, das ist Wahnsinn, ich gehe Dich suchen, ich kann nicht so sein ohne Dich, *liebe* Marianne. […] Ich lasse Dich nicht, nicht, nicht! wir wollen nachdenken, o Marianne, irgendwas tun, sei doch nicht wahnsinnig. Dein Bert»[44] Er zieht alle Register seiner Schreibkunst, die Briefe strömen über von Zärtlichkeit, von Liebesphantasien, von Zusammengehörigkeitsbeteuerungen, aber auch schon wieder von Besitzansprüchen.

Ihre Anhänglichkeit und Zuwendung hält sich verständlicherweise in Grenzen und bringt ihr sogleich einen Tadel ein: «[…] Deine Briefe sind wie Fahnenflucht […] es steht weniger als nichts darinnen. Du solltest Dich zusammennehmen und nicht Dich so gehen lassen, hast Du mich nicht lieb?[…] Du gehörst mir.»[45] Desertion aus diesem Beziehungskrieg könnte man ihr wahrlich nachsehen, vielleicht wäre das die klügste Reaktion. Sie teilt Brecht mit, dass sie vorhat, sich in Wien um ein Engagement zu bewerben. «Irgendwie steht in Deinem Brief drin, als sei Wien eine Entscheidung: ich oder Wien. […] Ich sage Dir: Du bist meine Frau und ich bitte Dich, nichts ohne mich zu tun, wie ich nichts ohne Dich tue, was einschneidet.»[46] Die Meinung darüber, «was einschneidet», geht in allen Beziehungen Brechts zwischen den Betroffenen weit auseinander.

Anfang Juni zieht sie – nicht nach Wien, sondern wieder nach München. Brecht wohnt in Augsburg. Die Liaison A. B./B. B. (Arnolt Bronnen und Bert Brecht) stört Marianne nachhaltig. Brecht muss sich in Briefen dieses Sommers bei Marianne immer wieder für sein Benehmen entschuldigen, die Stimmung ist gereizt. Geld hat er nicht, dabei galoppiert bereits die Inflation. Er arbeitet rastlos, und endlich scheint etwas zu glücken: Die *Trommeln in der Nacht* sind von den Münchner Kammerspielen angenommen. Dem fast hypnotisierenden, den eigenen Willen ausschaltenden Einfluss Brechts, den Paula Banholzer schon gründlich kennen gelernt hatte, war wieder einmal nicht zu widerstehen: Marianne nimmt den dreijährigen Frank für einige Wochen zu sich nach München, worüber Brecht überschwänglich glücklich ist – und sie wird wieder schwanger und besteht nun auf der Heirat. Aber als *Trommeln in der Nacht* am 29. September 1922 Premiere feiern (und «über Nacht das dichterische Antlitz Deutschlands verändern», wie Herbert Ihering emphatisch im *Berliner Börsen-Courier* jubelt[47]), ist es Bi Banholzer, die mit Brechts Vater und seinem Bruder Walter aus Augsburg zur Aufführung anreist. Und eine gemeinsame Wohnung in Berlin sucht Brecht nicht für sich und Marianne, sondern für sich und Bronnen. Es sind Fluchten und Zumutungen über Zumutungen.

Der Schmierenkomödie nächster Akt spielte sich nach Bis später Version folgendermaßen ab: Ein gewisser Herr Recht erscheint in Augsburg an Paulas Arbeitsstelle, stellt sich als der Verlobte von Marianne Zoff vor und eröffnet der völlig Ahnungslosen, dass Marianne ein Kind von Brecht erwarte. «… aber ich bin doch mit ihm verlobt …», stammelt Bi. Marianne sei ja auch mit ihm verlobt, deshalb müsse umgehend gehandelt werden. Man fährt sofort zusammen nach München, am Hauptbahnhof erwartet die beiden Marianne Zoff, in den Kammerspielen stöbert man Brecht schließlich auf. Die beiden Frauen stellen Brecht im nächsten Café zur Rede. «Auf die Frage, wen er denn nun zu heiraten gedenke, entgegnete er etwas zynisch und durchaus belustigt: ‹alle beide›.»[48] Darauf verzichten beide Frauen, lassen Brecht sitzen und machen sich mit Recht noch ein paar schöne Stunden.

Aber auf der Fahrt nach Augsburg passt Brecht Bi ab, beschwört ihre Liebe, sieht die Schwangerschaft von Marianne als bedauerliches Missgeschick und verabredet mit Bi einen Hochzeitstermin. Bald muss er ihr freilich gestehen, dass die Hochzeit mit Marianne unumgänglich sei, aber das geschehe alles nur pro forma, nach der Geburt werde er sich wieder scheiden lassen und Bi heiraten. Darüber hinaus macht er mit ihr einen detaillierten Vertrag, der sich rasch als sittenwidrig und folglich als ungültig erweist.

Diese Geschichte hielte der historischen Prüfung wohl nicht stand, aber die Erfindung gibt aufs Anschaulichste wieder, zu welchen aberwitzigen Aktivitäten und naiven Fehleinschätzungen Brecht fähig ist, wenn der Verlust einer Geliebten droht. Dieses Muster wird sich sein Leben lang wiederholen.

Am 3. November 1922 heiraten Marianne Zoff und Bert Brecht in München. Sie werden sich bewusst gewesen sein, dass diese Ehe ihren Namen kaum verdient: Misstrauen und Eifersucht, Lügen und Untreue geben das Szenario dieses Ehealltags ab. Lion Feuchtwanger und Otto Müllereisert (Brechts Augsburger Freund und späterer Arzt) sind Trauzeugen. Das Paar bezieht eine Zweizimmerwohnung in der Akademiestraße. Eine Woche später kommt die Mitteilung, dass Brecht der diesjährige Kleist-Preis zuerkannt wird, Preissumme 10 000 Mark. Brecht lebt bis zur Premiere von *Trommeln in der Nacht* am 20. Dezember 1922 (lange verzögert durch Geldentwertung und Theaterstreik, dann umjubelt) in Berlin, immer in Unruhe, wie es Marianne geht. Er hat kein gutes Gewissen: «Ich habe so viele Sachen gemacht, die nicht in Ordnung waren»[49], und er ist geplagt von Zweifeln, ob Marianne überhaupt noch schwanger sei.[50] Zärtlich erkundigt er sich dann nach «Hannepeter», dem Ungeborenen, freut sich auf das «Mohrengesichtchen»[51], tröstet Marianne mit Filmprojekten im kommenden Mai, in denen sie mitspielen soll, zum Beispiel dem *Turm*-Film.

Marianne muss von diesen Briefen leben, wird aber darin kaum sichtbar, allenfalls in seinen Vorwürfen, dass sie zu selten schreibt. Er pendelt rastlos zwischen München, Augsburg und Berlin, zwischen Marianne, Bi und Bronnen hin und her. Ein Zusatz Mariannes unter einen Brief von Brecht an Bronnen lässt bei aller Ironie auf Einvernehmen zwischen ihr und Bronnen darüber schließen, dass Brecht ein unzuverlässiger Bursche ist: «O diese wunderbaren Briefe [von Brecht] – bitte wirf sie nicht weg – lieber Freund, hebe sie gut auf – ich will damit noch einmal viel Geld verdienen – Wie geht es Dir – ich sehne mich nach Dir – um mit Dir über diesen Gemeinsten aller Gemeinen zu schimpfen – komm bald! Deine Freundin Marianne.»[52] Ironie mit bitterem Beigeschmack.

Nein, der Liebe von Marianne und Brecht geht es nicht sehr gut, als die Tochter Hanne am 12. März 1923 in der Münchner Akademiestraße zur Welt kommt. Wenige Tage nach der Geburt entwirft Marianne einen Brief an Paula Banholzer, der über den Zustand ihrer Ehe und über ihre Desillusionierung keinen Zweifel lässt:

Liebes Fräulein Banholzer,
heute wende ich mich mit einer Bitte an Sie und ich hoffe, daß Sie mir helfen werden. Es liegt diesmal in Ihrem Interesse, uns zu helfen – ich wartete die ganze Zeit meiner Niederkunft ab – sonst hätte ich mich schon längst zu einer Entscheidung aufgerafft. Leider war ich absolut durch meinen Zustand von Bert abhängig und ich hätte nicht gut ohne ihn sein können – vor einigen Tagen las ich einen Brief von ihm an Sie und nun ist die Stunde, die Sie beide so wollten, da – [nicht entzifferbare Streichung]
Ich bitte Sie aber, Bert zu sagen, daß er frei ist, vollkommen frei – ich muß sagen, daß mich sein Brief an Sie gerührt hat – so viel Liebe und Zärtlichkeit hätte ich ihm eigentlich gar nicht zugetraut.[53]

Noch ein Rührstück in diesem Marianne-Roman; abgeschickt scheint sie den Brief nicht zu haben.

Brecht weiß, dass Marianne ihm schon entglitten ist. Von Trennungsangst und Schuldgefühlen gepeinigt, verlässt er sich auf seine Zauberkunst, schreibt zu Hannes Geburt ein verschlüsseltes Märchen mit einem eigentümlichen Ausgang «Für Marianne allein»:

Die Geschichte des Machandelbaums

Es war ein Mann, der hatte eine Frau, die sehr gut war, aber er war kein guter Mann. Er wälzte sich im Schmutz und log und betrank sich und er betrog sie auch.
Und sooft er ihr einen Kummer machte, ging sie hinaus und zu einem Machandelbaum, der im Hofe stand, und weinte auf ihn. Es war ein schöner Baum und der Mann stand im Fenster und sah ihr zu und er liebte den Baum. Und eines Tages lief die Frau fort.
Nun ging der Mann oft zu dem Baum hin und setzte sich darunter. Aber eines Tages bemerkte er, daß der Baum anfing zu welken, und das war nicht aufzuhalten. In Regen und Sonne stand der Baum und welkte dahin.
Oft setzte sich der Mann an das Klavier und ließ das Fenster offen stehen, daß der Baum ihn hören konnte, aber der Baum hörte nicht auf ihn.
Mochte es nun sein, was es wollte, aber der Mann konnte keine Nacht

mehr schlafen und sosehr er sich betrank, es half nichts und der Baum war am Verderben.

Da ging der Mann eines Tages zu ihm hin und sagte zu ihm höre auf. Und ich bin ein böser Mensch und meine Frau ist auch weggegangen, höre auf, Machandel, und da der Baum das hörte, raschelten seine Blätter und konnte ihm nicht helfen. Aber der Himmel hörte es auch und sah wohl, daß der Mann nicht weinen konnte, und fing an zu regnen an seiner Statt.

Und es regnete die ganze Nacht.

Und am Morgen, da es noch frühe war, saß der Mann noch unter dem Baum und der Regen ging durch ihn durch und floß zu dem Baum hin. Und frühe gegen sieben Uhr blühte der Baum und war doch dürre.

Denn zu dieser Stunde gebar die Frau in der Fremde ein Kind, welches böse und gut war, weinen konnte und unter dem Regen sitzen konnte, sie konnte es nicht hindern.

Das ist die Geschichte vom Machandelbaum.[54]

Es klingt wie die Gegenstimme zum grausam schönen Märchen *Von dem Machandelboom* aus der Sammlung der Brüder Grimm – ein befremdliches Geschenk fürs Wochenbett. Hier gibt es keine grässliche Mutter, die ihr Kind tötet, klein hackt, kocht und dem Vater als Suppe vorsetzt. Hier ist der Mann der Schlechte, der den Baum, also die Liebe liebt, aber zur Frau gleichgültig ist. Der Machandel (oder Wacholder) ist ein Symbol für die Liebe und die Fruchtbarkeit. Ohne die Treue und die Aufmerksamkeit zu seiner Frau muss die Liebe verdorren. In Grimms Märchen fällt der Kunst, dem wundersam schönen Lied des Vogels, das alle verzaubert, die große heilende und rettende Funktion zu. Bei Brecht hört der Machandelbaum nicht auf das Klavierspiel, die Kunst nützt ihm in seiner Verzweiflung nichts. Sonderbar freilich, dass der Mann dann im Himmel einen findet, der sich seines Kummers erbarmt und den Machandelbaum trotz seiner Dürre blühen und fruchtbar werden lässt.

Alle brieflichen Nachfragen des fernen Vaters nach der kleinen Hanne sprechen von großer Liebe zu diesem Kind, sie wird lebenslang anhalten. Ansonsten ist Brecht ausschließlich mit seiner Arbeit beschäftigt. Am 9. Mai 1923 hat sein Stück *Im Dickicht der Städte* am Residenztheater in München Premiere. Marianne und Hanne verbringen

«*Das ist meine Frau Marianne*».
Aus: Bertolt Brecht, Im Dickicht der Städte, *Berlin 1927*

Herbst und Winter 1923/24 bei den Zoffs in Österreich, Brecht arbeitet im Sommer in Berlin – und lernt dort Helene Weigel kennen. Die Trennung von Brecht und Marianne Zoff ist nicht mehr nur eine räumliche und durch die verheerende Inflation erzwungene, der Graben zwischen beiden vertieft sich. «Wien» ist ihr Drohwort. Ob sich dahinter ein anderer Mann verbirgt oder die Absicht, wieder ans Theater zu gehen, ist nicht gesichert. Anfang Oktober droht Brecht zornig: «Da ich Dir vor Deiner Abreise nach Pichling so dringend, als es mir möglich war, gesagt habe, eine Reise nach Wien bedeute unsere Trennung in der schärfsten Form, wird es Dich hoffentlich nicht überraschen, daß ich jetzt die Scheidungsklage gegen Dich wegen Ehebruch durchführen werde.»⁵⁵ Der nächste Brief enthält ein großes Bekenntnis: «Ich bin Zeit meines Lebens in Deiner Schuld», und zugleich eine arrogante Distanzierung: «– aber ich bitte Dich, von heute ab meinen Namen abzulegen.»⁵⁶

Ihre berechtigte Eifersucht lügt er Punkt für Punkt, Moral heuchelnd, weg und wirft ihr Untreue – ob zu Recht oder nicht – in Wien vor: «Ich bin voll Abwendung gegen Dich und schäme mich dieser Zeit tief.»⁵⁷

Das Bild Mariannes in dieser Zeit bleibt verschwommen, sie ist häufig krank, hat seit längerem eine anfällige Lunge. In Italien soll sie ihre Gesundheit wiederherstellen. Der Aufenthalt der Familie in Capri, dann in Positano im Frühjahr 1924 ist vielleicht die letzte intensiv verbrachte gemeinsame Zeit, aber Brecht ist schon nicht mehr bei Marianne und dieser Ehe. Er trifft sich zwischendurch mit Helene Weigel in Florenz. Das Ansichtskarten-Italien geht ihm auf die Nerven, Mitte Juni reist er ab, Marianne bleibt bis Mitte Juli und wohnt dann bei ihren Eltern in Mondsee bei Salzburg.

Helene Weigel erwartet ein Kind, im September zieht Brecht um nach Berlin. Davor hatte er Marianne – in dieser in ihrer Dreistigkeit völlig entwaffnenden BB-Manier – geschrieben:

Ich glaube nicht, daß Du denkst, ich hätte Dich nicht lieb. Wenn ich auch jetzt ganz geistesabwesend und nicht ohne Depression bin
Aber ich werde immer eine Menge auf Dich abladen, *weil* Du meine Frau bist. Es wird immer an Dir hinaus gehen

58   Serbati fido! – Bleibe getreu mir!

Bis zu dem Tag, wo Du weggehst, bist Du meine einzige Frau und Hanne mein einziges Kind.[58]

Sie sind längst auseinander gegangen. Am 3. November 1924 (Mariannes und Brechts Hochzeitstag) wird Stefan Weigel geboren. In den folgenden Monaten stehen lauter Lügen in den Briefen. Oder glaubt Brecht das wirklich, was er Marianne schreibt: «Ich habe keine Frau außer Dir und werde keine haben. […] Ich habe keine Lust, mit jemand anderem zu schlafen.»[59] Und glaubt es Marianne? Er muss sie immer wieder wegen Geldsendungen vertrösten. Wie kann er noch fragen: «[…] warum schreibst Du mir so triste und niedergeschlagene Briefe?? […] Du mußt irgendwann einmal die Katastrophenpolitik aufhören.»[60] Geh nicht weg, geh nicht weg, das ist der Tenor seiner Briefe.

Nachdem Bemühungen um ein Engagement in Wien gescheitert sind, ist Marianne nun für die Spielzeit 1925/26 in Münster engagiert, im August soll sie dort mit den Proben beginnen und stellt fest: Sie ist wieder einmal schwanger. Diesmal gerät auch Brecht in Panik:

Liebste Mariandel, Maschinko, Mäsche,
1) Wenn Du das Kind willst, dann bekomm's
2) Wenn nicht (und klüger ist's, zu warten, denn jetzt kostet's 6000 Mark und Deine Bühnenlaufbahn für immer und im Frühjahr kannst Du Zwillinge haben. Du weißt, daß ich von Dir so viele Kinder will, als ich haben kann), dann warte auf meinen Brief von morgen mittag mit einem Rezept Ottos.[61]

Das Rezept von Brechts Freund, dem Arzt Otto Müllereisert, kommt postwendend, Verordnung: «chininum sulfuricum». Brecht gibt dazu peinlich genaue Einnahmeanweisungen: «also neun Tabletten. Jeden Tag drei in Abständen von einer Stunde. Es hilft sicher».[62] Mariannes Lage in Münster scheint – trotz oder wegen des geglückten Abbruchs – verzweifelt zu sein. Sie braucht Geld, um eine Wohnung für sich und Hanne zu mieten, sie fühlt sich heimatlos, im Stich gelassen von ihm, der mit fadenscheinigen Begründungen seinen Aufenthalt in Berlin rechtfertigt, sie macht ihm Vorwürfe, die er als «maßlos»[63] und unberechtigt zurückweist. Sie schreibe «so furchtbar unangenehm und immerzu fordernd und unzufrieden», das verträgt er nicht: «Ich habe vor jedem Deiner Briefe Angst – seit Jahren.»[64] Wie Marianne ihren Berufsalltag, ihre Bühnenarbeit als Bettina in Lortzings *Casanova*, dann wieder als Prinz Orlofsky in der *Fledermaus* und vor allem als allein betreuende Mutter ihrer zweieinhalbjährigen Tochter bewältigt hat, lässt sich nur erahnen.

Dass Marianne Zoff anlehnungsbedürftig war und Brecht dieses Bedürfnis am allerwenigsten zu befriedigen wusste, lehrt ihre Beziehungsgeschichte. Und da gibt es nun einen Schauspielerkollegen in Münster, genauso alt wie Brecht damals bei der ersten Begegnung in Augsburg, also gerade zweiundzwanzig, zehn Jahre jünger als Marianne: Theo Lingen. Brecht tobt und droht, sieht sein Kind in höchster Gefahr: «Ich bin vollkommen außer mir. Ich werde *alles* tun, um das Kind vor diesem Burschen in Sicherheit zu bringen. […] Keinen Pfennig, vor Du das Kind nicht von Münster weg hast, nicht das Zehntel eines Pfennigs, Du bist ein verlorener Posten.»[65]

Übrigens: Ob Brecht das alles vergessen hat, als er im Dezember 1928 auf die Umfrage der Zeitschrift *Uhu* «Was halten Sie von der Eifersucht?» geantwortet hat:

Man braucht nur die Zeitungen zu lesen: Von Moabit bis Dahlem, durch Villen und Mietskasernen tobt zu allen Tages- und Nachtzeiten ein unaufhörlicher Kampf alter und junger Männer, die mit Messern in den Händen das Besitzrecht an ihren Weibern verteidigen. Wer sind diese Leute? Man sieht sie, plötzlich auf Türschwellen stehend, mit geschwollenen Hälsen, aus ihnen tritt das Urtier, und das Urtier brüllt: Du betrittst diese Schwelle nicht mehr. Und während man sich dunkel daran erinnert, eben diese unvergeßlichen Stimmen schon woanders gehört zu haben, […] ahnt man plötzlich erschüttert, wer sie also sind: Spießer. Spießer sind heute die letzten Träger dieser einst tragischen Leidenschaft. […] Der Sitz der Eifersucht ist nämlich jener Körperteil, mit dem man auf etwas sitzt. Damit will ich übrigens nicht gesagt haben, daß ich selber nicht gern sitze – denn wie könnte jemand behaupten, daß nichts Spießiges in ihm wäre![66]

Marianne mit Hanne, München 1924

Aber Marianne macht ihm unmissverständlich klar, für wen sie sich entschieden hat. Er bedankt sich tief niedergeschlagen für ihre Ehrlichkeit. Die Briefe dieses Frühjahrs – immer nur seine – sind bitter, vorwurfsvoll, hasserfüllt gegen Theo Lingen, grotesk besorgt um das Kind. Hanne lebt nun meist bei den Großeltern Zoff, Marianne Brecht und Theo Lingen spielen im Winter 1926/27 am Theater in Recklinghausen. Erst am 22. November 1927 wird die Ehe nach langen Streitereien um das Sorgerecht für Hanne geschieden. Im Juli davor erschien – als wäre es ein Nachruf auf ihre Liebe – der Erstdruck von Brechts Stück *Im Dickicht der Städte* mit dem Vermerk: «Es ist meiner Frau Marianne Brecht gewidmet», jenes Stück, von dem er ihr bei der Arbeit einst schrieb: «[…] es ist eine einzige Liebeserklärung an Dich.»[67] Marianne Zoff heiratet Theo Lingen. Nach einem letzten Engagement in der Spielzeit 1927/28 im Neckar-Theater in Frankfurt a. M. zusammen mit Lingen nimmt sie Abschied von der Bühne, ihre zweite Tochter Ursula kommt am 9. Oktober 1928 in Berlin zur Welt. Theo Lingen nimmt Hanne wie eine eigene Tochter zu sich.

Bei der Aufführung von *Happy End* 1929 lernen sich die beiden Männer von Marianne persönlich kennen. Seither spielt Lingen immer wieder in Brecht-Stücken. Da das Triumvirat der Nazi-Spitze – Hitler, Himmler und Göring – für den Komiker Lingen schwärmte, konnten seine ‹halbjüdische› Frau Marianne und Hanne, nach den Rassegesetzen ‹Vierteljüdin›, unbehelligt in Berlin, dann in Österreich überleben.

Wer war Marianne Zoff, was hat sie an Brecht so lange festgehalten? Brecht notiert im Oktober 1921 bei seinem Besuch in der «Kokottenstadt» Wiesbaden bei Marianne ein Streitgespräch über Geschmack: »Sie verteidigt den Kokottengeschmack.»[68] War sie wirklich die Frau, die die Brecht-Anhänger aus ihr gemacht haben, die Kokotte, die sich von Recht aushalten ließ, die sich nie entscheiden konnte, die erfolgsüchtige Provinzschauspielerin? Oder vielmehr Brechts Opfer, auf Jahre um Karriere und Glück gebracht?

Wie konnte Brecht in seinem ersten Gedicht *An M* vom Januar 1921 so sicher ahnen, welche Verlassenheitsgefühle, Enttäuschungen und Verwundungen beiden Partnern in dieser Beziehung bevorstanden?

Marianne und Frank Banholzer

Jetzt sind viele Jahre vergangen und wenn auch
Noch Regen tropft und Wind geht
Wenn du jetzt kämst in der Nacht, ich weiß
Ich kennte dich nicht mehr, deine Stimme nicht
Und nicht dein Gesicht, denn es ist anders geworden.
Aber immer noch höre ich Schritte im Wind
Und Weinen im Regen und daß jemand
Herein will.

Und ich will hinausgehen vor die Tür
Und aufmachen und sehen, ob niemand gekommen ist –
Aber ich stehe nicht auf und gehe nicht hinaus
Und sehe nicht
Und es kommt auch niemand.[69]

Marianne Zoff zieht am Ende dieser Beziehung eine bittere Bilanz: «Und nun, wo ich ruhiger bin, denke ich mir, wie merkwürdig es doch ist, daß ich nun zum ersten Mal, seit ich mit ihm gehe, den Glauben an ihn und den Glauben an sein Können nicht mehr habe, oder besser an sein weiteres Können. Ich fange an, meine Hand von ihm zu ziehen mit einem nassen Gesicht. Wenn er nichts mehr schreiben würde, das macht nichts aus. Es ist etwas anderes, etwas, was mir schrecklich dünkt, denn dann wäre alles falsch gewesen, alles eine falsche Vorstellung. Gott im Himmel, laß ein Wunder geschehen.»[70]

«Der Brecht, nun, das war immer ein Wunschtraum»
Marieluise Fleißer

Es gibt kein Werk, kein Manuskript, das Brecht Marieluise Fleißer gewidmet hätte. Es gibt keinen Liebesbrief, auch sonst nichts zu zitieren,
in dem ein Werben, ein Begehren, eine Liebeserfahrung zwischen Marieluise Fleißer und Bert Brecht etwa zum Gedicht geworden wären, es
gibt noch nicht einmal ein Foto, auf dem man sie zusammen sehen
könnte. Doch, im Alter hat sie sich gerne vor Brechts Jugendbild an der
Wand in ihrem Arbeitszimmer fotografieren lassen. War da am Ende
überhaupt etwas? Warum taucht sie dann auf in diesem Reigen und
spielt dennoch ihre Rolle? Weil sie, die einzige Brecht ebenbürtige
Dichterin in diesem Ensemble, ihre Beziehung zu Brecht, wenn auch
nicht gelebt, so doch auf eine derart überzeugend-faszinierende Weise
literarisiert hat, dass sie die Nachwelt zur Kronzeugin aller verratenen
Brecht-Geliebten erhoben hat.

Marieluise Fleißer und Bert Brecht – das ist eine merkwürdige
Geschichte. Genau genommen sind es drei Geschichten, und es sind
allesamt Fleißer-, nicht Brecht-Geschichten. Die erste und wichtigste
reicht von der Bekanntschaft mit Lion Feuchtwanger in München
1922 bis zum April 1929 und hat eine Zugabe in den Nachkriegsjah-
ren. Die zweite ist die Geschichte von Fleißers radikaler Distanzierung von diesem Lebensabschnitt. Die dritte Geschichte ist eben
die, die allein überlebt hat, es ist die literarische Zurichtung früherer
Erfahrungen in ihrem späten zweiten Werk, es ist ihre ‹Lebenserzählung›. Es tut Not, diese drei Geschichten so gut wie möglich auseinander zu halten.

In Brechts Werk übrigens und in seinem Nachlass hat die Schriftstellerin nur Spuren am Rande hinterlassen.

Im Wintersemester 1920/21 kommt Aloysia Fleißer (im Taufregister heißt sie Luise Marie), Tochter eines Ingolstädter Eisenwarenhändlers, mit dem Reifezeugnis vom Internat der Englischen Fräulein in Regensburg zum Studium nach München. Sie schreibt sich ein in der Philosophischen Fakultät, mit dem ungewöhnlich spezialisierenden Zusatz ihres Studiengangs «dramat.».[1] Lehrerin will sie also gewiss nicht werden. Sie studiert Deutsche Philologie, Theaterwissenschaft bei Artur Kutscher, ein wenig Kunstgeschichte bei Heinrich Wölfflin. Ein Philologiestudium aufzunehmen war für eine junge Frau um 1920 nicht mehr spektakulär, für ein Mädchen aus der bayerischen Provinz aber doch immer noch recht ungewöhnlich. Von den fünf Fleißer-Geschwistern bekam außer dem Bruder Heinrich nur die sprachbegabte und belesene Aloysia die Chance zum Studium. Das katholische Mädchenstift, in das der Vater sie in München einquartiert, verlässt sie noch im selben Semester und mietet sich ein eigenes Zimmer in Schwabing. Das Foto auf ihrer Immatrikulationskarte zeigt ein beharrlich neugieriges, nach Erleben hungriges Gesicht, bei weitem nicht so brav wie die Porträts aus den späten zwanziger Jahren.

Im Vorlesungsverzeichnis der Münchner Universität für das Wintersemester 1920/21 finden sich klangvolle Namen: Eugen Bert Brecht und Bernard von Brentano, Richard Friedenthal und Alice Gerstel, Wolfgang Hallgarten, Käte Hamburger und Edmund von Horváth. Mit Richard Friedenthal verband sie eine wichtige, wenn auch durch die NS-Zeit hart geprüfte Freundschaft, Bernard von Brentano gehörte seit 1928 zum Brecht-Kreis, Ödön von Horváth wurde ihr Konkurrent auf der Bühne der späten Weimarer Republik. Die Bekanntschaft mit Brecht in München wurde menschlich wie künstlerisch zur folgenreichsten für ihr Leben. Ihr Studium, die Vorlesungen, die intellektuellen Diskussionen und Lektüren in den vier Jahren an der Universität, die Begegnungen mit Kommilitonen haben keine konkreten Spuren im Werk hinterlassen.

Eine kleine Ausnahme macht der erste Freund, der acht Jahre ältere Alexander Weicker, Kommilitone aus Luxemburg, Student der Ingenieur-, dann der Staatswissenschaften, Dichter, Abenteurer.[2] Er ist der

Erste, von dem sich die Klosterschülerin aus Ingolstadt faszinieren ließ, mit dem sie den Mut hatte, das für ein junges Mädchen aus wohl behütetem katholischem Milieu schickliche Benehmen über Bord zu werfen. Er eröffnet die Reihe auffällig exzentrischer, starker, gewaltsamer und zugleich ungewöhnlich zärtlicher Männer, denen Marieluise Fleißer sich lustvoll und ohne Not aussetzt. Sie nutzt den neuen Freiraum, den Frauen sich nun erweitern können, auffällig stark zur freiwilligen Unterwerfung. Zum Opfer stilisiert sie sich erst mit der Enttäuschung, dass diese Partnerschaften eigentlich nicht lebbar sind.

Mit Alexander Weicker ist sie wie an einen Vulkan geraten. Wild und faszinierend, einfühlsam auf sie eingehend, dazwischen explodierend vor Vitalität, von keinerlei Rücksichten auf die elementarsten Konventionen zurückgehalten, ein großzügiger Verschwender und Entsager mit ungebrochen

Passfoto Marieluise Fleißers auf der Immatrikulationskarte der Ludwig-Maximilian-Universität, 1920

guter Laune, ein chaotischer Freigeist, der Ansprüche nur an sich stellt und sie durch einen hemmungslosen Größenwahn befriedigt, der die eigene Person aber auch wieder überhaupt nicht ernst nimmt. Mit einem nicht zu erschütternden Selbstbewusstsein belehrt er seine «kleine Lu», sein «kleines Kind», seine «kleine gute Schwester», wie man zu leben, zu schreiben und satt zu werden hat. Die Gewichte sind eindeutig: Er ist das große Genie, sie nennt er seine «Mitarbeiterin» mit dem «kleinen Mädchenherzen». Mit all diesen niedlichen Verkleinerungen bedenkt er sie in seinen Briefen.

Die literarischen Arbeiten, die in Weickers Nähe entstanden sind, hat sie angeblich unter dem Diktat des nächsten Mentors, Lion Feuchtwanger, vernichtet. Sie hat die Feuilletons, in denen sie mit überlegenem Spott, ironischer Aufsässigkeit und mit großer Bewunderung den

Freund Weicker umkreist, ihrer Werkausgabe von 1973 vorenthalten. Umso erdrückender herrscht er in den frühen Erzählungen als der Diktator über die Liebe. In ihrer späten Lebenserzählung und in ihrem Werk wurde er zum ersten Exemplar jenes Typus Mann, den zu lieben die jungen, wehrlosen Frauen den Preis der Autonomie, des dauerhaften Glücks und der eigenen Kreativität kostete.

In ihrem Beitrag für das Feuilleton-Thema «Männer, die ich heiraten möchte» im Dezember 1927 krönt sie ihre Auswahl mit eben diesem Mann, ihrem ersten Freund, dem «Verschollenen Verbrecher X»: «Mit Frauen, die er leiden mochte, war er herrlich.»[3] Dieser Beitrag offenbart die aufschlussreichsten Einblicke in Fleißers Selbstverständnis als Frau in dieser Zeit. Aber bevor wir dieses Selbstbildnis genauer ansehen, muss erst Brecht auf der Bildfläche erschienen und seine Sonne (oder sein Schatten?) auf Fleißers Leben gefallen sein.

Es waren Fleißers neue Götter, Feuchtwanger und sein Freundeskreis, die sie 1922 kennen lernte und denen sie sich offensichtlich umgehend anschloss, die ihr den überdrehten Schriftsteller Weicker schlecht redeten bis zum Zerwürfnis in «Rausch und Krach». «Dein Leib, dein Hirn, dein Herz geht zum Teufel. Mensch bist du denn so, dass du nichts kannst als bei kalten Menschen wohnen», schreibt Weicker bitter um 1923/24. «Lu, kleine gute Schwester die andern haben dich bewogen mich in dir preiszugeben aber dein Herz hat mich verteidigt. Und das ist brav von diesem kleinen Mädchenherzen, das den Sturm meines Frühlings nicht vergessen hat.»[4] Nun gehört sie also zu jenen kalten Menschen, Sachlichkeit ist angesagt; sie trennt sich unter dem Diktat der neuen Freunde nicht nur von Weicker, sondern von ihren literarischen Versuchen, die sie in seiner Nähe und unter seinem Einfluss geschrieben hatte. Es ist der erste von mehreren radikalen Richtungswechseln, die Marieluise Fleißer in Abhängigkeit von anderen, und sich selbst nicht trauend, vollzogen, später gelegentlich bereut, oft verschleiert hat.

Wie die Inszenierung eines Triumphzugs hat Marieluise Fleißer ihren Auftritt auf der literarischen Szene 1922 immer wieder geschildert, hat ihn zum Initiationsmythos erhoben, zuletzt ein Jahr vor ihrem Tod in

Walter Rüdels Filmporträt, fast schon ein bisschen komisch, mit einer kleinen Retardierung im Redefluss:

Den Lion, den hab ich am Fasching kennengelernt, am Münchner Fasching und nicht etwa auf einem großen Maskenball, sondern auf einem dieser kleinen Künstlerfeste im Steinickesaal. [...] da lernte ich eigentlich zuerst den Bruno Frank kennen. Und der Bruno Frank, der hat mich auf seinen Schultern im Reitsitz durch den Saal getragen und hat mich dann zum Lion hingetragen und hat gesagt: Lion, hier stell' ich dir eine Frau vor, die hat den – wie hot er g'sagt? – die hat den schönsten Busen von Mitteleuropa, oder wie er sich ausg'drückt hat. Und der Lion hat dann schnell angesprungen, nicht, und dann blieb ich eigentlich beim Lion hängen, nicht beim Bruno Frank. [...] Und der Lion, der hatte es ziemlich dick hinter den Ohren.[5]

Fast programmatisch klingt diese Einführung. Nicht als kreatives weibliches Subjekt, als Autorin, sondern als Objekt der Begierde von Männern stellt sie sich vor.

Die Münchner Literaturszene: Lion Feuchtwanger, damals achtunddreißig Jahre alt, ist prominenter Theaterautor, war Sympathisant der Münchner Räterepublik, befreundet mit Heinrich Mann, Bruno Frank, Arnold Zweig, Alfred Wolfenstein und Ernst Toller. Menschen aus Theater, Literatur und Publizistik kommen im Haus von Lion und Marta Feuchtwanger in der Georgenstraße zusammen. Er ist eng mit den Münchner Kammerspielen und seinen Schauspielern verbunden, mit dem Regisseur Erich Engel, dem Bühnenbildner Caspar Neher und seit 1919 mit seinem ‹Ziehkind› Bert Brecht.

Die immer hungrige Studentin aus der Provinz besucht den prominenten Schriftsteller nun häufig in seinem großbürgerlichen Zuhause, und nicht nur «der Lion hatte es dick hinter den Ohren». Bald wird Feuchtwanger ihr den Namen Marieluise geben. Erwähnt hat er sie nirgends, aber in der glücklosen jungen Malerin Anna Elisabeth Haider aus seinem Münchner Romanpanorama *Erfolg* von 1930, die mit ihrem skandalösen Selbstporträt die Karriere des Kunsthistorikers Dr. Krüger ins Schleudern bringt, dürfen wir annähernd das Bild seiner Besucherin sehen, «wie sie die Treppe hinunterhüpfte – sie hüpfte viel zu viel für ihre frauenhafte Figur – das Antlitz breit und rund, ein

Bauernmädelgesicht eigentlich, mit dickem, blondem, nicht einwandfrei gepflegtem Haar, die Augen standen grau, mit einem verwirrenden Ausdruck von Vertiefung und Abwesenheit in dem sonst naiven Gesicht. Der Umgang mit ihr war nicht einfach, sie war verzweifelt weltfremd, sehr gleichgültig gegen alles Äußerliche, solange es ihr nicht an den Hals ging, überaus schlampig, kompromittierend verwahrlost angezogen. Dazu hatte sie Anfälle von Quartalsinnlichkeit, die ihm in ihrer Wildheit ungelegen kamen. Aber sein sicherer musischer Instinkt wurde trotz dieser ihm verhaßten Unbequemlichkeiten angezogen von ihrem durch eine undeutliche Zeit schwierig, aber unablenkbar richtig vortastenden Kunstwillen. Denn er hielt die dumpfe, unbequeme Frau [...] für einen der seltenen geborenen Künstler der Epoche.»[6]

Feuchtwanger erkennt Fleißers sprachliche Begabung noch durch den Wildwuchs, den der Weicker'sche Einfluss auf ihren ersten Schreibversuchen angesetzt hatte. Er nimmt sie in die ‹Schule›, zwingt zur stilistischen Entschlackung und nötigt sie, ihren eigenen Ton zu finden.

Im Sommer 1922 sieht sie Arnolt Bronnens *Vatermord*, Ende September 1922 haben Brechts *Trommeln in der Nacht* unter der Regie von Otto Falckenberg Premiere.

Ab Oktober 1922 wird Brecht fest angestellter Dramaturg an den Münchner Kammerspielen. Das Theater in der Augustenstraße wird neben Feuchtwangers Wohnung zu Fleißers zweiter Schule. «Stundenlang lief ich nach dem Theater in der regennassen Oktoberluft herum», schreibt sie in der verklärenden Rückschau, «und wußte, von diesem Dichter komme ich nicht los, der hat was für mich, der gräbt mich um, an dem komme ich im Leben nicht vorbei.»[7] Nein, sie ist nicht an ihm vorbeigekommen, sondern geradewegs auf ihn zugelaufen, angezogen von begehrenswerter Männlichkeit und wirklicher Könnerschaft.

Am 3. März 1923 wird sie Schriftstellerin. In Stefan Großmanns Zeitschrift *Das Tage-Buch* erscheint durch Feuchtwangers Vermittlung ihre erste Erzählung: «Meine Zwillingsschwester Olga». Die Geschichte flackert nur so von pubertär-sexueller Erregung und Gewalt, die zum Äußersten, in den Tod treibt. Später benennt Fleißer sie in *Die Dreizehnjährigen* um.

Im Mai 1923 dann *Im Dickicht der Städte*, Brechts drittes Stück. Jetzt weiß sie, was sie zu tun hat. Nicht eingeschüchtert von der Genialität des jungen gefeierten Genies, sondern beflügelt, inspiriert, beginnt sie mutig und eigensinnig, ihm Konkurrenz zu machen, ebenfalls ein Stück zu schreiben. Eine Gattung für Frauen ist das bei der Zunft eben nicht. Es gibt nur wenige Autorinnen auf den Spielplänen der deutschen Bühnen.

Die Chronologie der Begegnungen von Bertolt Brecht und Marieluise Fleißer liegt wie eine nicht mehr lesbare Schrift unter den phantasiereichen Übermalungen ihres Alters. Dass es damals überhaupt zu mehr als einer oder zwei privaten Begegnungen kam, ist nicht wahrscheinlich. Brecht ist ausreichend beschäftigt, seine junge Ehe zusammenzuhalten, eigentlich lebt er mit Arnolt Bronnen, in Augsburg wartet Bi Banholzer auf den ewigen Hinhalter; er pendelt zwischen München, Augsburg und Berlin hin und her. Dort wartet schon eine Wiener Schauspielerin, Helene Weigel, in der Spichernstraße. Im September 1924 siedelt Brecht endgültig nach Berlin über. Da hat sich die Studentin längst ohne Abschlussexamen in München exmatrikulieren müssen – die Inflation bestimmt nun die Lebenspläne – und ist heimgekehrt nach Ingolstadt. Auch die Feuchtwangers verlassen 1925 das reaktionäre, von der ‹Bewegung› schon vergiftete München in Richtung Berlin.

Die erfahrungshungrige Frau, erregt von ihren Erlebnissen und infiziert vom Bazillus der Kunst, auch schon des frühen Ruhms, muss der jungen Stiefmutter im Haushalt helfen. Entmutigen lässt sie sich nicht. Sie beendet ihr Stück, nennt es *Die Fußwaschung*: Verklemmte Sexualität und zartes Liebesbedürfnis, Bigotterie und Frommseinwollen, und alles verspannt vom erbarmungslosen «Rudelgesetz»[8] der Kleinstadt. Sie schreibt Erzählungen, die die drei, vier Jahre zurückliegenden so beglückenden wie verletzenden Liebeserlebnisse mit dem übermächtigen Freund Weicker mit den Stilforderungen Feuchtwanger/Brechts und ihrer eigenen genuinen Sprachbegabung verschmelzen. Im Sommer 1925 öffnet Herbert Ihering ihr sein Feuilleton, den *Berliner Börsen-Courier. Der Apfel, Die Stunde der Magd, Zwischen*

Schlaf und Schlaf machen auf sie und ihren eigenwillig kargen, schüchtern-sinnlichen Erzählton aufmerksam. Auch Iherings (und vor allem Brechts) Gegner, den kratzigen Alfred Kerr, gewinnt sie für ihre Geschichten, die Erzählung *Abenteuer aus dem Englischen Garten* habe er «mit grossem Ergötzen verschluckt»[9] und druckt sie 1927 auf eineinhalb Seiten in der Osterbeilage des *Berliner Tageblatt*, diese Geschichte vom Maurer Emil und seinem Fräulein: eine kalte Explosion zwischen Mann und Frau, die Spannung gebündelt in der verklemmten Sprache des Maurers, in seine angestrengt gesetzten linkischen Wörter. Die ehrgeizige Unbeholfenheit dieser Sprechweise, ihre «hochstaplerische Schlichtheit», die «die Heimatkunst von innen heraus sprengt», Walter Benjamin hat sie gerühmt.[10]

Die Durststrecke bis zu diesem Ruhm, bis zum Durchbruch in der literarischen Szene zieht sich. Im Winter 1925/26 scheint die Ingolstädterin – abgeschnitten von den literarischen Mentoren, ohne Zugang zu größeren Publikationsmöglichkeiten und also ohne Resonanz – an einem Tiefpunkt angelangt zu sein. Feuchtwanger antwortet ihr auf einen nicht erhaltenen Brief, der verzweifelt geklungen haben muss:

Berlin 24. Jan. 1926

Liebe M L,

[...] Wenn einem was weh tut und er schreit, dann kann der andere nichts erwidern als: Wenns dir hilft, schrei.

Die Englische Garten-Geschichte habe ich gelesen, und sie hat mich sehr angerührt. Aber die Sache ist wohl die, daß, was Du machst, wohl Kunst ist, aber sehr schwer zugänglich und ohne Nachfrage, also so gut wie ohne Marktwert. Es ist sehr verkapselt, den meisten Menschen außerordentlich unangenehm, also wollen sie naturgemäß nichts dafür bezahlen. [...] Ich glaube bestimmt, daß Du Dich einmal durchsetzen mußt. Es ist ein schwacher Trost, wenn ich Dir sage, daß Du Dich in einer normalen Zeit bestimmt schon durchgesetzt hättest, daß aber in einer harten Zeit die Qualität allein nichts nützt, wenn sie keinen Marktwert hat. Es sind hier eine Reihe von Leuten ehrlich für Dich bemüht; aber da sie damit zu tun haben, sich selber mühsam oben zu halten, haben sie es nicht leicht, noch jemand heraufzuziehen.

Ich lege Dir ein bißchen Geld bei, übermäßig viel habe ich selber nicht.

Beiß die Zähne zusammen. Es wäre schade um Dich, wenn Du Dich nicht oben hieltest.

Herzlichst L.[11]

«Beisse auf deine Zähne, wenn du noch welche hast», das hatte ihr auch schon Alexander Weicker geraten, als sie vor Hunger und Ratlosigkeit nicht weiter wusste.[12] Das wird ihr Leben lang ihre Devise sein. Aber das Jahr 1926, das so deprimierend beginnt, wird ihr den ganz großen Durchbruch bringen – und die Nähe zu Brecht. Wer auch immer – Feuchtwanger, Brecht oder Ihering – den Vorschlag gemacht hat, die Junge Bühne unter ihrem Leiter Moriz Seeler nimmt sich nach Brechts *Baal* im Februar 1926 als nächste Aufführung Fleißers Stück vor. Die Junge Bühne spielt mit engagierten, ehrgeizigen jungen Schauspielern ohne Gage an wechselnden Häusern Stücke junger Dramatiker in einmaligen Sonntagsmatineen, die von der Presse als Experimente und Trendsetter lebhaft kommentiert werden.

Am 18. März 1926 kommt ein Telegramm aus Berlin in die Ingolstädter Kupferstraße: «Elften April Uraufführung von Fußwaschung drahtet sofort Antwort ob einverstanden mit dem Titel Brief folgt Moriz Seeler Berlin Regensburgerstr 24.»[13]

«Brief folgt» am 31. März und übermittelt der Dramatikerin die nun schon festgelegte endgültige Titeländerung in *Fegefeuer in Ingolstadt* und eine enthusiastische Reaktion von Seeler und seinem Theaterteam über das Stück. *Fegefeuer – in Ingolstadt*, das wird ihr Stempel fürs Leben.

Wie bange ihr vor diesem so dringend ersehnten Ereignis ist, gesteht sie Feuchtwanger. Zwei Wochen vor der Aufführung, der er nicht wird beiwohnen können, gibt er der unsicheren Elevin in der Provinz noch einmal eine Lektion im Fach ‹Erfolgsstrategie›:

Wesentlich ist, daß hier alle Leute, die das Stück kennen lernen, daran glauben, und selbst ein äußerlicher Mißerfolg kann unter diesen Umständen schwerlich ein Mißerfolg werden.
Durchgesetzt hat es, allerdings von mir immer wieder angefeuert, Brecht. […] Die Aufführung bei der Jungen Bühne ist der beste Start, den Du heute haben kannst. […]

Sicher ist, daß Du jetzt, wenn Du Dich durch das furchtbare Zeitungsgeschrei, das Aufführungen der Jungen Bühne hervorzurufen pflegen, nicht
ins Bockshorn jagen läßt, das Schlimmste hinter Dir hast. Ich hätte mich
gern in Berlin ein wenig um Dich gesorgt; aber es interessieren sich jetzt
soviele Menschen in Berlin für Dich, daß es wirklich kaum Not tut, und,
wie gesagt, auf Brecht kannst du Dich verlassen.
Auf mindestens ein Jahr wird, wie immer die Geschichte ausgeht, das
Echo vorhalten.
[…] Äußere möglichst wenig zu der Aufführung. Wenn Du Proben sehen
solltest, finde alles ausgezeichnet. Sag höchstens, man solle etwas Tempo
nehmen und möglichst viel streichen.[14]

Vermutlich am 20. April kommt Marieluise Fleißer um Mitternacht in
der Metropole an, wohnt zunächst bei der Familie des Mitspielers
Heinrich von Twardowski und zieht nach der Premiere für ein paar
Tage in die Wohnung von Helene Weigel an der Babelsbergerstraße
um.[15] Helene Weigel spielt in *Fegefeuer* die Clementine. Elisabeth
Hauptmann notiert: «Zur Aufführung vom *Fegefeuer in Ingolstadt* ist
die Fleißer da, 24 Jahre, blonder Bubenkopf, schmale Hüften, Base-
dowsche Augen. Da Weigel eine Woche [anschließend] auf Gastspiel
oft mit Brecht und Fl. zusammen. Viel geredet. Krach mit Dr. Seeler.»[16]
Durchgesetzt also hat es Brecht. «Auf Brecht kannst Du Dich verlassen.» Nichts spricht dagegen, dass dieses Versprechen nicht ein-
gehalten worden sei. In der Tat, der große Erfolg ist Moriz Seeler und
seinen exzellenten Schauspielern, aber er ist vor allem Brecht zu verdanken.
Am Montag, dem 26. April 1926, macht Alfred Kerr im *Berliner Tageblatt* (tägliche Auflage ca. 400 000 Exemplare) Bertolt Brecht und
Marieluise Fleißer zu einem Paar, zu einem symbiotischen, ja schon zu
einer Person. Das von allen, zumal vom Kerr-Feind Brecht, gefürchtete
Urteil des Starkritikers fällt überraschend milde, auf weite Strecken
zähneknirschend wohlwollend, ja begeistert aus: «Die Atmosphäre
kommt … ich hätte fast gesagt: meisterlich heraus. Derlei ist prall und
schier und gekonnt und sitzt.» Die Autorschaft der Sache ist ihm
suspekt:

Begabt-naturalistisch ist die Fleißer – wenn's die gibt … und so sie nicht ein Pseudonym für den Brecht ist. Doch Ingolstadt wirkt eindringender als dessen Augsburg: die ersten zwei Akte so gehalten-stark, wie Brecht mit seiner hübschen Luftstimmungsfabrik sie bisher nicht gekonnt hat. (Ist er mang?) Wenn somit eine Anneluise Fleißer existiert, scheint sie: eine Beobachterin, eine Festhalterin (nicht ranzige Naturepigonin); eine kostbare Abschreiberin kleinmenschlicher Raubtierschaft, im hießig-heutigen Mittelalter.[…] Immerhin: statt eines, Baal genannten, einsamen Triebtiermenschen in Wäldern (Problem der Gegenwart) malt sie furchtbare Residuen eines noch jetzigen, eines vielleicht immerwährenden Zustandes; die tapfere Fleißerin – wenn sie existiert. Im dritten Akt ist sie aber wirklich mit Brecht zu vertauschen (haben sie's zusammen gemacht?): … in der Suffstimmung, wo jener Autor halt nie weiter kann. […] Falls die Fleißerin existiert, ist sie wirklich eine Hoffnung.[17]

Das ist stachliger Lorbeer für beide Genannten. Brecht spielt in diesen Wochen den bösen Buben des Theaterestablishments. Laufend schießt er in den Feuilletons seine Pfeile ab gegen den bürgerlichen Theaterbetrieb ebenso wie gegen junge Bühnenautoren und neue Experimente. In Alfred Kerr hat er seinen prominentesten Feind. Dessen Herabsetzung von Brechts Leistung hinter die No-Name-Autorin aus der bayerischen Provinz muss er als subtile Bosheit lesen. Brecht wird daran zu nagen gehabt haben.

Persönlich geht es ihm miserabel in diesen Tagen. Marianne hat Ernst gemacht. Sie bekennt sich zu ihrem neuen Lebensgefährten Theo Lingen. Brecht wütet in den Briefen an seine Frau vor Eifersucht, kämpft um die durch diese Liaison angeblich moralisch gefährdete Tochter Hanne und reicht im April die Scheidung ein. In Berlin ist die wachsende Zusammenarbeit mit Elisabeth Hauptmann belastet von deren Irritation durch die Position Helene Weigels. Der Anteil Brechts, seine Eingriffe und Regieanweisungen an der Aufführungsfassung von *Fegefeuer in Ingolstadt* sind nicht mehr zu klären, Fleißers erstes Manuskript, das sie an Feuchtwanger und Ihering geschickt hatte, muss als verschollen gelten. Die junge Dramatikerin weiß nicht recht, wie ihr geschieht. Natürlich muss Kerr über die Autorschaft des Stückes informiert gewesen sein, natürlich kannte er Fleißers Namen. Die absichtliche Unschärfe, die Kerr ihrer Person gibt, muss sie irritiert, die Nennung in einem Atemzug mit Brecht dagegen in den Himmel gehoben haben. Dass es nicht die bequemste Ecke im Himmel ist, wird sie erst später erfahren. Sie ist durch Kerr ohne jedes eigene literarische, theatermethodische oder gar politische Bekenntnis, unter Leugnung oder Infragestellung ihrer eigenen Identität dem Lager Brechts zugeschlagen worden – und bleibt es mit Nutzen und Nachteil bis zu ihrer schroffen Trennung im Frühsommer 1929.

Die unversehens im Rampenlicht stehende Fünfundzwanzigjährige berichtet dem Vater nach Ingolstadt (dieser Brief ist das einzige authentische Zeugnis der Ereignisse aus Fleißers Sicht) ganz aufgeregt:

Lieber Vater,
ich bin leider keine Minute eher dazugekommen Dir zu schreiben und jetzt ist es sehr fraglich, ob ich nicht gleich wieder weggerufen werde. Ich will Dir nur kurz das Wichtigste sagen. Ich habe wie man so sagt einen Erfolg. [...] ich kann jetzt mit einem Verlag in eine Geschäftsbeziehung treten und mir zunächst einmal auf ein Jahr eine Fix-Monatsrente ausbedingen.[...] Wenn ich heimkomme muß ich mich hinsetzen und arbeiten. Man erwartet bis zum Herbst ein Lustspiel von mir. [...] Ich weiß nicht, ob in Ingolstadt was über die Kritiken bekannt geworden ist, sie sind von den wichtigsten Zeitungen durchwegs gut, wie mir gesagt wird, ich selber verstehe das ja nicht besonders, da ich nicht weiß, wie hier die Kritiken gehandhabt werden. [...] Ich laufe hier in einem geliehenen Kostüm herum, man hat mir gleich gesagt, daß ich mich so, wie ich heraufkam, nicht sehen lassen kann. Na das habe ich gewußt. Ich muß jetzt schließen.
Ist daheim irgendetwas vorgefallen?
Viele Grüße
Luis[18]

Brecht kümmert sich um die junge Kollegin, lässt kümmern: Es ist die Mitarbeiterin Elisabeth Hauptmann, die – in Brechts Auftrag – Marieluise Fleißer die finanzielle Grundlage für die kommenden Jahre organisiert: «Für die Fleißer Vertrag gesucht – bei Ullstein 200 M. à fond perdu.»[19] Der Ullstein Verlag garantiert der Autorin, die gerade mal ein paar Erzählungen und ein Stück mit einer einzigen Matineeaufführung aufzuweisen hat, eine monatliche Zahlung von 200 Mark «à fond perdu», ohne Aussicht auf Gegenleistung oder Rückerstattung. Ein Paar Schuhe gibt es für 4 Mark 90, der Novellenband *Ein Pfund Orangen* wird broschiert 3 Mark kosten und eine Ausgabe des *Berliner Börsen-Courier* 20 Pfennig. Man kann also getrost eine Null anhängen, um sich heute die generöse Investition des Ullstein Verlags in die junge Begabung in diesen wenig luxuriösen Zeiten vorzustellen.

Marieluise Fleißer, Aufnahme von Lotte Jacobi

Seit der Aufführung von *Fegefeuer in Ingolstadt*, die ohne Brechts Zutun weder zustande gekommen noch so beachtet worden wäre, ändert sich der Charakter der Fleißer-Brecht-Beziehung. Ein Briefchen von Brecht aus diesen letzten Maitagen – so ein ‹Liebebrief› nach Brecht-Manier – lässt eine scheue, ein wenig kumpelhaft-vertraute Zartheit mitschwingen. In kühler Burschikosität verpackt, schickt er ihr die Botschaft, dass es seit ihrer Abreise in Berlin öder ist. Sie wird ihre Absicht nicht verfehlt haben. Erstmals taucht nun auch die Anrede auf, die Brecht für seine bayerische Kollegin und Freundin fortan verwenden wird. In den wenigen Briefen, die die beiden je ausgetauscht haben, bleibt es übrigens lebenslang beim Sie. Die Anrede lässt ihm zwischen kollegialer Distanz und sinnlicher Intimität alle Freiheiten, gibt der Frau Ebenbürtigkeit (im Gegensatz zu den Freunden Weicker und Feuchtwanger und später Haindl und Draws-Tychsen, die sich an Verniedlichungen des «kleinen verlassenen lieben Kindes», der «kleinen Lu», ihres «Herzkätzchens» und «lieben Küken» überbieten):

Liebe Fleißerin,
dieses alte und harmvolle Städtchen ist jetzt ganz abgewrackt und still
ruht der See
Da die Feinde fortfallen, benutze ich stärkeren Tabak
(Sir Olivers cut plug – does not bite the tongue)
Dazu 2–3 Pfund Kriminalromane täglich
Übermorgen habe ich vor, nach Paris zu fliegen. Für zwei Wochen,
dann Augsburg
Auto habe ich nicht erjagt – es war nicht die Sonne von Austerlitz,
als Sie wegfuhren
Mit Kiepenheuer verhandle ich noch Ihretwegen
Was tun Sie?
Vergessen Sie Berlin. Es ist die Welt
Aber lernen Sie Kartenspielen für mich
Nächste Adresse (ab 10. Juni) Augsburg, Bleichstraße 2

Ihr
brecht[20]

Den Sommer und Herbst 1926 wird Fleißer später «ihre schönste Zeit mit Brecht» nennen. Sie besucht ihn in Augsburg; die Schiffschaukeln im Plärrer, die Lechauen und sein «Kraal», die Mansarde in der Bleichstraße 2 sind wie für alle seine Frauen auch ihre Glücksorte. Ob aus einem oder wenigen Besuchen in der verklärenden Erinnerung eine ganze Saison für Liebe wurde, wissen wir nicht. Das einzige zeitgenössische Dokument der sommerlichen Gemeinsamkeit allerdings ist das Zeugnis einer Verfehlung, Brechts Entschuldigung für eine verschlampte Verabredung:

Liebe Fleißerin,
in meiner Verbrecherlaufbahn ist das Stückchen, daß ich Ihren Besuch in Augsburg vergaß, ein Glanzpunkt. Ich kann nur sagen: ich will es nicht gewesen sein! Was tun Sie? In zwei Wochen komme ich nach Augsburg!
[…]

Ihr alter (zerknirschter)
brecht

Berlin, Okt. 26
Was ist mit dem Lustspiel?[21]

In dieser Zeit jedenfalls hat Marieluise Fleißer ihm von den Pionieren aus Küstrin erzählt, die in Ingolstadt eine Brücke bauen, und sie haben über die Tauglichkeit dieses Stoffes als Lustspielsujet gesprochen. Sie hatte es ihrem Vater schon angekündigt, sie muss ein Lustspiel schreiben noch in diesem Jahr, Ullstein zahlt die monatliche Rente nicht zum Spaß, und tatsächlich ist sie gegen Ende des Jahres 1926 fertig, am 12. Dezember 1926 sichern sich die Münchner Kammerspiele das Uraufführungsrecht.[22]

Mit der gelungenen Aufführung von *Fegefeuer in Ingolstadt* und ihrem vernehmbaren Echo in der Presse hat sich Marieluise Fleißer in der literarischen Szene etabliert. Ihr «Kunstwert» ist bewiesen. Aber man sollte sich vor Augen führen, dass dieses Stück damals von keinem einzigen Theater nachgespielt und bis 1971 von niemandem (außer den Besuchern der Sonntagsmatinee im Deutschen Theater am 25. April 1926) je gesehen noch gelesen worden ist.

Allmählich setzt sich ihr Kunstwert in Marktwert um. Die Redakteure der tonangebenden Feuilletons fragen nach ihren Arbeiten, drucken sie gelegentlich und empfehlen sie weiter: Ihr wichtigster Abnehmer wird 1926 der ehemalige Ullstein-Lektor Bernard Guillemin (der gerade ein Interview mit Brecht für die *Literarische Welt* geführt hatte) und seine *Magdeburgische Zeitung*, man liest sie nun auch in der *Vossischen* und der *Frankfurter Zeitung*. Agenturen melden sich, eine «Zusammenarbeit auf dem Gebiet der Liebes- und Eheberatung»[23] wird ihr angetragen. Und – ein wichtiger Indikator für den Marktwert – die Rundfunkanstalten öffnen sich ihr zögernd. Noch bevor sie häufig selber Texte lesen wird, gestaltet der Berliner Rundfunk in seiner prominenten Reihe *Dichter der Gegenwart* im Dezember 1928 eine Sendung über Marieluise Fleißer, mit einem hymnischen Essay von Kurt Pinthus und einer Lesung mit Helene Weigel.

Im Frühjahr 1927 kommt Marieluise Fleißer nach mehreren Ankündigungen endlich nach Berlin. Sie findet Brecht fest in seinen Clan eingebunden vor: Er ist noch immer regulär mit Marianne Zoff verheiratet. Helene Weigel hat Brecht im Frühjahr 1925 ihre Mansarde in der Spichernstraße 16 als Dichtwerkstatt überlassen, Familienleben mit dem

Sohn Stefan und gelegentlichen Vaterbesuchen – regelmäßig zum Essen – finden in ihrer Wohnung in der Babelsbergerstraße statt. Elisabeth Hauptmann, die längst unentbehrliche Mitarbeiterin, betreut und überwacht Brechts Arbeitsalltag, zum Mitarbeiterstab gehört bald die aparte Schauspielerin Carola Neher, demnächst die Polly der ersten *Dreigroschenoper*, die Nebengeliebte, dazu die nicht weniger wichtigen Männer. Ein Eindringen in diesen Kreis fällt der schüchternen, etwas schwerfälligen, als außerordentlich passiv beschriebenen Fleißer offensichtlich nicht leicht. Man geht zusammen ins Kino, man ist hingerissen vom neuesten Filmidol, von Buster Keaton. Sie schreibt einen wunderbaren Essay über ihn im *Berliner Börsen-Courier*. Keaton ist wie ihr Bruder; er spielt, wie sie schreibt, so zwischen Humor und Melancholie, und keine Bewegung zu viel, keine Körperbewegung bei ihm, keine Gemütsbewegung, kein Sprachschnörkel bei ihr, scheinbar unbeholfen ausgesetzt den alltäglichen Schrecken.

Brecht mischt die Berliner Literatur- und Theaterszene kräftig auf. Im Januar 1927 war *Mann ist Mann* im Druck erschienen, und soeben hat er die etablierten Dichter Deutschlands und ihren Nachwuchs vor den Kopf gestoßen, indem er als Preisrichter für einen Lyrikwettbewerb der *Literarischen Welt* sämtliche über 500 eingesandten Gedichte für unerheblich, überflüssig, ja der Sache der Kunst schädlich erklärt und einem gar nicht eingesandten Gedicht, genauer einem Song aus einer Radsportzeitung, *He, He! The Iron Man!* den Preis zuerkannt hatte. Kein Wunder, dass danach in den Feuilletons die Fetzen fliegen. Das preisgekrönte Gedicht stammt von Hannes Küpper, Schauspieler, Schriftsteller und gelegentlich auch Radrennfahrer, der soeben zum Dramaturgen an die Städtischen Bühnen nach Essen berufen wurde.

Zwischen ihm und Fleißer scheint es rasch zu einem Techtelmechtel zu kommen. Schon im Februar 1928 will er die *Pioniere in Ingolstadt* auf die Essener Bühne bringen. Aber in Essen weht ihm alsbald ein heftiger, ultrakonservativer und antisemitischer Wind ins Gesicht, der angeblasen vom dortigen Magistrat, von Presse und Publikum, gegen eine so genannte ‹Berliner clique› Front macht. Dieser Wind bringt die geplante Aufführung Fleißers ebenso zu Fall wie Brecht/Weills *Ruhrepos*-Projekt, das eine groß angelegte Collage aus Lichtbildern,

Filmsequenzen, belehrenden und unterhaltenden Texten, eine multi-mediale Revue hatte werden sollen.

Ob sie will oder nicht, ob sie politisch dort hingehört oder nicht, mit der immer schärferen Polarisierung der Literaturszene, an der Brecht maßgeblich beteiligt ist, in rechts versus links, bürgerlich versus proletarisch, Provinz versus Berlin, befindet sich die Poetin aus der Provinz seit den *Fegefeuer*-Kritiken im Brecht-Lager. Die um alle Brecht-Aufführungen flackernden Skandalgewitter werden sie mit erfassen.

Schon im Juni 1927 verschwindet Marieluise Fleißer überraschend plötzlich und aus bislang unerfindlichen Gründen wieder aus Berlin ins Ostseebad Kolberg. Wie rege der Austausch mit den alten Münchner Freunden Brecht und Feuchtwanger in diesen Wochen war, wissen wir nicht, Spuren jedenfalls gibt es keine. Ein Feuilletontext von Marieluise Fleißer «über Bert Brecht», den ihr Bernard Guillemin von der *Magdeburgischen Zeitung* am 19. Oktober 1927 als «leider unverwend-bar» nach Ingolstadt zurückschickt hat, könnte das aufschlussreichste Zeugnis ihrer Brecht-Erfahrung vor dem Zerwürfnis enthalten ha-ben.[24] Warum war er «unverwendbar»? War er zu parteilich für oder zu parteilich gegen Brecht? Guillemin bedrängte sie sonst, auch im Post-skriptum dieses Briefs, um neue Arbeiten. Der Text muss bislang als verschollen gelten. Ist er der späten Revision ihres Werkes zum Opfer gefallen?

Es gibt zwei andere Texte dieser Zeit, die den Blick ins Innere dieser Autorin öffnen, ein ungeschminkt persönlicher und ein literarischer. Der eine ist ihre schon erwähnte Antwort auf eine Umfrage der *Magdeburgischen Zeitung* über «Männer, die ich heiraten möchte», erschie-nen am 18. Dezember 1927. Schon das Thema verblüfft, schaltet es sich doch provozierend altmodisch in die gerade heiß geführte Debatte um die Neue Frau ein. Und Fleißers Antwort bedient keineswegs die Erwartungen an eine um Autonomie ringende, emanzipierte Frau, vielmehr plädiert sie programmatisch für das Heiraten, für eine Zuge-hörigkeit, die erst «den Liebesbeziehungen eine ausgleichende Schwer-kraft» zurückgibt. Sie scheut sich nicht, beide Frauenbilder, die Neue Frau und die herkömmlich Liebende, sehr eindeutig mit Namen zu nennen: «Hier werden sich die Geister scheiden; es kommt nun darauf an, welchen Typ man letzen Endes aus sich machen will, die große Dame, die sicher in diese reale Welt und auf sich selbst gestellt ist, oder die große Liebende, die ihre Abgründe im Erlebnis will, selbst wenn es dabei nicht ohne Fetzen abgeht. Man kann dafür mit gutem Namen sagen Carola Neher oder Marieluise Fleißer.» Das ist eine unerhört freimütige Absage an die Lebens- und Liebesformen des Brecht-Clans, auch eine Polemik gegen Carola Neher, die Schauspielerin, die sie schon aus München kannte. Die tat sich leichter mit der Liebe, wohl auch mit der zu Brecht. Und es ist ein Bekenntnis zu Abhängigkeitsverhältnissen, wie sie dann im Rollback des Frauenbildes in den dreißiger Jahren auch politisch propagiert werden.

Mit der Reihe der Männer, «mit denen ich einen Zusammenhang der Artverwandtschaft spüre», die also in Frage kämen, stellt sie eine höchst originelle Kandidatenliste zusammen: der Filmschauspieler Hoot Gibson, Alfred Kerr («wegen der in seinen Arbeiten immer wieder erwiesenen auffallend männlichen und grundwüchsigen Einstellung zu den Frauen»), der Rennfahrer Ashby und eben «mein erster Freund, der heute verschollene Verbrecher X»: «Kraft für sieben auf einmal, er mußte immer Obacht geben, daß er mich mit seinen Umarmungen nicht totdrückt, rücksichtslos geschickt in den körperlichen Dingen [...]. Mit seiner wilden Gewalttätigkeit und plötzlichen Bösartigkeit verband er in sich die feinfühligste Zartheit und eine kindliche Freude am Leben.»[25] Ist das ein wahrheitsgetreues Porträt Alexander Weickers oder die literarische Zeichnung ihres ‹Traummannes›? Das Bild passte auffällig gut auch auf Brecht, so wie Freunde und Geliebte ihn schildern, nur ohne seine Libertinage. Die *Magdeburgische Zeitung* wurde im Freundeskreis gelesen, Brecht hatte Fleißer den Kontakt mit dem Feuilletonchef vielleicht sogar vermittelt. Ist dieses Statement mit seiner unüberhörbaren Spitze gegen Brecht, auch mit der pointierten Nennung Alfred Kerrs, nicht schon als Distanzierung von diesem Freundeskreis zu lesen?

Der zweite Text, die Erzählung *Die Ziege*, belegt einmal mehr den Mut, mit dem Marieluise Fleißer radikal aufs Ganze geht, sich nicht um Ruf und Sympathien schert, ihr Angezogensein durch starke Männer, ihre Verwundungen, ihre Wehrlosigkeit, das Nichtverstehen zwischen

Männern und Frauen ganz ungeschützt, ohne Schonung ihrer eigenen Person zum literarischen und damit öffentlichen Thema macht. In der Erzählung *Die Ziege* sind es die Übergriffe durch Weicker und die Übermacht Feuchtwangers, in *Der Tiefseefisch* die Schlacht zwischen Brecht und Draws-Tychsen, in *Mehlreisende Frieda Geier* die Vereinnahmung durch Gustl Amricht alias Gillich alias Bepp Haindl, in *Avantgarde* schließlich das Zerstörungswerk des Genies an der jungen begabten Cilly. Keinesfalls sind diese fiktionalen Texte eins zu eins biographisch zu lesen, aber die beabsichtigten Analogien sind unübersehbar.

«Liebe M L», antwortet ihr Feuchtwanger am 13. März 1928 auf ihre Sendung, «die Geschichte *Die Ziege*, die Du mir schicktest, war, als ich Deinen Brief bekam, bereits im *Tageblatt* erschienen. Du wirst wohl in der Zwischenzeit Beleg und Geld gekriegt haben. Es ist übrigens keine gute Geschichte; Dein Brief ist besser.»²⁶ Dass der sicherlich auch eitle Erfolgsautor, ihr Mentor der ersten Stunde, wenig begeistert war von seinem Porträt, verwundert nicht. Wer liest schon gerne – und für die Bekannten kaum verschlüsselt – aus der Feder einer «kleinen Lu» über sich: «Er trug seinen Hausanzug wie angewachsenes Fell und gab Wärme von sich und rückte sein Gegenüber zurecht, bis es in dies Zimmer eines Weisen paßte.» Und: «Er zersetzte ihren Rest an Selbstvertrauen.»²⁷

Diese beiden ganz aus der Lebenssituation entstandenen und sehr persönlichen Geschichten lassen so gar nichts erkennen von einer Zugehörigkeit zur ‹Clique›. Marieluise Fleißer zieht sich zurück. In den knapp zwei Jahren bis zur denkwürdigen Aufführung der *Pioniere* in Berlin scheint überhaupt kein Kontakt zu Brecht bestanden zu haben.

Sie ist nun eine gefragte Berliner Feuilletonistin. Über Mangel an Aufmerksamkeit bei der literarischen Avantgarde kann sie sich nicht beklagen. Als Hans Henny Jahnn 1928 den hoch geschätzten Kleist-Preis zu vergeben hat, entschuldigt er sich ausführlich und öffentlich dafür, dass er sie übersehen hat.

Gesehen wird sie nicht. Sie lebt in München und Ingolstadt und verlobt sich dort mit einem Sportschwimmer mit Tabakladen, Bepp Haindl liebt sie inbrünstig. Davon sprechen seine rührend unbeholfenen Briefe. Rechnet man die Zeit zusammen, die sie insgesamt in der Metropole Berlin verbracht hat – von 1925 bis zum April 1929 –, kommen, auf vier Besuche verteilt, höchstens ein paar Monate zusammen. Wer das Lustspiel dann für Ernst Josef Aufrichts neues Schiffbauerdammtheater vorgeschlagen hat, wissen wir nicht. Das von Fleißer später erwähnte Telegramm von Brecht gehört wohl ins Reich der Erzählung, ein Brief des Arcadia-Verlags vom 2. März 1929 jedenfalls informiert die Autorin über den Vertragsabschluss mit dem Schiffbauerdammtheater. Sie fährt nach Berlin in ein politisch deutlich verändertes Klima und findet einen politisch gewendeten Brecht vor. Er hatte in den letzten Jahren «acht Schuh tief im Kapital»[28] gesteckt und seine Hinwendung zum Marxismus vollzogen. Gemeinsam nehmen sie an den Proben teil. Über die Probenarbeit selbst gibt es keine Dokumente, auch nicht, dass sie den letzten Proben ferngeblieben sei.

In Zusammenarbeit mit Fleißer greift Brecht, getreu seiner Poetologie der permanenten Veränderung, folgenreich in den Text ein. Das mehr als zwei Jahre alte Stück ist ihm ebenso Spielmaterial wie seine eigenen. Der Text schrumpft um etwa ein Drittel, die Handlung wird zusammengezogen, vereinfacht, lange Dialoge stark gestrafft, die Personen schärfer karikiert.

Die für empfindliche Ohren «starken Unbedenklichkeiten» der Sprache (so der Kritiker Bernhard Diebold am 3. April 1929 in der *Frankfurter Zeitung*) stammen von der Dramatikerin selbst. Auf Brechts Konto gehen all die Regiezutaten, die die Aufführung für einen Teil des Publikums und der Presse zum Skandal machten: Uniformen, die dem Stück das Kolorit der Zeit vor dem Ersten Weltkrieg gaben, die Verschärfung der Militärsatire und vor allem jene Szene, in der sich zwischen Karl und der Berta das abspielte, was Brecht für die Liebe hielt. Die Besetzung ist erstklassig: Hilde Körber (Berta), Lotte Lenya (Alma), Albert Hoerrmann (Karl), Peter Lorre (Fabian); das bewunderte Bühnenbild stammt von Caspar Neher. Dia-Projektionen von alten Ingolstädter Stadtansichten sorgen für Aufsehen.

Die Premiere der *Pioniere in Ingolstadt* im Berliner Schiffbauerdammtheater am 30. März 1929 wird ein beachtlicher Erfolg – mit Applaus und Buhrufen. Die Besprechungen der tonangebenden Kritiker – Kerr, Ihering, Pinthus, Benjamin (nicht gedruckt) – zeigen Zustimmung, gelegentlich Begeisterung.

Um ein Verbot zu vermeiden, hat der Theaterleiter mit Brecht und Fleißer in Absprache mit der Polizei am Tag nach der Premiere einige Szenen entschärft, die Militärsatire gemildert, die Deflorationsszene in einer rhythmisch wackelnden Kiste getilgt, ein paar Sätze gestrichen.

Dann wäre Theaterfrieden gewesen und Kunstgenuss, hätte nicht der Bürgermeister von Ingolstadt öffentlich Klage gegen das ‹Schmutz- und Schandstück› erhoben, hätten nicht rechte und rechtsextreme Blätter die arme Autorin im Namen der deutschen Kultur verschrien. Wessen Skandal war das eigentlich? Hat man je ein Kunstwerk schlecht geredet, weil es dem Bildersturm gegen die ‹Entarteten› zum Opfer fiel? Die Polizeizensur wütete am Ende der Weimarer Republik, der Protest dagegen füllte täglich die liberalen Feuilletons. Wer Anstand und Kultur hatte, war auf Fleißers Seite und verteidigte sie, Polgar und Pinthus, Ihering und Kästner. Der dichtete seinen Spott auf die falschen Saubermänner: «Das arme Frolln Fleißer! / Was macht sie jetzt? / Wenn sie nicht schleunigst was andres dichtet: / Vom Pionier, der zehn Jahre wirbt / und kurz vor Annas Erlaubnis stirbt – / wird sie in Ingolstadt hingerichtet. / In ringel-ringel-Ingolstadt, / wo man von nichts 'ne Ahnung hat, / erröten vor dir die Radieschen. / Pfui, pfui, Marieluischen!»[29] Selbstbewusst und ironisch wehrt sie sich am 17. April 1929 in einem offenen Brief an den Ingolstädter Bürgermeister im *Berliner Tageblatt*.

Das Skandalöse am Berliner *Pioniere*-Skandal war weder das Stück noch die Gesinnung der Autorin noch Brechts Regie, skandalös verhielten sich allein die rechte Presse und die Ingolstädter Bürgerschaft.

Bis zum 8. Mai 1929 wird das Stück in Berlin gespielt, 43-mal, ein großer Erfolg. In Berlin sind die *Pioniere* Tagesgespräch. Ullstein erhöht den Rentenvertrag auf monatlich 300 Mark. Vier Tage nach der Premiere schließt der Verlag Kiepenheuer mit Marieluise Fleißer endlich den Vertrag über den Novellenband ab, der im Juni erscheint.

In Ingolstadt dagegen ist der Teufel los. Und beides, den großen Theatererfolg, der sie in die erste Reihe der Dramatiker ihrer Zeit versetzt, sowie die rechte Pressehetze und die Diskreditierung in ihrer Heimatstadt, hat sie niemand anderem als Brecht zu verdanken.

Warum ist ihr Brecht, der doch mit öffentlicher Polemik nie zimperlich war, angesichts der bösen Angriffe nicht beigesprungen? Wieso hat er sie ungeschützt in den vorhersehbaren Aufruhr hineinlaufen lassen und der Pressemeute ausgeliefert? Wenn es je eine Liebesbeziehung gegeben hätte, sie wäre mit Fleißers Verlobung in Ingolstadt für Brecht irreparabel vorbei gewesen. Wie Brecht auf ‹seine› Frauen reagiert hat, wenn sie sich einem anderen Mann zuwandten, das haben Bi Banholzer und Marianne Zoff zur Genüge erfahren, gleichgültig, ob Brechts Liebe schon abgeflaut war oder nicht. Für Brecht gehört das «Zeitungsgeschrei» ganz selbstverständlich dazu, er genießt den Triumph einer erfolgreichen Theaterarbeit auf dem Weg zu seinem neuen, dem epischen Theater.

Hier endet die erste Fleißer/Brecht-Geschichte.

In den folgenden drei Monaten vollzieht Marieluise Fleißer die radikalste und folgenschwerste Wendung in ihrem Leben. Der Riss in ihrem Leben erfolgt nicht wie bei so vielen Biographien des 20. Jahrhunderts 1933, sondern 1929. Sie ist verunsichert, gerät an einen Mann, der an Exzentrik, Selbstüberschätzung und Erfolglosigkeit jeden anderen übertrifft. Er gehört dem nationalkonservativen Lager an, ist ein Hasser von Brecht, sein Opponent im Politischen, im Künstlerischen, aber nicht im Glauben an das eigene, in seinem Fall verkannte, Genie, zudem ein scharfer Verächter weiblicher Intellektualität: der Journalist, Schriftsteller und Ethnologe Hellmut Draws-Tychsen aus Elbing in Westpreußen. Seine Selbstüberschätzung, seine heftigen Launen, seine Streitsucht entzweien ihn mit vielen Weggefährten. Das Ausmaß seiner zerstörerischen Eingriffe in Fleißers privates wie berufliches Leben muss man monströs nennen.

Marieluise Fleißer hat sich nach den Aufführungen der *Pioniere* unter den angeblichen Schutz Draws-Tychsens verkrochen und ist in Berlin geblieben. Bepp Haindl wartet in Ingolstadt vergebens auf ihre Rückkehr. Er schreibt ihr sehnsüchtige Briefe, jedoch kein Wort des Vorwurfs über den Skandal, vielmehr macht er ihr Mut, sorgt sich um ihre Gesundheit, beteuert seine unverbrüchliche Liebe: «[…] weil Du mein Herzl mir soviel geschenkt hast wie noch kein Mädchen ich hab von Dir Liebe bekommen und hab Dich lieben gelernt, das ich nie für möglich gehalten hab ich Küsse Dich und schlaf gut und denke an Deinen Bepp der Dir gut ist mein Luisl.»[30] Unter Draws-Tychsens Druck und unter großen Skrupeln bricht sie das Verlobungsversprechen. Auf einer Schwedenreise im August geben Fleißer und Draws-Tychsen ihre Verlobung bekannt.

Noch zuvor, am 7. August 1929, erscheint im *Berliner Börsen-Courier* seine (auch im Rundfunk gesendete) Besprechung von Fleißers soeben erschienenem Novellenband *Ein Pfund Orangen und neun andere Geschichten der Marieluise Fleißer aus Ingolstadt*, jede Zeile herablassende Überheblichkeit des Könners gegenüber der – drei Jahre älteren – Anfängerin. Er zollt der jungen Dichterin durchaus Anerkennung: «Jedoch mit rücksichtsloser Strenge abgelehnt werden müssen die drei unerträglichen Geschichten *Briefe aus dem gewöhnlichen Leben*, *Die Dreizehnjährigen* und *Die Ziege*. Hier steht Marieluise Fleißer noch in übel brodelndem unausgegorenem Anfange. Beinahe zerstören jene von überhitzter Phantasie unförmig aufgeblähten Erotismen das ganze große Plus des Buches. Auch ein Werk restlos vernichten können, spricht für den Dichter. Es sind nicht alle Karten, die fallen, Trümpfe. Eine begabte Frau sollte nicht nur über die Disziplin des Wortes verfügen. [...] Ehrlichkeit und Selbstkritik vermisse ich vor allem noch in der jungen Dichtung.»[31] Die Braut hat sich solche Kritik gefallen lassen.

Draws-Tychsen ist in wirtschaftlich prekärer Lage, als Autor anhaltend erfolglos. Durch die werbewirksame Verlobung «mit der bekanntesten Bühnendichterin Jungdeutschlands bei öffentlicher Aufmerksamkeit der weltstädtischen Presse»[32] erhofft er sich eine Wende auch seiner Karriere als Schriftsteller. Draws-Tychsen spricht die ausgefallensten Sprachen, sie reisen gemeinsam, nach Schweden, nach Andorra, nach Paris, meistens auf ihre Kosten. Er ist so eingebildet wie erfolglos.

Marieluise Fleißer ist seit dem *Pioniere*-Erfolg gefragter denn je, die Redaktionen verlangen nach Geschichten, die Verlage nach Büchern, die Bühnen nach neuen Stücken. Die Literaturprominenz wird auf sie aufmerksam: Thomas Mann würdigt sie unter ganz wenigen jungen

Talenten des Jahres 1929, Robert Musil und Gottfried Benn beachten sie ebenso wie Walter Benjamin und der junge Soziologe Theodor W. Adorno. Bis 1932 erscheinen zwei Bände Erzählungen und der Roman *Mehlreisende Frieda Geier*. Aber da hat ihre Karriere schon einen Knick. Das neue Stück *Der Tiefseefisch*, der eitle Kampf zweier Männer, die sich beide für genieverdächtig halten und die Kampftrophäe, die Schriftstellerin Gesine, zwischen sich zermürben, gelingt ihr nicht befriedigend, sie ist zu sehr Partei. Eine Kostprobe ist im *Berliner Tageblatt* zu lesen, Titel: «Johnnys Dichtfabrik. Ein Gespräch über amerikanische Methoden»[33], eine treffsichere Satire auf den Brecht-Clan, auf den Boss vor allem und seinen Menschenverschleiß, auf seine einschüchternden Praktiken, ein Pendant zu George Grosz' karikierender Zeichnung und eine Rarität als frühes literarisches Brecht-Porträt. Im wirklichen Leben fehlt ihr die distanzierte Haltung der Satirikerin. Sie liefert sich Draws-Tychsen aus mit Haut und Haar, sie weiß es, sie gibt sich darüber Rechenschaft: «Der Fehler liegt in ihrer Abhängigkeit, Hörigkeit von ihm. […] Er verlangt von ihr, was ihre Natur nicht hergibt. […] Sie hat einen verkrampften Wahneros. Seine Asexualität bei gleichzeitigem Nachspüren ihrer Komplexe, um sie ihr abzugewöhnen.»[34]

Draws spielt sich auf als Zensor von Fleißers literarischen Arbeiten, als ihr selbstherrlicher Sekretär. Auf ihre Briefe notiert er, was sie zu antworten hat, Absagen vor allem bei Anfragen von Redaktionen, die ihm nicht passen. Er unterbindet jeglichen Kontakt zum Brecht-Kreis. Er zerstört das Vertrauensverhältnis zum Ullstein Verlag bis zur Kündigung des Rentenvertrags und damit ihre finanzielle Basis.

Während Brecht sie noch im Sommer 1932 Hans Henny Jahnn gegenüber für ein Stipendium vorschlägt, sieht *sie* in Brecht nun ihren Feind. Als im Herbst 1931 Carl Zuckmayer den Kleist-Preis, mit dem sie für sich gerechnet hatte, Ödön von Horváth zuerkennt, verdächtigt sie Brecht, gegen sie zu intrigieren: «Es ist mir ein neuer Beweis», schreibt sie am 5. November 1931 an Draws-Tychsen, «mit welchen feinen und jesuitischen Mitteln Brecht arbeitet um mich auszuschalten. Er macht es eben so ganz undurchsichtig und auf dem Umweg über andere Personen, aber dahinter höre ich immerzu ein höhnisches Kichern.»[35]

Und während Brecht und seine Familie vor den Nazis um ihr Leben fliehen, sucht die Frau, die einmal seine «Fleißerin» war, sich in einem sehr ausführlichen Lebenslauf vom 7. Dezember 1936 für die Reichsschrifttumskammer ins rechte, im doppelten Sinn rechte Licht zu setzten, in dem sie Brecht nachgerade denunziert: «In München», heißt es da, «hatte ich flüchtig einen gewissen Bert Brecht kennengelernt»; und weiter: «Brecht legte mir einige Wochen vor der Aufführung [der *Pioniere*] meinen Eintritt in die kommunistische Partei nahe, was von mir abgelehnt wurde.»[36]

Im Herbst 1932 kann man in der Zeitschrift *Das Tage-Buch* in der Rubrik *Die besten Bücher des Jahres* lesen, dass Marieluise Fleißer Hellmut Draws-Tychsen für den «überhaupt größten lebenden Lyriker» hält. Er hat es ihr auf der Rückseite der Redaktionsanfrage diktiert.

Fleißer distanziert sich unter Draws-Tychsens Einfluss nicht nur von ihren Förderern, sie distanziert sich vor allem von ihren früheren Arbeiten, von ihrer Schreibweise.

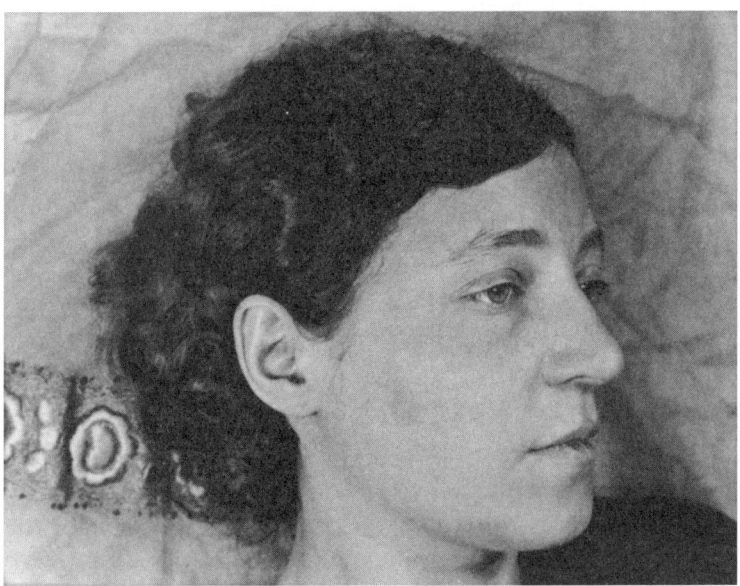

Marieluise Fleißer, fotografiert von Ellen Auerbach (ringl + pit), 1931

Die Beziehung ist erstarrt zu künstlerischer und seelischer Hörigkeit auf ihrer Seite und ökonomischer Ausbeutung, Verzehr ihres gesamten Ersparten, auf der seinen. Über drei Jahre hält sie aus mit ihm in Berlin, durch seinen Jähzorn, seine Kränkungen immer isolierter von Freunden, ohne Geld für die nächste Miete. Sie hat ihren Bonus verspielt, Redakteure verprellt. Es folgen noch zwei Jahre in Ingolstadt, in denen sie Tag und Nacht seine schlechten Stücke ins Reine schreibt, bis sie buchstäblich kein Geld mehr hat, um Farbband und Papier zu kaufen. Unterdessen behält Draws-Tychsen in Berlin ihre spärlichen Honorare ein. Ihre Briefe sprechen immer noch von Liebe, sie wartet vergeblich auf die Eheschließung (in offiziellen Briefen redet sie von ihrem «Mann»), sehnt sich nach einem Kind. Er reimt ihr die Liebe oder was er dafür hält:

Schlaflied für Marieluise
[...]
Weil wir einander lieben,
Weil wir einander leben,
Sind wir gefügt: ein Stein, ein Holz.
Kein Keil kann zwischen uns sich schieben,
Darob wir treu, darob wir stolz.
Der Morgen singt im Sonnenschein.
Ich wache über Deine Hasser.
Ihr Geifer fleddert blaß und blasser
Und stirbt… Mein Lieb, schlaf ein![37]

Ist das noch die Frau, die in Brecht ihren literarischen Lehrmeister liebte?

Auf ihren – vergeblichen – Versuch im Sommer 1934, sich abzulösen, antwortet Draws-Tychsen mit zehn Seiten der ungeheuerlichsten Demütigungen: «Merk Dir, eine Frau ist ohne den formenden Willen des Mannes nichts. Ohne mich wird Dein Werk keine Existenzberechtigung mehr haben.[…] Es soll daher fortan nach dem Führerprinzip ausschließlich mein Wille gelten.»[38]

Was Marieluise Fleißer sich mit Hellmut Draws-Tychsen angetan hat, könnte man drastisch als Gehirnwäsche bezeichnen. Sie ist mit ihm – auch was ästhetische und ideologische Übereinkünfte anbelangt

– ins Lager ihrer eigenen Verächter übergewechselt, durch und durch kontaminiert vom Einfluss dieses Exzentrikers. Nicht dem Skandal um die *Pioniere* gilt seither ihre Empörung, sondern dem Stück selbst und was angeblich Brecht daraus gemacht hat; sie schiebt es als Auftragsarbeit Brecht in die Schuhe, und dies bis in die Nachkriegsjahre. Mit Ausdrücken wie ‹zersetzend› und ‹entartet› charakterisiert sie ihr eigenes Werk.[39]

Anfang 1935 gelingt ihr endlich, sich definitiv von Draws-Tychsen zu lösen – um eine neue endgültige, für ihr Leben fatale Bindung einzugehen: Sie heiratet nun doch Bepp Haindl, einen unintellektuellen und unkünstlerischen Geschäftsmann, der sie seit 1927 mit seinem Begehren bedrängt hat. Die nackte Existenznot ist damit behoben, aber nun kommen zum gänzlichen Verlust ihrer künstlerischen Orientierung die Forderungen des Tabakgeschäfts und verzehren ihre Kräfte. Sie ist nun im Hauptberuf ‹Geschäftsfrau›. Die Reichsschrifttumskammer entlässt sie aus der Pflichtmitgliedschaft, stellt ihr 1938 einen Befreiungsschein aus und wiederholt ihn 1944 für ein Dramenprojekt, in das sie sich verbissen hat, *Karl Stuart*, ein Stoff aus der englischen Geschichte, immer wieder überarbeitet und nie aufgeführt. Ein Schreibverbot übrigens hat nie existiert.

1948 – das ist der Nachtrag zur ersten, 1929 unterbrochenen Fleißer/Brecht-Geschichte – nimmt sie zögernd Kontakt zu den frühen Weggefährten auf. Sie meldet sich wieder bei Brecht in Zürich, der ihr, als gäbe es da nicht alte Wunden, eine Postkarte schickt und antwortet:

> Liebe Fleißerin, ich bin noch in Zürich und werde mich melden, wenn ich nach München komme. Danke für das Lebenszeichen. Konnten Sie arbeiten? Ich würde gern was lesen. Den unerschrockenen Realismus der *Pioniere* könnte man jetzt brauchen, wo sich die Blutsäufer in die Hosen machen. Herzlich Ihr brecht.[40]

Nach Kalifornien an Feuchtwanger kommentiert dann Brecht: «Die Fleißer, die einen Kramladen in Ingolstadt geheiratet haben soll, schickte mir zwei Stücke, die nicht besonders gut sind, wie mir scheint.»[41] Aber Brecht ist es dann doch, der ihr viertes Theaterstück, das Volksstück *Der starke Stamm*, an die Münchner Kammerspiele empfiehlt. Die Premiere 1950, mit Therese Giehse in der Hauptrolle, bringt Fleißers Namen wieder ins Tagesfeuilleton. In einer ihrer vielen Jeremiaden dieser Jahre schildert sie Feuchtwanger die Katastrophe ihrer Ehe, ihre hoffnungslos eingeschnürte Lebenssituation. Brecht gibt ihr zu bedenken, nach Berlin-Ost zu übersiedeln. Dort könnte er sich für sie einsetzen, und Feuchtwanger könnte noch seinen Einfluss geltend machen. Dann aber scheint er ihr auch wieder abgeraten zu haben: «‹Hier gibts Sachen›, sagte er, ‹Sachen. Mit denen werden sie dann nicht fertig.›»⁴² Welche Illusionen hat sie sich da gemacht! Die Verzweiflung über ihre verheerende Situation bleibt, «ich bin aber doch froh, daß ich nicht nach Berlin gegangen bin. Der Brecht ist tot und wen hätte ich da, an den ich eine wirkliche Bindung habe. Die Weiber brauchen das wie das liebe Brot.»⁴³ (17. Juli 1957)

Marieluise Fleißer in ihrem Arbeitszimmer vor einem Jugendbildnis Brechts, Ende der sechziger Jahre

Als 1963, nach einunddreißig Jahren, wieder ein Buch von Marieluise Fleißer erscheint, die Erzählung *Avantgarde* bei Hanser in München – und damit beginnt die dritte Geschichte –, ist die Neugier groß. Als Prosaautorin war sie schon fast vergessen, keines der früheren Bücher war lieferbar, und nur gelegentlich war in den zurückliegenden Jahren etwas in Zeitungen erschienen. Im Gedächtnis der Älteren geblieben war die dunkle Erinnerung an einen Berliner Theaterskandal.

Nun also *Avantgarde*, «das Trauma», das sie sich von der Seele schreibt, die Geschichte von Cilly Ostermeier, der Studentin aus der Provinz, die an das Genie gerät, die der Weltstadt nicht gewachsen ist, da lauert «Abgrund neben Abgrund». In Cilly Ostermeier erfindet Fleißer eine junge Dichterin, die im Berlin der zwanziger Jahre an den «Frösten der Freiheit» zu erfrieren droht, eine Künstlerin, die sich anmaßt, in die Avantgarde vorzustoßen, und der das verheerend schlecht bekommt. Es ist die Geschichte der Dichterin, die ihr Talent vom Genie in eine Richtung verbiegen lässt, die ihm nützlich, aber nicht die ihre ist, die Geschichte der Frau, die sein willenloses Spielzeug wird bis es kaputtgeht.

«Es war nicht ganz heraus, war sie seine Mitarbeiterin, Freundin, Geliebte oder wurde sie seine Frau»[44] – Cilly, eine Mischung aus allen Brecht-Frauen. «Die Brechtgeschichte ist dies [autobiographisch] nur in manchen Teilen», schreibt sie an Hermann Kesten, «in anderen wieder nicht, entweder spukt mir da eine andere Frau hinein oder ein anderer Mann, der mir einmal nahestand. [...] Ich habe meinen Knall für Brecht geschrieben. [...] Wenn man irgendwelche realen Begebenheiten einbezieht, wird das sofort als Schlüsselgeschichte erklärt.»[45] So geschehen: Im Kommentar der seit dreißig Jahren gültigen Werkausgabe heißt es: «Schlüssel zu den Figuren: Der Dichter: Bertolt Brecht. Der Jude: Lion Feuchtwanger. Nickl: Der spätere Ehemann Josef Haindl [...]. Der Mann (am Schluß des Textes) Hellmut Draws-Tychsen.»

Unterzieht man die Erzählung *Avantgarde* noch einmal einer wachsamen Lektüre auf der Folie von Fleißers Erfahrungen von fünf Jahren gemeinsamen Lebens mit Draws-Tychsen, dann springt es einem plötzlich ins Auge, als entwickle man einen Film ein zweites Mal und sieht, dass er mehrfach belichtet ist, dass da zwei, eigentlich sogar drei Paargeschichten übereinander lagern:

Die erste, das ist die Entdeckungs-, die Erfolgs- und Begehrensgeschichte einer jungen Schriftstellerin und eines genialen jungen Dichters; die zweite ist die Geschichte von der entbehrungsreichen Zuarbeit und der materiellen Ausbeutung einer Mitarbeiterin im Dunstkreis des Genies; die dritte schließlich handelt von der Unterwerfung und in der Folge der völligen Zerstörung einer erfolgreichen Autorin, die sich von einem größenwahnsinnigen Exzentriker vollständig in Besitz nehmen und ihren Willen brechen lässt. Die drei Paargeschichten sind fast ununterscheidbar zu einer einzigen ineinander geflossen, der ‹Film› am Ende von der Autorin mit dichterischer Phantasie übermalt.

Kein Dementi half mehr gegen die platte Gleichsetzung, die alsbald böse Folgen zeitigte. Denn mit diesen Gleichsetzungen erhielten die erzählten Ereignisse der Geschichte die Weihen der Authentizität.

Das wahre Trauma hat Marieluise Fleißer sich nicht von der Seele geschrieben, sie hat es kunstvoll umschifft, verdrängt, übertragen. Das Trauma ihres Lebens war Draws-Tychsen, dessen Namen sie gar nicht mehr in den Mund nimmt, an seiner Seite lief sie in den «Abgrund», litt sie die «Fröste», nicht die der Freiheit, sondern die der Hörigkeit. Die abweisend kalte Metropole ist das Berlin mit Draws-Tychsens grässlichen Launen.

Das Trauma sitzt tief, und sie hat ihren bitteren Anteil daran. Von nun an erzählt Marieluise Fleißer kurzerhand ihre Biographie um, greift in ihre alten Texte ein, sortiert ihren Nachlass, lässt manches verschwinden. Leichter lebt es sich mit der Rolle als Frauenopfer des Genies.

Die Werkedition hilft kräftig nach: Ein Typoskript *Notizen*, biographische Angaben über eine dritte Person, erhält in der Werkausgabe vom Herausgeber kurzerhand den scheinbar originalen Fleißer-Titel *Meine Biographie*, nur ein paar Eckdaten stimmen darin mit Fleißers Curriculum Vitae überein. Der Text ist so wenig eine Autobiographie, wie es *Avantgarde* je war. Das Zerstörungswerk an der begabten Frau, das Draws-Tychsen ihr zugefügt hatte und das sie sich hatte zufügen lassen, das ‹Scheitern an der Avantgarde› und das ‹Scheitern in der Metropole› und wie die Verheerungen in der Fleißer-Biographik alle heißen, das geht seither auf Brechts Lederkappe.

Wo immer es um das Thema Brecht und die Frauen geht, ist die Figur des Dichters aus der *Avantgarde*-Erzählung zum authentischen Porträt Brechts mutiert. Bei allem, was sich über Brechts Beziehung zu Frauen Bitteres sagen lässt: Er ist neben Feuchtwanger, Ihering und Pinthus Fleißers eigentlicher Förderer. Ihrer Begabung und ihm hat Fleißer den Erfolg zu verdanken. Seine Mitarbeiterin war sie nie, als Frau existierte sie kurz und ganz am Rande seines Lebens, entschwand wieder nach Ingolstadt, er hatte andere Sorgen. Wenn eine Frau, die Brecht begehrte, von ihm nicht ausgebeutet und nicht hintergangen wurde, dann war es Marieluise Fleißer.

Zu seinem 70. Geburtstag bekannte Marieluise Fleißer dem alten Freund Lion Feuchtwanger: «Der Brecht, nun, das war immer ein Wunschtraum, die Realität, das warst du [...].»[46]

Die Jahre der Entstehungszeit von *Avantgarde* waren auch die Jahre der Brecht-Boykotts an vielen westdeutschen und österreichischen Bühnen. In den darauf folgenden Jahren steigt der tote Dichter Brecht aufs Klassikerpodest. Marieluise Fleißer wird gefragt, gibt Auskünfte.

Mehr Lesefrüchte als Authentisches sind darunter. Die klugen, lobenden Bemerkungen, die sie in *Frühe Begegnung* ihrem Leser Bert Brecht über ihre Arbeiten in den Mund legt, stammen wörtlich aus Herbert Iherings erster Würdigung im *Berliner Börsen-Courier*, die Beschreibung von Brechts Münchner Privatleben den Erinnerungen von Arnolt Bronnen, *Tage mit Brecht*.

Brecht ist nicht mehr das zerstörerische Genie, er wird zu ihrem großen Lehrer, ihrem Förderer, in dessen Dunstkreis gelebt und erfolgreich geschrieben zu haben ihr Attraktivität verleiht. Der Bruch mit Brecht verwandelt sich zu einem erzwungenen durch den Nationalsozialismus, auf den sie nun die Schuld an ihrem jahrzehntelangen Verstummen überträgt. Bis zu ihrem Tod arbeitet sie sich ab an ihrer Brecht-Geschichte, nimmt sich noch einmal den *Tiefseefisch* vor, die Dreiecksgeschichte Brecht/Draws-Tychsen/Fleißer, fertig wird sie damit nicht.

Ganz am Ende ihres Lebens findet sie noch einmal zu einer ironischen Distanz: «Die Frauen und der Brecht», bekennt sie da listig in die Kamera, «also i werd' doch net so g'schwätzig sein, ich hab halt den Brecht net ham können.»[47]

«Eine Schauspielerin müsste man haben»

Helene Weigel

Die erste Begegnung von Helene Weigel und Bert Brecht ist schon
Legende:

> ‹Eine Schauspielerin müsste man haben›, hatte Brecht gesagt. ‹Dort
> wohnt die Helene Weigel›, sagte Bronnen, ‹weißt, die früher in Frankfurt
> war, jetzt spielt sie bei Jeßner.› Brecht wusste darüber Bescheid, aber er
> kannte sie noch nicht. ‹Ich glaube, sie wird sich freuen, wenn du zu ihr
> kommst.›
> Brecht trat zurück. Er hatte noch keine rechte Bleibe, fühlte sich noch
> heimatlos in Berlin, hatte vielleicht auf den Abend mit Bronnen gerech-
> net. Er fixierte Bronnen aus den Knopflöchern. Bronnen sagte:
> ‹Ich ruf' sie an, daß du hinüber kommst.› Er ging hinaus, in das kahle,
> große Berliner Zimmer, wo der Telefonapparat an der Wand hing. Es
> dauerte etwas länger, weil gerade ein anderer Untermieter telefonierte.
> Als Bronnen in sein Zimmer zurückkehrte, war Brecht schon hinaus-
> gegangen. Es waren nur zwei Minuten bis zur Spichernstraße. Eine
> Bindung hatte aufgehört, eine neue, größere, trächtigere hatte begon-
> nen …[1]

So hat Arnolt Bronnen den Anfang dieser Gemeinschaft fürs Leben erzählt, ein wenig wehmütig, denn es war seine eigene kurze und leidenschaftliche Freundschaft mit Brecht, die im Spätsommer 1923 zu Ende
zu gehen begann.

Zumindest Helene Weigel hatte – nach ihrer späteren Auskunft –
den jungen Dramatiker schon ein paar Monate vorher wahrgenom-
men. Da war er im November 1922 – und soeben mit dem Kleist-Preis
geehrt – auf den Proben von *Trommeln in der Nacht* im Deutschen
Theater in Berlin aufgetaucht. Und Helene Weigel spielte in zwei kleineren (merkwürdigerweise nicht identifizierten) Rollen mit. Vielleicht

sind sie auch durch den gemeinsamen Freund, den Schauspieler Alexander Granach, aufeinander gestoßen.

Dass die Begegnung mit dieser Frau womöglich folgenreich in sein Leben eingreifen würde, das ahnte Brecht bald und teilte es ihr Ende Dezember 1923 auf einem handgeschriebenen Billett auf seine Weise mit, in einem Liebesgedicht der neusachlichen Art:

1
Zweite Hälfte Dezember
Starke Langeweile
90 % Nikotin
10 % Grammophon
Offensichtlicher Mangel an Büchern
Jahresende:
Auf nach Mahagonny
Bevorzugt!

2
H W
(zu deutsch:
Havary)[2]

Havarie heißt so viel wie unbeabsichtigter Zusammenstoß, mit Beschädigungen ist zu rechnen, heftigere Formen nennt man auch Schiffbruch. Da stellt sich dem Schiff ein Widerstand in den Weg, mit dem nicht zu spaßen ist, im schlimmsten Fall ist er stärker als das Schiff, zermalmt es. Möglicherweise war es nur ein Spiel mit ihren Initialen, eher aber doch schon das Gespür für die Stärke dieser Frau und ein Hinweis, dass sie in seinem Leben nicht zu umschiffen war.

Zwei «Genies» begegnen sich – er fünfundzwanzig, sie dreiundzwanzig Jahre alt. Ja, Genies: Ihering hatte BB schon aus Anlass der *Trommeln*-Premiere das Geniezeichen aufgedrückt, und Helene Weigel erhielt dieses Gütesiegel noch viel früher, als Schülerin in Wien.

In Wien wurde Helene Weigl – so schrieben sich die Eltern – am 12. Mai 1900 geboren als Kind einer der massenhaft aus dem Osten zugewanderten jüdischen Familien. Siegfried Weigl war Prokurist in einer Textilfabrik, die Mutter besaß ein Spielwarengeschäft. In dem schon legendären Reform-Realgymnasium für Mädchen von Dr. Genia Schwarzwald lernte die Tochter Allgemeinwissen und Toleranz und begegnete der Kunst leibhaftig: Oskar Kokoschka und Adolf Loos unterrichteten dort, Arnold Schönberg gab Seminare für Komposition, mit Karl Kraus war die Schulleiterin freundschaftlich verbunden. Zu Helenes Klassenkameradinnen gehörten die spätere Freundin im Exil, die Schriftstellerin Maria Lazar, Alice Herdan, die dann mit Zuckmayer verheiratet war, und Elisabeth Neumann, die zweite Frau von Berthold Viertel, dem Theaterkollegen in Berlin, im Exil und wieder in Berlin. Karin Michaelis, die prominente dänische Schriftstellerin, war mit Genia Schwarzwald (und dann auch mit den Brechts) lebenslang befreundet. Sie hat 1919 in der *Vossischen Zeitung* einen Artikel mit dem Titel *Die Geburt des Genies* veröffentlicht und damit den Ursprungsmythos von Helene Weigels Schauspielkunst wortgewaltig überliefert: die Geschichte von der unansehnlichen und verschüchterten Schülerin mit dem unglaublich dicken Schädel, in den sie sich das Begehren, Schauspielerin zu werden, unausrottbar gesetzt hatte, von den vergeblichen Bemühungen aller Wohlmeinenden, sie von der Aussichtslosigkeit ihres Vorhabens zu überzeugen, von dem denkwürdigen Vorsprechen, das man ihr dann in Gottes Namen gewährte:

Sie sah vor sich hin. Wir versanken für sie in den Erdboden. Die große Stirn zitterte nervös wie Milch, die Haut zieht. Die Pupillen wuchsen, schossen lange kalte Strahlen. Die Lippen spannten sich wie ein Bogen, bereit, vergiftete Pfeile zu entsenden. Der hängende Körper reckte sich, bekam Haltung, bekam Majestät. Eine Stimme – eine in Tönen aufgelöste Seele – begann schwach, beinahe flüsternd [mit der Ballade *Edward* aus Johann Gottfried Herders *Stimmen der Völker in Liedern*]: ‹Dein Schwert, wie ist's von Blut so rot, Edward! Edward!› [...] Sarah Bernardts Instrument ist vom Zahn der Zeit angenagt, Eleonore Duses vom Leid zerbrochen. Aber in der Kehle dieses häßlichen, unbeholfenen, siebzehnjährigen Mädchens ist der ganze Bann der Erkenntnis des Guten und Bösen erhalten, das Schluchzen und Klagen aller Vögel, das Rieseln aller Wasser, die Farben aller Regenbogen, Orgeltöne und Todesröcheln, die Schreie gebärender Frauen, der Jubel aller Liebesekstase – das alles und noch mehr ist darin enthalten. Eine solche Stimme macht wilde Tiere fromm und friedlich wie Lämmer, bringt erfrorene Pflanzen wieder zum Blühen, macht Steine erbeben. […] Als sie schwieg, hatte Edwards Fluch nicht nur die Schuldige getroffen, uns alle fror bis ins Rückenmark hinein. Mit den Worten «Ihnen rate ich nicht ab, zur Bühne zu gehen. […] Unterricht brauchen Sie nicht zu nehmen!» entließ sie der Direktor der Wiener Volksbühne, Dr. Arthur Rundt, in eine ganz große Theaterkarriere, nach seinem Urteil «eines der größten dramatischen Genies, die jemals geboren wurden».³ Rundt bot ihr aber doch privaten Schauspielunterricht an. Die Beziehung geriet offensichtlich über ein Lehrer-Schülerin-Verhältnis hinaus. Ihrer mütterlichen Freundin und Beraterin in Lebens-, Berufs- und Liebesdingen, Karin Michaelis (sie war achtundzwanzig Jahre älter) bekannte sie im Herbst 1919, «wie notwendig ich Zärtlichkeit und Liebe brauche. […] Für mich gibt es die Gefahr, das Verlieren oder Verschlampen wirklich nicht, manchmal staune ich, wie klar und ruhig ich bin.»⁴ Eine Selbsteinschätzung, die ihr Leben lang Gültigkeit behielt.

Als sie dies schrieb, hatte sie gerade ihr erstes Engagement angetreten, am Neuen Theater in Frankfurt am Main, und ihr Debüt schon hinter sich: Die Marie in Büchners *Woyzeck*: «Helene Weigel spielte sie; ein neuer Name für Frankfurt, auf den wir Hoffnung setzen.» (*Frankfurter Zeitung*, 17. September 1919)⁵

Bis zum Sommer 1922 spielt sie in Frankfurt, erst am Neuen Theater, dann am Schauspielhaus ein großes Repertoire: Aristophanes und Shakespeare, Schiller und Kleist, Strindberg und Ibsen, Wedekind und Hauptmann, Hanns Johst und Georg Kaiser, Arnolt Bronnen und Friedrich Wolf und viele längst Vergessene. Die Mappe ihrer Kritiken kann sich sehen lassen. Es ist vor allem ihr ganzer Einsatz von Körper, Stimme, Gebärde, ihr Spiel mit Haut und Haar, die ihre Kritiker so begeistern. Ein Beispiel nur, ihre große Rolle, die Paula Piperkarcka in Gerhart Hauptmanns *Die Ratten*: «Helene Weigel drängte sich mit brennender Vitalität in den Vordergrund des Geschehens. Ihr Brüllen, Heulen und Schluchzen hatte Unterirdisches. Ein kleiner Vulkan begann zu speien. […] Hier ist eine Künstlerin im Werden, die unter guten Händen eine erstaunliche Entwicklung finden könnte.» (*Mittagsblatt*, Frankfurt a. M., 8. März 1920) «Fräulein Weigel gab der Piperkarcka die heulende Verzweiflung, die elementare Welt, den rasenden

Schmerz des gepeinigten Tieres und ließ ihre Szenen in einem unheimlichen Rot aufzucken und aufschreien in dem namenlosen Leid der gepeinigten Kreatur. Dieses Mädchen, das dumpf und arm ist wie ein Tier und doch so viel adliger, eben weil es unglücklich zu sein vermag, ließ einen schaudern.» (*Frankfurter Theater-Zeitung*, 30. März 1920) Noch spielt und schreibt man Expressionismus, auch in den Theaterbesprechungen! Hie und da klingt aber schon Kritik durch an ihrem hemmungslosen Schreien, auch an ihrer Dominanz, die sich im Ensemblespiel nicht immer leicht tut. Im Spiel ihrer späteren Jahre wird das tödliche Entsetzen, der heillose Schmerz gerade im Piano ihrer Stimme zum Signum ihrer Meisterschaft. In diesen ersten Kritiken kommt vieles von Helene Weigels Kunst, aber auch von ihrem Charakter und ihrem Zugriff aufs Leben zur Sprache.

Ein Engagement an das von Leopold Jessner geleitete Staatliche Schauspielhaus holt sie im Sommer 1922 nach Berlin, im nächsten Frühjahr bezieht sie die Mansardenwohnung in der Spichernstraße 16, die bald zur legendären Dichtwerkstatt des Brecht-Kreises wird. Helene Weigel fällt auch in der Hauptstadt durch ihr explosives, vitales Spiel auf, wirklich große Rollen bekommt sie nicht. Oder doch, die schwierigste Rolle ihres Leben als Gefährtin des Dichters Bert Brecht.

Dabei ist Brecht eigentlich schon hinreichend in sein Beziehungsgewirr verwickelt: Paula Banholzer soll – wenn es nach Brecht ginge – noch immer auf die Heirat warten, seine Frau Marianne hat im März 1923 die gemeinsame Tochter Hanne geboren, und ganz obenan steht Arnolt Bronnen. Dass Marieluise Fleißer im Zuschauerraum der Kammerspiele sitzt und von dem jungen Autor schon ganz hingerissen ist, weiß er wohl noch nicht.

Wer sich von der Paargeschichte Weigel/Brecht Glamouröses erwartet, Amouren und Flirts, wilde Eifersuchtsszenen und Scheidungen, wie das bei Schauspielerbiographien üblich ist, wird enttäuscht sein. Von Helene Weigel ist über all das, wenn es denn stattgefunden hat, nichts zu erfahren.

Werner Hecht, Weigels treuer und diskreter Gesprächspartner, hat mit ihr im Dezember 1969 ein ausführliches Gespräch geführt, das aufgezeichnet, aber erst 2000 veröffentlicht wurde. Es geht vor allem um

ihre Schauspielkunst, um die Theaterarbeit, bei Fragen nach Privatem
bleibt sie zurückhaltend:

HECHT: Wollen Sie über Ihre private Beziehung zu Brecht …?
WEIGEL: Ach nee, das kann man schwer. Ganz schwer.
HECHT: Es kommt mir selbst etwas blöd vor …
WEIGEL: Aber fragen Sie ruhig. Ich mache keine Geheimnisse daraus,
wissen Sie. Das ist eine so – ich will nicht sagen – komplizierte Bezie-
hung. Nein, das war sie gar nicht. Die beruhte …
HECHT: Ich hätte nur eine ganz allgemeine Frage.
WEIGEL: Welche?
HECHT: Was hat eigentlich Brecht und Sie so dauerhaft verbunden?
WEIGEL: Na ja, ich hab doch einen …, erstens ich hab's … *sie zögert.*
HECHT: Wenn ich dazu etwas sagen darf: In den Briefen Brechts an Sie,
die er 1949 aus der Schweiz schreibt, steht am Ende meistens hand-
schriftlich …
WEIGEL: … eine Zärtlichkeit, eine kleine. Ja.
HECHT: Und eine ganz große Aufforderung, sich nicht zu sehr anzu-
strengen …
WEIGEL: … achtgeben, achtgeben!
HECHT: Achtgeben, immer wieder achtgeben. Das spielt eine ganz große
Rolle. Da drückt sich am Ende wie ein bißchen geschamig eine innige
Beziehung aus, die im ganzen Brief nicht angedeutet ist …
WEIGEL: … eine große Freundlichkeit.
HECHT: Das wissen wenige.
WEIGEL: Das kann man auch gar nicht sehen.
HECHT: Deshalb ist die Frage, ob man dazu nicht irgend etwas sagen
kann?
WEIGEL: *etwas ärgerlich:* Das kann man doch nicht. Außerdem sind da
doch die ganzen Geschichten. Da gibt's so viele Schwierigkeiten dazwischen. Und da sind auch diese – wirklich also für mich manchmal
untragbaren Weibergeschichten da, mit diesen blöden Frauenzimmern,
wo ich nie verstanden habe, was er von denen hatte. Also für mich waren
einige von diesen Damen unverständlich. Wissen Sie, wenn ich über
meine Beziehung zu Brecht was sagen sollte und nicht darüber auch
spreche, wär es ein Verschweigen. Denn das war wichtig, natürlich. Aber
so wichtig war's wieder auch nicht …
HECHT: Das meinte ich jetzt nicht …
WEIGEL: Ich weiß, daß Sie's nicht meinen. Ich sage nur, weshalb ich

darüber nicht gern spreche. Das ist der Punkt. Ich weiß schon, daß Sie mich nicht dazu bewegen wollten. Aber das ist gar nicht so einfach, über diese Sachen ernsthaft zu sprechen und auf die anderen Damen nicht einzugehen. Denn das hat natürlich… Das war zwischen uns eine große Liebesbeziehung. Und das hat alles sehr, sehr weh getan! Das war nit einfach etwa. *Ihr geht das Thema sehr nahe; es entsteht eine Pause.*[6]

Und dann gingen die beiden Gesprächspartner zu einem anderen Thema über. In dieser kleinen Interviewsequenz gibt Helene Weigel – eben auf ihre Art – mehr von dieser Beziehung preis als sonst irgendwo. Nur wenige und darunter kaum Privates enthaltende Briefe von ihr an Brecht sind bekannt. In Äußerungen zu anderen über Brecht versteckt sie sich hinter Sachlichkeit, bisweilen auch Härte.

Dieses Gespräch mag die Folie geben für das Verständnis der spannungsreichen gemeinsamen Lebensgeschichte dieser beiden ‹Genies›.

Rudolf Schlichter, Helene Weigel vor der Szenerie von Mann ist Mann. *Foto eines verschollenen Porträts*

Weihnachten 1923 verbringt Helene Weigel bei ihren Eltern in Wien und besucht auf der Rückreise Brecht in Augsburg. Dieser begleitet sie nach Berlin, muss dann aber zu den Proben zu *Leben Eduards des Zweiten* nach München zurück. «Liebe Helle», schreibt er ihr, «Wann hast Du wieder Zeit??? / Wirst Du so gut schlafen, als ich es wünsche, und fröhlich sein, allerdings nicht zu sehr, aber etwas / Ich bin ihnen fortdauernd reichlich gewogen, Madamme / bidi.»[7]

Im März 1924 weiß Helene Weigel, dass sie schwanger ist. Neue Rollen wird sie also in diesem Jahr nicht mehr annehmen können. Nicht nur Marianne Zoff, auch sie muss Brecht nun immer wieder um finanzielle Unterstützung bitten. Während des Familienurlaubs mit Marianne auf Capri verschwindet er für ein paar Tage und trifft sich mit Helene Weigel in Florenz. Liebesgrüße aus Positano, dann aus Augsburg kommen im Laufe der nächsten Monate dann und wann in der Spichernstraße an, meisterlich im Understatement der Gefühle: Ende Mai / Anfang Juni 1924:

> Was tust Du / Ich freue mich ordentlich auf Dich und Pietro / Wird er auch groß und dick und lustig / Und ist seine Mutter eine Augenweide / Und singt I have no bananas / Und hält seines Vaters Bett bereitet / Wie es geschrieben steht / Und weiß, was ist, und / kennt das Hohe Lied Salomos und weiß, es ist das zweite Kapitel, Vers 10–15 / Und damit einen Kuß auf den Hals unter dem Kinn, Du weißt es / b.

Und wer das 2. Kapitel vom *Lied Salomos* kennt oder nachschlägt, der findet dort die großen Töne, die eigentlich gemeinten:

> Steh auf, meine Freundin, und komm, meine Schöne, komm her … zeige mir deine Gestalt, laß mich hören deine Stimme, denn deine Stimme ist süß und deine Gestalt ist lieblich.

30. Juli 1924:

> Was tust Du? Regnet es? Ist es tüchtig langweilig? Das ist gut für den Jungen! Er wird nicht zu früh blasiert./ […]
> Ich küsse Dich, wirst Du tüchtig dick? Das ist gut. Da bist Du gut zu haben. Das festigt innerlich. Schreib mir! / bert

Das hört sich freilich so an, als wollte er sagen: Da kannst Du sonst nichts tun, was mir gefährlich werden könnte. Aber genau zur selben Zeit bekommt Marianne einen Brief, in dem Brecht dringlich bittet: «Es *muß* jetzt gute Jahre geben für uns, willst Du nicht? / b»
Anfang August, noch immer aus Augsburg, nun wieder an die «Liebe Helle, […] Wenn irgend möglich, mußt Du zwei Tage kommen / Nächste Woche etwa / Inzwischen mußt Du Deine Haare mit Lavendel waschen / Daß sie *riechen*/ (Ich bin Dir sehr gewogen) b»
Ende August: «Ich bin Ihnen immer noch leidlich gewogen sowie ihrem geheimnisvollen Inhalt.»
Zur selben Zeit an Marianne:

> Aber ich werde immer eine Menge auf Dich abladen, *weil* Du meine Frau bist. Es wird immer an Dir hinaus gehen / Bis zu dem Tag, wo Du

weggehst, bist Du meine einzige Frau und Hanne mein einziges Kind.
Aber es ist nicht gut, wenn Du mir diesen Gedanken (nämlich daß Du
weggehst) einsuggerierst / Ich küsse Dich also und Hanne und bin Dein /
bert

Ende Oktober verlegt Brecht seinen Hauptwohnsitz nach Berlin-Steg-
litz, am 3. November 1924 kommt Stefan Sebastian Weigel zur Welt.
Von diesem Zeitpunkt an meistern Helene Weigel und Bert Brecht das
Leben gemeinsam. Nicht nur bis zu Brechts frühem Tod, sondern bis
zu Weigels eigenem fünfzehn Jahre später bleibt der Fixpunkt ihres Lebens und ihrer Arbeit Bert Brecht, seine Person und, womöglich vorrangig, sein Werk. Für ihn bedeutet die Begegnung mit und die Bindung an Helene Weigel die ‹Havary› mit dem denkbar glücklichsten
Ausgang; in ihr findet er das unverzichtbare Kontinuum in seinem Leben. So befremdlich es klingen mag – nach allem, was noch vorfallen
wird: Die Geschichte dieser Beziehung, die Geschichte vom Dichter
und seiner ersten Interpretin, vom Genie und seiner Haushälterin,
vom Vagabunden und seinem Zentrum, vom Frauenumschwirrten
und seiner Hauptfrau, vom Toten und seiner Denkmalpflegerin, sie ist
trotz aller ungeheuerlichen Zumutungen und Verletzungen am Ende
eine Geschichte der Treue im allerschwierigsten Sinne.

Im Sommer 1925 war Marieluise Fleißer das erste Mal zu Besuch in
Berlin. Hier fand sie Kontakt zu wichtigen Zeitungsleuten, mit Sicherheit zu Herbert Ihering, und sie lernte Helene Weigel und den gerade
krabbelnden Stefan in der Babelsberger Straße kennen. (Das muss etwa
um die gleiche Zeit gewesen sein, als Brecht per Expresspost aufgeregt
zweimal zehn Chinintabletten an Marianne Zoff nach Wien schickte
zwecks Schwangerschaftsabbruchs.)

1949 plant Herbert Ihering einen Fortsetzungsband seines *Theater-
almanachs* und fordert Marieluise Fleißer wieder zur Mitarbeit auf.
Nach dem Abgabetermin schreibt sie ihm: «[…] ich habe versucht etwas über die Weigel zu schreiben, war aber mit der Arbeit nicht recht
zufrieden, ich hatte plötzlich den Eindruck, dass ich ganz einfach zu
wenig von ihrem Wirken als Schauspielerin wusste und dass es denn
doch zu privat wurde, es ging nicht mehr weiter.»[8] In ihrem Nachlass

ist ein doppelseitig beschriebenes Blatt erhalten, auf der einen Seite der Entwurf (oder Durchschlag) des ersten Briefes von Fleißer nach ihrer schroffen Distanzierung von Brecht, nach NS-Zeit und Krieg, nach zwanzig Jahren also, auf der Rückseite der Anfang des Textentwurfs für Ihering, die Beschreibung von Weigels Wohnung und zugleich einer Lebensform, die Marieluise Fleißer aus der Ingolstädter Kupferstraße sichtlich beeindruckt hatte:

In der Babelsbergerstrasse hatte sie den Teil eines Dachgeschosses zur Wohnung ausgebaut. Durch einen schrägen Gang trat man in den weiträumigen lichtgrünen Wohnraum, der in seiner Höhe noch einen Teil des Dachs einbezog, man konnte sehr frei darin atmen. Darin stand nur rechts ein breites Lager, mit einem duftigen Gewölk von Volants überdeckt. Links vor der Balkontür ein Schreibtisch, dahinter zwei übereck gestellte schmale Liegebänke von spartanischer Einfachheit, sonst noch ein kleines Tischchen und ein paar sparsame Sitzgelegenheiten, die dorthin getragen wurden, wo man sie brauchte. In der rechten Hälfte führte eine Tür gleich ins Badezimmer, das mit schöner Intimität ins Wohnen mit einbezogen wurde, die andere ins Kinderzimmer, wo ein kleiner Steff damals noch auf beiden Händchen und einem Hinterteil mit unglaublicher Behendigkeit den ganzen Boden entlang flitzte. Dann kam die Küche, wo die Haushälterin Martha genannt Martinec, mit dem Herd und den Töpfen hantierte. Die Weigel unterhielt sich oft und aus Überzeugung mit ihr, weil man sonst, wie sie sagte, ein solches Geschöpf ja gewohnheitsmäßig zum Stummsein verdammte. [...] Ihre Garderobe hatte sie nicht im Schrank, sondern in einer fugendicht eingebauten Kammer, in die man hineintrat um ein Kleid vom Haken zu nehmen. Die Weigel war sehr stolz auf ihre Wohnung, die sie als hochschwangere Person mit Tränen und Rotz vom Wohnungsamt erkämpft hatte, sie betrachtete sie als einen schauspielerischen Erfolg. Pünktlich um zwei kam Brecht zum Essen, der an-

(Hier bricht das Typoskript am Seitenende ab.)

Helene Weigel richtet sich ihre Art von gemeinsamem Leben ein. Sie schafft in dieser Wohnung für ihr Kind, für sich und ihre Arbeit die wohltuende Atmosphäre von Ruhe, Intimität und zugleich Offenheit.

Brecht kann kommen und gehen. Dies wird das Muster für alle Wohnungen der Brechts ihr ganzes gemeinsames Leben lang. Für Brecht bietet sie nur die angenehmen Seiten, den Ort der Erholung; um den kleinlichen Familienkram braucht er sich nicht zu kümmern, er verzieht sich jederzeit zur Arbeit und zur Ablenkung in Weigels alte Atelierwohnung in der Spichernstraße (ab Oktober 1928 in der Hardenbergstraße), wo ihm Elisabeth Hauptmann und alle weiteren Mitarbeiter, Frauen und Männer, bei der Arbeit und auch sonst zur Hand gehen. Eine Familienidylle?

Von dieser Familie, von einem Kind von Brecht mit der Weigel, erfuhr Brechts Frau Marianne erst im Mai/Juni 1925. Ihre vermutlich vorwurfsvollen Fragen beantwortet Brecht in einer atemraubenden Leugnung der Tatsachen:

Liebe Marianne,
ich danke Dir für Deinen Brief, ich bin sehr erschrocken darüber, es ist alles ganz anders, als Du meinst, es ist entsetzlich, daß ich nicht nach Wien kann ohne Geld
Es ist natürlich falsch, was Du erfahren hast, und falsch, was Du darüber schreibst, ich habe mich an kein anderes Kind gewöhnt als die Hanne und werde mich an kein andres gewöhnen, nie!!! Wie ich es Dir immer gesagt habe, *ich kann sie auch nicht aufgeben,* es würde schlimme Kämpfe geben, *ich kann Dich auch nicht aufgeben!* Du täuschst Dich auch über meine Stellung zur Weigel, ich stehe nicht gut mit ihr, und was immer Du tust, sie wird nie meine Frau sein
Ich bitte Dich, bei mir zu bleiben, liebe Marianne, ich habe eine schlechte Zeit, die schlechteste, die ich je hatte, und ich habe Dich so gern wie je und kann mit Dir am meisten von allen Menschen anfangen
Du weißt, wenn Du mit einem andern Mann gehst, ist es aus mit uns, aber tue es nicht   b
Liebe Mariandl, gehe nicht weg [...]⁹

Gleich nach der Geburt des Kindes beginnt Helene Weigel wieder Theater zu spielen. Ab Januar 1925 steht sie erneut auf der Bühne. Da sie dringend Geld braucht, nimmt sie eine Gastrolle unter der Regie von Hans Schweikart an den Münchner Kammerspielen an – wieder die Marie in Büchners *Woyzeck,* und wieder ist die Kritik von dieser

Marie angetan: «Helene Weigels Marie katzenartig –, fatalistisch –, launenhaft verhängnisergeben –, dabei doch immer rein in der Klarheit des Instinkts und in der Gebärde der Büßerin.» (*AZ am Morgen*, 18. Juni 1925) Bislang gibt es keine gemeinsame Theaterarbeit von Brecht und seiner Schauspielerin. Und sie hat später öfters erzählt: «Am Anfang, als wir uns kennenlernten, habe ich auf Brecht keinen großen Eindruck als Schauspielerin gemacht. Ich interessierte ihn vielmehr als Frau.»[10] Und anders als bei Marianne Zoff, seiner Maorifrau, der etwas «kokottenhaften», deren Spiel und Gesang, deren Teint, deren Gestalt ihn mit Glück und Besitzerstolz erfüllt haben – «Ich lebe luxuriös mit der schönsten Frau Augsburgs» –, ist Brecht mit Komplimenten für Helene Weigel, der eher herben, strengen, nicht im oberflächlichen Sinne schönen Frau, sparsam, spröde, sachlich, soweit die überlieferten Dokumente das überhaupt verraten. Nach einem mäßig ertragreichen Theaterjahr schickt er ihr mit den Neujahrswünschen für 1927 ein verhaltenes, aber doch großes Kompliment: «Ich glaube, Du weißt, daß ich ungeheuer viel von Dir halte, auch wenn ich es selten oder nie sage.»[11]

Zu diesem Zeitpunkt hat Helene Weigel den Durchbruch für ihre Karriere geschafft: «Die Weigel», schwärmt Julius Bab in der *Berliner Volkszeitung* vom Dezember 1925, «ist einfach *eine ganz große Schauspielerin!* […] wahrscheinlich die ursprünglichste und reichste Schauspielkraft, die wir überhaupt haben.» Zum Triumph wird ihre durch Körperspiel und Sprache gleichermaßen verstörende Darstellung der Klara in Hebbels *Maria Magdalene* am 8. Dezember 1925 am Berliner Renaissance-Theater. Die Bandbreite ihrer Ausdrucksmöglichkeiten, das Repertoire an Gesten, der Reichtum ihrer Körpersprache, die Modulationsfähigkeit ihrer Stimme, besonders wo es um die Darstellung Leidender, Geschundener, rettungslos Gebrochener geht, hat die so häufig feindseligen Theaterkritiker zu nahezu einstimmigem Jubel hingerissen.

Die beeindruckend besetzte Aufführung der *Ödipus*-Tragödie (mit Fritz Kortner, Ida Roland, Walther Franck, Lothar Müthel, Veit Harlan, Lotte Lenya und Helene Weigel) unter der Regie von Leopold Jessner im Januar 1929 gibt Brecht Anlass zu den ersten Reflexionen über eine epische Spielweise auf dem Theater: *Dialog über Schauspielkunst*.[12] Eine Passage aus seinem Typoskript mit der Überschrift *Über eine große Schauspielerin unserer Generation*, die sich auf Helene Weigels Erscheinung und ihr Spiel bezieht und ihm wohl zu privat erschienen sein mag, hält er zurück, bewahrt sie aber in seinen Papieren:

> Beschreibe sie!
> Sie ist von kleinem Wuchs, ebenmäßig und kräftig. Ihr Kopf ist groß und wohlgeformt. Ihr Gesicht schmal, weich, mit hoher, etwas gebogener Stirn und kräftigen Lippen. Ihre Stimme ist voll und dunkel und auch in der Schärfe und im Schrei angenehm. Ihre Bewegungen sind bestimmt und weich.
> Wie ist ihr Charakter?
> Sie ist gutartig, schroff, mutig und zuverlässig. Sie ist unbeliebt
> Wie ist ihr Spiel?
> Als sie in einem antiken Stück die Magd spielte, die den Tod ihrer Herrin zu berichten hatte, rief sie ihr ‹tot, tot›

Und dann heißt es weiter im veröffentlichten Text:

> mit ganz gefühlloser, durchdringender Stimme […][13]

Brecht hat ein unverliebtes, aber respektvolles und genaues Porträt einer Frau mit großen Qualitäten und kleinen Mängeln gezeichnet, von Charme, Liebreiz oder heiteren Zügen ist nicht die Rede.

Ihre besondere Spielbegabung lag zunächst im Charakterfach, erst in der Zusammenarbeit mit Brecht entwickelte sich etwas ganz anderes: das Mütterfach, und «vom Charakterfach ins Mütterfach zu kommen», meint Weigel im Gespräch mit Werner Hecht, «ist fast kein Weg im Theater». Und doch wurde es der Weg der Helene Weigel, und die Mütter wurden ihr Markenzeichen.

Vorerst sind die Engagements nicht recht befriedigend, ihre Einnahmen zu gering. Sie nimmt Rundfunkaufträge an: Sie gibt erstmals die Leokadja Begbick in Brechts *Mann ist Mann* in einer Rundfunkfassung der Berliner Funk-Stunde, ebenso 1927 die Lady Macbeth. Und als dann nach sieben Inszenierungen auf deutschen Bühnen endlich auch in Berlin *Mann ist Mann* aufgeführt wird, am 5. Januar 1928 in der Volksbühne am Bülowplatz, wird der Abend zu Helene Weigels großer Vorstellung: «[…] die Weigel, spitzer Intellekt neben voller Natur, ganz geistig und so die eigentliche Trägerin der Aktivität des Stückes, seiner Lehre, die sie denn auch in zwei Songs mit einem Mordsorgan und einer verteufelten Eindringlichkeit zu Gehör brachte.»[14] In Kurt Pinthus' Sendung über die noch kaum bekannte Marieluise Fleißer im Dezember 1928 liest sie aus deren Erzählungen; und sie spielt eine Arbeiterin in Fritz Langs Film *Metropolis*. 1928 beginnt Brecht mit der Arbeit an der *Dreigroschenoper*. Für Helene Weigel ist eine Rolle vorgesehen, aber da sie erkrankt, schreibt Brecht den Text um und streicht die Rolle. Bei dem rauschenden Erfolg der *Dreigroschenoper* und Brechts Durchbruch am Theater steht sie abseits.

Vom Privatleben Helene Weigels und von ihrem Kind in diesen Jahren ist wenig bekannt. Kein Wunder, so vermutete die Presse, dass ihre einfühlsame Darstellung der Klara in Hebbels *Maria Magdalene* so nahe geht, spiele sie doch ihre eigene Situation als Mutter eines unehelichen Kindes von Brecht. Einer hübschen Anekdote zufolge soll ihr die Rolle als unverheiratete Mutter so völlig selbstverständlich denn doch nicht gewesen sein. Aus Wien meldete sich ihr Vater zu einem überraschenden Besuch in Berlin an. Von einer engen Beziehung seiner Tochter zu Brecht, gar von einem Enkelkind hatte er keine Ahnung, sie hatte ihm Schwangerschaft und Geburt verschwiegen und bat eine Schauspielerkollegin zu sich in die Wohnung, die – erfolgreich – die Mutter des kleinen Steff vor Helene Weigels Vater mimte und ihn auch sonst von allen möglichen Zuträgern der wahren Zusammenhänge abschirmte.

Wer, Helene Weigel oder Bert Brecht, hat schließlich auf eine bürgerliche Legalisierung ihrer Verbindung gedrängt? Hätte sich Brecht von Marianne Zoff getrennt, auch wenn Theo Lingen nicht aufgetaucht wäre? Im November 1927 wird die Ehe geschieden. Wer wollte wen dadurch enger an sich binden? Allerdings hatte in Sachen Untreue, soviel wir wissen, Brecht weit weniger zu fürchten als Helene Weigel. Brecht hatte im Frühjahr 1929 eine leidenschaftliche Liaison mit Carola Neher, der zweiten und berühmt gewordenen Polly seiner *Dreigro-*

schenoper, die soeben durch den Tod Klabunds zur Witwe geworden war. In seiner Schreibklause arbeitete Brecht intensiv mit Elisabeth Hauptmann zusammen. Man praktizierte eine Lebensform gemeinsamer Arbeit und gelegentlichen sexuellen Genusses ohne Besitzansprüche – soweit wir wissen. Von Treue oder deren Missachtung könnte dann gar nicht die Rede sein.

 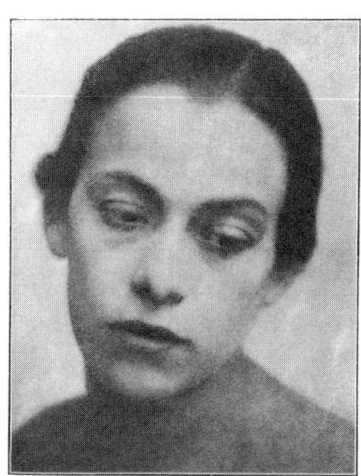

«Der Dichter Bert Brecht, der sich mit der Berliner Bühnenkünstlerin Helene Weigel vermählte.» Berliner Illustrirte Zeitung vom 21. April 1929

Die Nachricht von der Heirat Brechts und Helene Weigels am 10. April 1929 wird in der Biographik der Brecht-Frauen als der große Schock gehandelt, der Verrat an Übereinkünften in Sachen Liebe. Für Helene Weigel ändert sich damit nichts, außer dass ihr zweites gemeinsames Kind, die Tochter Barbara, die am 28. Oktober 1930 zur Welt kommt, nun ehelich geboren wird. Schon 1927 hatte Brecht die gesamten Einnahmen für *Leben Eduards des Zweiten von England* auf Helene Weigel übertragen. Wegen der Schwangerschaft hatte sie das ganze Jahr 1930 kein Engagement annehmen können. Aber gleich nach der Geburt schließt sie einen wohl dotierten Arbeitsvertrag mit dem Staatstheater Berlin ab für die Übernahme der Rolle der Begbick in Brechts *Mann ist*

Mann: 6800 Reichsmark garantiertes Gesamteinkommen für das Viermonatsengagement. *Die Dreigroschenoper* wird das erfolgreichste Theaterstück der Weimarer Republik. Die Brechts leben nun in einigem Wohlstand recht angenehm. Das neue Auto, der Steyr 8/4, ist auf Weigels Namen angemeldet.

Weniger erfreulich allerdings ist der Zustand der Weimarer Republik. Wirtschaftskrise, Arbeitslosenscharen, Polizeiwillkür, rechtsblinde Justiz und die Heilsversprechen der NSDAP und ihrer Wortführer spalten die Bevölkerung und führen zu einer extremen, ja aggressiven Politisierung. Brechts Freundeskreis erweitert sich um entschiedene Sozialisten und Kommunisten. Bernard von Brentano und Karl Korsch stoßen dazu, Fritz Sternberg und vor allem Walter Benjamin. «Ich stecke acht Schuh tief im Kapital. Ich muß das jetzt genau wissen», schrieb Brecht aus Wien an Elisabeth Hauptmann bereits im Herbst 1926.[15] Brecht und Weigel besuchen Kurse der MASCH, der «Marxistischen Arbeiterschule»[16], und setzen das Gelernte um in ihre Kunst. Welcher Ort eignete sich da besser zur Agitation als das Theater, das Brecht längst politisch versteht? Helene Weigel gibt der leidenden Kreatur gestischen Ausdruck, der Agitation die scharfe, durchdringende, den Nerv treffende Stimme. Seit der engen Bindung an Brecht ist Helene Weigel am Staatstheater kaum noch gefragt: Er ist höchst umstritten wegen seiner politischen Position und auf allen Bühnen gefürchtet wegen seiner Einmischung in die Regie.

Drei für ihren Weg entscheidende Veränderungen treffen in diesem Lebensmoment aufeinander: Brecht arbeitet eng mit ihr zusammen, er schreibt Rollen für sie in seine Stücke; sie wechselt von der Charakterdarstellerin zum Mütterfach und findet darin *die* Rolle ihrer Bühnenlaufbahn; und in den Mittelpunkt des Interesses rückt «die dritte Sache», das gemeinsame politische Anliegen. «Er und ich waren zwei, aber die dritte / Gemeinsame Sache, gemeinsam betrieben, war es, die / Uns einte», wird Helene Weigel als Pelagea Wlassowa in Brechts Schauspiel *Die Mutter* rezitieren.[17] Die letzten Rollen vor der Emigration gelten alle dieser «dritten Sache», der Befreiung der Ausgebeuteten, dem Engagement für den Kommunismus und der mit ihm verbundenen Hoffnung auf eine bessere, menschlichere, gerechtere Welt, gelten den Appellen an die Zuhörer, an dieser Veränderung mitzuarbeiten. Möglich-keiten, das richtige Publikum zu erreichen, findet Weigel nun vor allem in der Jungen Volksbühne, im Agit-Prop-Theater, auf Arbeiterbühnen, mit professionellen Schauspielern ebenso wie mit Laiendarstellern und Arbeiterchören. Mit großer Starbesetzung zeigt die Junge Volksbühne im November 1931 die *Rote Revue. Wir sind ja sooo zufrieden* und «stellt sich mit beiden Füßen in die Tagespolitik» (*Die Rote Fahne*, Berlin, 20. November 1931). Die Texte schrieben Brecht, Bernard von Brenta-no, Ernst Ottwalt, Erich Weinert, Günter Weisenborn. Helene Weigel rezitiert Brechts *Ballade zu § 218*, daneben treten Ernst Busch, Valeska Gert und die Amateurdarstellerin Margarete Steffin auf.

Dass Helene Weigel (wie Elisabeth Hauptmann und Grete Steffin) Mitglied der KPD war, ist nur von Dritten überliefert, ein Dokument darüber hat sich bislang nicht gefunden.[18] Eigentlich war es Helene Weigel, die auf der Bühne das Fanal für die Agitation gegeben hatte. Ernst Josef Aufricht, der Leiter des Schiffbauerdammtheaters, erzählt in seinen Erinnerungen von der Premiere von *Happy End* im Septem-ber 1929, jener Gemeinschaftsproduktion der Brecht'schen Dichtfa-brik (Text von Dorothy Lane, deutsche Bearbeitung von Elisabeth Hauptmann – in Wahrheit stammt das Stück von ihr –, Songs von Brecht und Weill), die an den Erfolg der *Dreigroschenoper* anknüpfen sollte:

In der Premiere war bis zur Pause nach dem zweiten Akt der Publikums-erfolg ebenso stark wie bei der *Dreigroschenoper*. Und dann kam der dritte Akt. Das Publikum, hörbar enttäuscht, raschelte und hustete. Ich stand hinter der Bühne und zählte die Minuten. Der Akt war zu Ende, ein Finale mußte noch von dem auf der Bühne versammelten Ensemble gesungen werden. Völlig unerwartet sah ich, meinen Augen nicht trauend, Helene Weigel auf die Vorderbühne kommen. Mit gellender Stimme, von einem Zettel ablesend, rief sie in den Zuschauerraum: ‹Was ist ein Dietrich gegen eine Aktie! Was ist ein Bankeinbruch gegen eine Bankgründung› und andere vulgärmarxistische Provokationen. Die gelangweilten und aus ihrer Lethargie brutal aufgebrachten Zu-schauer verlangten tumultuarisch das Fallen des Vorhangs.[19]

«Dann plötzlich», berichtet Bernhard Diebold in der *Frankfurter Zeitung*, «mit Schlachtfanfare gegen das Kapital ein völlig umgedrehter Handschuh: ein Truggespenst der politischen Pathetik.»

Hatte Brecht bis dahin immer darauf bestanden, dass das Theater belehren dürfe, aber vorrangig unterhalten müsse, so bringt er nun ideologische Unterrichtung im Dialog mit dem Publikum ganz direkt als Lehrstück auf die Bühne. *Die Maßnahme* (mit der Musik von Hanns Eisler, die von Arbeiterchören gesungen wird) ist das erste und vielleicht auch das umstrittenste Stück dieses Genres. Im Dezember 1930 hat es in Berlin stimmgewaltige Premiere. Helene Weigel spricht «am klarsten und schärfsten» (*Berliner Börsen-Courier*, 15. Dezember 1930) eine der vier Agitatoren-Rollen.

Mit der Dramatisierung von Maxim Gorkis Roman *Die Mutter* schreibt Brecht Helene Weigel die Rolle, die ihre eigentliche Begabung endgültig freisetzt. Er schreibt das Stück, das wie keines zuvor von ihrer beider künstlerischen Partnerschaft lebt und das als großes Theater (nicht nur als Lehrstück) ganz der dritten Sache gewidmet ist, dem Kampf der Arbeiter um Lohn und Gerechtigkeit. (Jenseits der Bühne gibt es in Deutschland mittlerweile mehr als sechs Millionen Arbeitslose, das waren nahezu dreißig Prozent der Erwerbswilligen.)

Obgleich ihr Spiel, ihre Spieltechnik, die Rolle episch erzählt, legt Weigels Darstellung die Identifikation mit der Mutter Pelagea Wlassowa nahe:

Das ist unsere Genossin Wlassowa, gute Kämpferin.
Fleißig, listig und zuverlässig.
Zuverlässig im Kampf. Listig gegen unsern Feind und fleißig
Bei der Agitation.[...][20]

Die Premiere am 17. Januar 1932 spaltete einmal mehr die Meinungen der Kritiker: «Rotestes, allerrotestes Parteitheater im Zeichen von Hammer und Sichel» (*Berliner Lokal-Anzeiger*), «ein Pfingstfest für die Gesinnungsgenossen» (*Neue Preußische Kreuzzeitung*), «macht Gorkis Tendenzwerk zum Kunstwerk» (Kurt Pinthus im *Acht-Uhr-Abendblatt*). Einhellig begeistert Helene Weigels Mutter Wlassowa: «Nach Überwindungen einiger nervöser Hemmungen hatte Helene Weigel den Stil schon in der Vollkommenheit. Sie war dialektisch gewandt, geistig überlegen und niemals doktrinär. Im Gegenteil: sie war spielerisch gelöster als jemals. Empfindung ging eine geistige Melodie ein. Dialektik wurde gestisch gelöst.» (Herbert Ihering im *Berliner Börsen-Courier*), «Sie ist an ihrer Aufgabe gewachsen und ganz groß geworden.» (*Die Rote Fahne*, Berlin) Und – man staune über Brechts Erzfeind Alfred Kerr! Dieses so genannte «epische Drama» ist ihm kurz gesagt «ein Idiotenstück», aber die Hauptdarstellerin «Helene Weigel macht beinah die schlappen Inhaltslosigkeiten wett. Sie ist einfach herrlich: in Mildheit, Zähigkeit, dazwischen Freundlichkeit; rechtens entfernt von allem Heldentum, eine Arbeiterfrau, irgendeine Hoffnung aus der Masse, bloß eine Nummer ... und doch, im hervorragenden Sinn, eine Nummer. Es gibt kaum Schöneres. [...] diese ganze Welt, Umwelt, Armenwelt ist ja unsagbar wesentlich – es fehlt bloß ein Autor dazu.» (*Berliner Tageblatt*, 18. Januar 1932)

Die Wlassowa ist – von kleineren Rezitationsaufgaben abgesehen – Weigels letzte Rolle in Deutschland. Im April 1932 war Helene Weigel mit den Kindern an den Berliner Stadtrand, nach Zehlendorf, umgezogen. So befriedigend die gemeinsame Theaterarbeit ist, so belastend ist seit dem Winter 1931/32 das private Verhältnis Weigels zu Brecht. Zwischen der jungen Laiendarstellerin Margarete Steffin (die Helene Weigel entdeckt hatte und in der *Mutter* das Dienstmädchen spielte) und Brecht hat sich ein Arbeits-, aber mehr noch ein Liebesverhältnis angebahnt. Im Februar 1932 nimmt Brecht die an Tuberkulose Erkrankte bei sich in der Hardenbergstraße auf, ohne Rücksicht auf die Kränkung für seine Frau und ihre Besorgnis um die Kinder wegen einer möglichen Ansteckung. Die Zumutungen durch Brecht werden Weigel unerträglich, sie erwägt die Trennung. Brecht spielt den Samariter, appelliert an Weigels Solidarität und schreibt im Dezember 1932:

Liebe Helli,
wir sollten nicht ohne jeden Sinn eine nicht nötige Kluft unnötig verbreitern. Wie ich Dir sagte und wie ich es auch meinte, war die Unterbringung der Grete eine rein praktische Frage. Es handelte sich

keinen Augenblick darum, sie in der Nähe zu haben, sondern sie unterzubringen. Viel lieber wäre es mir gewesen und viel praktischer wäre es gewesen, wenn Du sie wo untergebracht hättest. [...] Liebe Helli, Du solltest daraus keine große Sache machen. Ich habe einen großen Widerwillen dagegen, mich von Klatsch und Rücksicht auf die Phantasie einiger Spießer beeinflussen zu lassen, das weißt Du. Aber ich habe Dich gern und nicht weniger als je. b[21]

Sie weiß, dass sie kein Spießer ist, aber auch, dass ihre Verstimmung berechtigt ist. Solche Anspielung ist bitter. «Ich habe Dich gern», das trägt in Beziehungskrisen nicht sehr weit, und die Liebesbriefe an Grete Steffin aus dieser Zeit sprechen die ganz andere Sprache, die Sprache zärtlichster Liebe.

Aber die Politik, um nicht zu sagen: die Weltgeschichte, greift den privatesten Entscheidungen vor. Die Prioritäten verschieben sich. Was das neue Jahr bringt, ist uns Nachgeborenen bekannt. Und was die Machtübertragung an Hitler für die Jüdin – Helene Weigel ist übrigens 1928 mit dem Sohn Stefan aus der Jüdischen Gemeinde ausgetreten – und Kommunistin Helene Weigel und den Dichter Bert Brecht bedeuten wird, darüber gibt es von der ersten Minute an keinen Zweifel. Die Nacht, in der der Reichstag brennt, verbringen Helene Weigel und Bert Brecht schon in einem Versteck ihres Freundes Peter Suhrkamp, am nächsten Tag fliehen sie ins Exil. Über Prag erreichen sie am 3. März Wien. Mit Brecht und Weigel fliehen ihre Freunde, ihre wichtigsten Kollegen, Dichter, Komponisten, ihre Kritiker, ihre Verleger, der geschätztere Teil ihres Publikums aus Deutschland: die Feuchtwangers, Walter Benjamin, die Brentanos und Döblins, Anna Seghers mit ihrer Familie, Alfred Polgar, Erwin Piscator, Ernst Josef Aufricht und die Kerrs, Kurt Weill und Lotte Lenya, Carola Neher, Hanns Eisler, Paul Dessau.

Das kulturelle und intellektuelle Leben der deutschen Republik ist jäh zu Ende. Zum Glück hat Brecht immerhin schon ein bescheidenes internationales Echo, für ihn sind die Arbeitsmöglichkeiten nicht völlig versperrt. Und durch den großen Erfolg der *Dreigroschenoper* gibt es vorerst ein finanzielles Polster. Wo aber wird die Deutsch sprechende Schauspielerin Helene Weigel sonst in der Welt Verwendung finden?

Helene Weigel mit Stefan, Barbara und Hanne, 1932

In Wien trifft Helene Weigel Genia Schwarzwald und ihre Schulfreundin Maria Lazar, die sich inzwischen als Schriftstellerin, soeben mit einem pazifistischen Theaterstück, einen Namen gemacht hat. Auch sie möchte mit ihrer Tochter Judith Hitlers Einflussbereich verlassen. In der gemeinsamen Freundin Karin Michaelis finden sie die Retterin. Sie bietet ihnen Gastfreundschaft in Dänemark. Für Helene Weigel ist die Situation durch die gleichzeitige Ehekrise außerordentlich schwierig. Brecht reist Mitte März nach Zürich und sucht nach Arbeits- und Aufführungsmöglichkeiten in der Schweiz. Grete Steffin weilt im Lungensanatorium Agra in der Nähe von Lugano. So nimmt Brecht die Einladung von Kurt Kläber (dem Autor des Kinderbestsellers *Die rote Zora* unter dem Pseudonym Kurt Held) und seiner Frau Lisa Tetzner in ihr Ferienhaus in Carona bei Lugano gerne an. Zwar reist Helene Weigel mit den Kindern im April in die Schweiz nach, aber für sie ist die Lage unannehmbar. Aussicht auf Engagements muss sie sich aus dem Kopf schlagen. Ab Mitte April erarbeitet Brecht zusammen mit Kurt Weill in Paris die Uraufführung des Balletts *Die sieben Todsünden*.

Aus der quälenden Situation rettet sich Helene Weigel: Sie reist mit der Freundin und den Kindern, ohne bei einem Zwischenaufenthalt in Paris Brecht zu treffen, von Carona durch Frankreich nach Dänemark auf die kleine, der Südspitze von Fünen vorgelagerte Insel Thurø.

In der zweiten Junihälfte kommt Brecht aus Paris der Familie nach. Eine Mitemigrantin aus Deutschland, Johanna Mockrauer, hat die ihr bis dahin unbekannten Brechts in Briefen an Freunde wortreich und ein wenig klatschsüchtig beschrieben:

Da ist noch ein Steinhaus unten dicht am Strand. [...] Hier wohnt Bert Brecht mit seiner Familie, sie ist Schauspielerin, zwei Kinder: ein schmächtiger Junge, der Steffi[,] wirkt wie ein kleiner Gassenjunge[,] und ein dreijähriges schon sehr intelligentes, sehr niedliches Mädchen Barbara ist der Verzug der Sommerhüttenkolonie. Brecht läuft immer in einer Art blauen Schlosseranzug herum mit Reisemütze und ganz kurzgeschorenem Kopf, sieht sehr proletarisch aus[,] ist aber ein feiner liebenswürdiger Mann aus guter Familie. Sie eifert offenbar [der Berliner Schauspielerin] Maria Bard nach mit dem Jungenkopf, ist kess und schnuppig, aber intelligent und sympathisch, ein richtiger Asphaltmensch, wie überhaupt die ganze Familie, läuft natürlich im Hosenanzug herum, oder in einem neuen rotweißgewürfelten, langen Kleid mit schräggesetztem Volant, ausgeschnitten mit Flügelärmeln an den Schultern, sehr billig und ordinär, aber mit einem gewissen Chick, sie sieht wie ein personifizierter Gassenhauer darin aus und könnte sofort so in der Dreigroschenoper auftreten.[22]

Das offizielle Aufenthaltsrecht der Flüchtlingsfamilie Brecht wird in Dänemark mit der rassistischen Verfolgung Helene Weigels aufgrund ihrer jüdischen Abstammung begründet, nicht mit politischen Argumenten. Im Laufe ihres sechsjährigen Exils in Dänemark bekamen allerdings die Brechts das zusehends judenfeindlichere Klima zu spüren. Noch sieht der Aufenthalt am Ostseesund wie vorübergehende Sommerferien aus. Aber eine Rückkehr ist ausgeschlossen. Die niedrigen Lebenshaltungskosten und die wohltuende Atmosphäre für die Arbeit Brechts und für das ungestörte Heranwachsen der Kinder bestimmen die Entscheidung, sich hier dauerhaft anzusiedeln. Wenige Kilometer von Thurø entfernt, in Svendborg, Skovsbostrand Nr. 8, findet sich im August 1933 ein Fischerhaus, das die Brechts mit Hilfe eines Vorschusses für den *Dreigroschenroman* und Erbanteilen von den Vätern aus Wien und Augsburg kaufen und umbauen können. Zu Weihnachten 1933 zieht die Familie nun für fünfeinhalb Jahre unter das dänische Strohdach.

Die Helene Weigel der Exilzeit, das ist eine Frau mit mehrfacher Identität: Zum einem ist sie der Vorstand einer Schriftstellerfamilie. Sie wandelt Virginia Woolfs selbstbewusste Forderung einer intellektuell arbeitenden Frau «A room for one's own» um in die immer sorgende und selbst verzichtende Bemühung um «ein Zimmer für ihn allein», besser noch ein eigenes Dach, damit er jederzeit ungestört seinem Werk nachgehen kann. «Und es mußte möglich sein, daß die Kinder ohne Furcht aufwachsen.»[23] Umsicht, Talent im Organisieren und Beschaffen, ihr sicherer Geschmack bei der Wahl von alltäglichen Dingen (den schon Marieluise Fleißer bestaunt hatte), eine fast grenzenlose Offenheit für Gäste, all das zusammen prägte das neue Brecht-Haus in nur vier Monaten in einer Weise, wofür andere ein ganzes Leben brauchen. Das berichtet jedenfalls ein Interviewer der Kopenhagener Zeitung *Ekstra Bladet* im April 1934.[24] Immer wieder werden Besucher eingeladen, um die Einsamkeit und Abgelegenheit des Hauses in «Dänisch-Sibirien»[25] zu beleben. «Vielleicht kannst Du ein paar Leute für Svendborg keilen unterwegs. (Kläbers, Brentanos.)»[26], gibt Brecht seiner Frau als Auftrag auf die Reise mit. Ihre ungewöhnliche Geschicklichkeit für alles Praktische bewährt sich in der Ausnahmesituation des Exils ebenso wie später beim Management eines großen Theaters. Ihre Kochkünste, ihre Fähigkeit, aus wenig etwas Besonderes zu machen, ihre Freude am Pilze- und Beerensammeln, am Tischdecken sind immer wieder bezeugt. Alle, die bei ihr auftauchen, sind beeindruckt von ihren Hausfrauentalenten; auch Ruth Berlau, die Konkurrentin um den Mann, beschreibt sie im Alter so:

In diesem Haus war nichts von tragischer Emigrantenstimmung. Ich kannte viele Flüchtlinge, die vor den Nazis nach Dänemark geflohen waren. Niemand war mit der Weigel vergleichbar. Eine zarte Person von fremdartiger Schönheit. Möglich, daß sie große Ohren hat, das sagt man immer, als ob es ihr abträglich wäre. Aber diese schwungvollen Lippen, das schmale Gesicht! Und bemerkenswerte, kleine, feste, ausdrucksvolle Hände, die mir damals schon auffielen, und die ich später – fünfzehn Jahre später – noch einmal neu entdeckte, auf der Bühne, wenn Mutter Courage ihren Branntwein ausschenkt im Dreißigjährigen Krieg. Diese Hände boten uns Willkommen und kochten uns das Essen. Es stand plötzlich auf dem Tisch, sozusagen hervorgezaubert. Ich sage es, weil es wirklich immer so war. Helene Weigel kochte für ihre Gäste selbst, aber scheinbar hatte sie zwei Köchinnen und außerdem ein Stubenmädchen. Stets saß sie frisch mit am Tisch. Sie war auch ein einmaliges Konversationstalent. Es war angenehm, sich mit ihr zu unterhalten, sie spürte immer, was ihre Gäste interessiert.
Die Stimmung war heiter und lustig. Es war ein schönes Haus, gut eingerichtet. Ich hatte nicht den Eindruck von Armut und erbärmlichem Emigrantenschicksal, wie ich ihn anderswo gewonnen hatte. Die Kunst der Weigel bestand darin, nichts zu schwer zu nehmen.[27]

Der Vater Brecht kommt aus Augsburg, «Doktor Benjamin» aus Paris, so redet Weigel Walter Benjamin in ihren Briefen an; dreimal – 1934,

1936 und 1938 – ist er zu Gast bei Brechts in Svendborg. Es wird an Texten gearbeitet, über Deutschland und die Sowjetunion diskutiert, Projekte werden entworfen, und man spielt Sechsundsechzig oder Schach unter dem legendären Birnbaum.

Helene Weigel ist ein Genie im Organisieren, im Kümmern, nicht erst seit der Emigration, und sie wird es bleiben bis an ihr Ende. Und Brecht macht reichlich Gebrauch davon. Es ließe sich eine seitenlange Liste von Aufträgen zusammenstellen, die Brecht im Laufe ihrer Gemeinsamkeit den Briefen an Helli angehängt hat. Manchmal hat er sie wohl überhaupt nur deshalb geschrieben, dabei die Forderungen immer mit nachdrücklichem Ausrufezeichen versehen: «vielen Dank für Steuerkarte! […] Hast Du die Garagensache geordnet?»[28] – «Liebe Helli, bitte schick beiliegende Briefe an Piscator und Jhering, nachdem Du sie abgeschrieben hast. Was gibt's sonst?»[29] – «Ruf auch sogleich Ullstein an, er soll (Honorarabteilung) meine Rate hierher schicken. Laß Steff nicht zuviel in der Sonne herumlaufen und rauch keine Zigaretten […] und schicke mir alle marxistische Literatur. Besonders die neuen Hefte der Revolutionsgeschichte. Rufe auch Koch an, warum er mir keine Antwort gegeben hat nach Baden-Baden, und erkundige Dich, wenn möglich, nach Cas, Moltkestraße 10. Wenn Du dann noch den Steff fotografierst (in der Sonne, Moment 1/25, Blende halb zu), dann bist du gut aufgehoben.»[30] – «Vergiß nicht meinen Ledermantel!»[31] – «(Der Sessel muß aber schwarz, genauer gesagt: grün sein, darauf bestehe ich!) […] Bitte gib der Radtke, wenn die Wohnung soweit fertig ist, auch einen Schlüssel für die Hauptmann, daß sie die Papiere hereinkramen kann.»[32] – «Weill hat einen schönen Rasierapparat Schick (Repeating Razor) von Scherk (Kurfürstendamm neben Rosenheim)! Bitte kauf ihn mir!»[33] – «Vergiß nicht den Filmapparat und laß Dir zeigen, wie man ihn füllt!»[34] – «Vielleicht kaufst Du noch einen solchen kleinen Kocher mit ein paar Reinigern! Und kannst Du die Amelang-Bücher zu Amelang schicken?»[35] – «Könntest Du sehen, daß Gretes Paßvisum unbedingt verlängert wird?»[36] – «Ich brauche das Exemplar der ‹Rundköpfe›, in dem die ganzen Korrekturen sind.»[37] – «Kannst Du mir wenigstens 200 Kronen schicken?»[38] – «Kiepenheuer hat die Rechte *mir* zurückgegeben. Niemand anders hat Rechte. Geh bitte hin. […] Könntest Du in der Buchhandlung Reitzel zehn Exemplare der ‹Johanna› kaufen? Such zu handeln! […] Und wenn Du mal ein *gebrauchtes* großes Schach siehst! Es muß aber billig sein!»[39] – «Und dann: könntest Du die letzte (Staatstheater-)Fassung von ‹Mann ist Mann› abschreiben?»[40] Als wird da jemand auf Trab gehalten, damit er nicht auf unangenehme Gedanken kommt. Helene Weigel ist nicht nur die Mutter von Stefan und Barbara, sie kümmert sich um alle Brecht-Kinder. 1936 lädt Brecht Marianne mit Hanne ein. Auch um Frank kümmert sie sich, bedankt sich bei seinen Wiener Pflegeeltern für die Fürsorge, berät die Mutter Paula Groß in ihren Sorgen mit dem kränkelnden Sohn, der sich mit Schule und Berufsausbildung schwer tut.

Dann ist Helene Weigel die Ehefrau Bert Brechts. Und hier addieren sich die Zumutungen mit jeder neuen Beziehung, die er eingeht. In Svendborg arbeitet er unter den Augen Weigels intensiv zusammen mit Margarete Steffin. Diese andere Existenz Helene Weigels wird von Brechts Doppelleben bis zur Unerträglichkeit belastet. Sie weiß, wie tief die Liebe Brechts zu Margarete Steffin reicht. Viele Wochen ist Brecht unterwegs, in London und Moskau, in New York und Paris. Sie wird auch wissen, dass er auf den Reisen immer wieder mit Steffin zusammentrifft. Und dass er die Gelegenheit von Weigels Abwesenheit von Svendborg nützt, um Grete Steffin zu sich zu holen. Bis er auch die letzte Scheu überwindet, sie in die Großfamilie zu integrieren, eine Konstellation, in der Helene Weigel die Rolle der Hausfrau vorbehalten bleibt, während Grete Steffin – abgesehen von der intensiven sexuellen Beziehung – durch die sehr enge gemeinsame Arbeit am schriftstellerischen Werk eine intime Zugehörigkeit zu Brecht erlebt. Man ist auf Beobachtungen Dritter angewiesen, um der Atmosphäre im Hause Brecht nachzuspüren. Ein Mitflüchtling, ebenfalls Schriftsteller und Kommunist, versucht, Brecht und Weigel möglichst gerecht zu werden, erwähnt dankbar ihr Verhalten sich selbst gegenüber, auch Brechts fachliche Ratschläge, aber: «Was ich ihm übelgenommen habe, das war nur seine private Lebensart und die Benachteiligung der Genossin Helli.»[41]

Doch damit nicht genug. Schon im ersten Exilsommer war in Thurø eine junge Schauspielerin aus Kopenhagen bei den Brechts aufgetaucht: Ruth Berlau. Sie wird nicht nur die Beziehung des Ehepaars belasten, sondern sorgt auch für große Irritationen bei Grete Steffin. Und schon bei seiner ersten New-York-Reise im Herbst 1935 nimmt Brecht die verlockende Gelegenheit wahr, aufs Engste mit der inzwischen in die USA emigrierten Elisabeth Hauptmann zusammen zu sein. Statt der verabredeten Heimkehr zu Weihnachten schreibt er an Helli ein paar liebe Sätze und: «Ißt Du genug? Rauch nicht zu viel und heiz gut. Und behalte mich in der Erinnerung (und schreib mir ‹Deine› unter die Briefe). Ich küsse Dich b».[42]

Die Situation in Svendborg mit der intimen Nähe Steffins und dann auch Ruth Berlaus ist bei aller Toleranz für Helene Weigel schließlich nicht mehr akzeptabel. Sie reagiert mit einem Fluchtversuch. Nach ihrem Auftritt bei der Inszenierung von Brechts *Die Gewehre der Frau Carrar* in Paris im September 1937 kehrt sie erst einmal nicht nach Dänemark zurück, sondern reist weiter nach Wien zu ihrem Vater, nach Prag und nach Zürich, um die Möglichkeiten für eventuelle Gastspiele der Pariser *Carrar*-Inszenierung zu erkunden. Ihre unerwartet lange Abwesenheit beunruhigt Brecht zusehends. Mit dem launig verpackten Trick, ihr ein schlechtes Gewissen zu machen, appelliert er an die Mutter:

Resolution
Werte Genossin,
der Gatten- und Söhnerat hat beschlossen, Dich aufzufordern, nach Erledigung Deiner Obliegenheiten *ohne Verzug* zurückzukehren und Deine Tätigkeit hier wieder aufzunehmen. Du hast Dich also baldmöglichst bei Untigen zu melden.
Mit revolutionärem Gruß
Steff
Bidi[43]

Die bittere Wahrheit ist, dass sie keine Chance hat für ein selbständiges Leben. Über Paris kehrt sie am 17. November 1937 nach Svendborg zurück.

Möglicherweise hätte sie es ertragen können, den Mann mit den anderen Frauen zu teilen, wenn sie etwas ganz Eigenes hätte dagegensetzen können, wenn sie ein Betätigungsfeld für ihre Begabung gefunden hätte und nicht ständig hätte erfahren müssen, dass die andere Helene Weigel, die Schauspielerin, nun so gänzlich ohne Nachfrage war. Über die gesamte Exilzeit erstrecken sich ihre Bemühungen, Theater zu spielen, wenigstens zu rezitieren, zu filmen, Geld zu verdienen. Eine erste Chance bietet sich schon im Herbst 1933, ein Arbeitsangebot für einen Monat am Moskauer Sender. Aber das Projekt zerschlägt sich, in Moskau erkrankt Helene Weigel lebensbedrohlich, sie muss operiert werden und kehrt Ende November/Anfang Dezember nach Svendborg zurück.[44] Ein Jahr später, Ende 1934, folgt sie nicht den eher verhaltenen Aufforderungen Brechts, sie in London abzuholen, sondern erkundet im deutschsprachigen Ausland, in Wien und Zürich, Möglichkeiten für eine Rolle am Theater, freilich ohne Erfolg. Im folgenden Frühjahr 1935 ist Brecht in Moskau und hört sich um: «Es wäre gut, für den Herbst hier etwas zu arrangieren, so daß Du auftreten kannst, ich vielleicht Regie führen oder etwas mit Film.»[45] Solche Hoffnungen stellen sich rasch als unrealisierbare Träume heraus. Sie werden zerrieben in den Richtungskämpfen der tonangebenden Kulturfunktionäre. Auch Carola Neher, die in Moskau lebt, habe kaum eine Chance, berichtet Brecht. Und – welch bitterer Zynismus – man scheint Helene Weigel nicht haben zu wollen wegen «ihres jüdischen Aussehens»[46]. Im September 1935 beginnt sie in Kopenhagen mit den Proben zu Brechts Bearbeitung von Gorkis *Die Mutter*. Brecht und Helene Weigel beteiligen sich an der Regiearbeit, diskutieren die dänische Übersetzung. Als Brecht Anfang Oktober nach New York abreist – es ist seine erste USA-Erfahrung –, bezieht Ruth Berlau dankbar Helene Weigel in die Inszenierungsarbeit ein. Auch die New Yorker Theatre Union, ein linkes Theater, bereitet eine Aufführung von *Die Mutter* vor.

Von seiner Einreise in die USA im Oktober 1935 berichtet Brecht nach Svendborg: «Hereinkommen leicht. Deine jüdische Abkunft rentiert sich sehr.» Und über die ersten Kontakte zu den Theaterleuten: «Hier alles recht gut. Leute nett. Proben hatten noch nicht begonnen. Text der meine. Nur: die Mutter; furchtbar. Wird schon umbesetzt. Haben aber noch keine neue. Gibt's hier noch weniger als in Berlin. Wird Dir auf diesem Planeten nicht leicht nachgespielt werden. Trotz gleichem Arrangement nichts wiederzuerkennen. *Du solltest doch*

Englisch lernen.»⁴⁷ *Ihre* Rolle – überall in fremden Händen, das ist bitter für Helene Weigel.

Hoffnungen, in Moskau etwas tun, durchs Theaterspielen politisch wirken zu können, der «dritten Sache» mit der eigenen Begabung zu dienen, zerrinnen in kleinlichen Machtkämpfen, ersticken in giftigen Unterstellungen: die Jauche der Denunziationen tritt über die Ufer und erfasst in einer geschlossenen Parteiversammlung der deutschen Kommission des sowjetischen Schriftstellerverbandes in Moskau im Herbst 1936 den Brecht-Kreis.

Im Winter 1936/37 – seit Juli 1936 wütet in Spanien der Bürgerkrieg – wird Helene Weigel von der «Partido socialistico Unificado de Cataluna» nach Barcelona eingeladen und fragt den Freund und Theaterkollegen Erwin Piscator, wie er die Möglichkeiten dort einschätzt. Seine Antwort ist nicht ermutigend. Sie schreibt zurück:

> Lieber Erwin, danke Dir für Deinen Brief, ich bin sehr geknickt. Ich sprach mit Hanns [Eisler] sehr ausführlich, er ist der gleichen Meinung wie Du, aber trotzdem bitte ich Dich, weiter zu untersuchen, es gibt ja auch neu auftauchende Möglichkeiten. Meine idiotische Existenz hängt mir sehr zum Hals raus. Ich war und bin auch immer eine brauchbare Person und der Winterschlaf dauert zu lange.⁴⁸

Aus diesem Winterschlaf holt sie die Uraufführung von Brechts *Die Gewehre der Frau Carrar* nach Paris, ein Stück, das Partei ergreift für den bewaffneten Widerstand der spanischen Republikaner gegen die Generäle. Brecht hat das Stück für eine kleine Truppe von emigrierten Schauspielern geschrieben. Am 16. Oktober 1937 findet die Uraufführung statt, in deutscher Sprache: «Die Hauptrolle aber, die Frau Carrar, die Mutter, verkörperte Helene Weigel als Gast. Hier blutete und litt, kämpfte und überwand sich eine Mutter für alle Mütter, und es gab niemand, der nicht von dieser höchsten, herb-verhaltenen Leistung im Innersten erschüttert war.» (*Deutsche Volkszeitung*, Paris) – Auch Brecht nicht. Er beschreibt ihr Spiel dem Freund Karl Korsch: «Helli war besser als je, sie hat nichts eingebüßt durch die Pause und war froh darüber. Ihr Spiel ist das Beste und Reinste, was bisher an epischem Theater irgendwo gesehen werden konnte.»⁴⁹ Nach solchen Arbeitsmöglichkeiten sucht sie so dringend. Als «kleines Angebinde» schickt Brecht der von Fluchtabsichten Umgetriebenen ein Gedicht, das die konzentriert-gespannte Vorbereitung der Schauspielerin vor dem Auftritt gleichsam filmt:

Die Schauspielerin im Exil
(Helene Weigel gewidmet)

Jetzt schminkt sie sich. In der weißen Zelle
Sitzt sie gebückt auf dem ärmlichen Hocker
Mit leichten Gebärden
Trägt sie vor dem Spiegel die Schminke auf.
Sorgsam entfernt sie von ihrem Gesicht
Jegliche Besonderheit: die leiseste Empfindung
Wird es verändern. Mitunter
Läßt sie die schmächtigen und edlen Schultern
Nach vorn fallen, wie die es tun, die
Hart arbeiten. Sie trägt schon die grobe Bluse
Mit den Flicken am Ärmel. Die Bastschuhe
Stehen noch auf dem Schminktisch.
Wenn sie fertig ist
Fragt sie eifrig, ob die Trommel schon gekommen ist
Auf der der Geschützdonner gemacht wird, und ob das große Netz
Schon hängt. Dann steht sie auf, kleine Gestalt
Große Kämpferin
In die Bastschuhe zu treten und darzustellen
Den Kampf der andalusischen Fischersfrau
Gegen die Generäle.»[50]

Das Gedicht erscheint am 14. November 1937 in der *Pariser Tageszeitung*.

Noch einmal, im Februar 1938, kann Helene Weigel die Therese Carrar spielen und sich damit dem Publikum in Kopenhagen zeigen. Regie führt Ruth Berlau.

In dieser Rolle kann die zur politischen Untätigkeit Gezwungene auf meisterliche Weise ihre Anliegen vereinen: die hohe Darstellungskunst und den Appell zum Kampf gegen den Faschismus, gegen die

Diktatur, und das in der auf sie zugeschnittenen Rolle der Mutter. Heute ist uns die Instrumentalisierung dieser Rolle in Krieg und Frieden verdächtig, ist sie doch der nationalsozialistischen Mutterikone beängstigend verwandt.

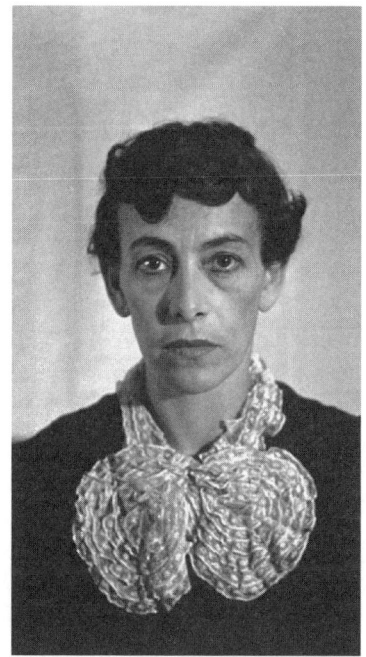

Helene Weigel als Die jüdische Frau *in Bert Brechts* 99 %
© *The Breitenbach Trust, New York*

Ein kleiner Auftritt in Paris im Mai 1938 in drei Szenen aus Brechts *99 %. Bilder aus dem Dritten Reich* (der Vorläufertitel von *Furcht und Elend des III. Reiches* und als Anspielung auf die neunundneunzigprozentige Zustimmung der Österreicher zur Eingliederung) wird ihr letzter in Europa sein. Unter dem Protektorat des Schutzverbandes Deutscher Schriftsteller spielt sie in dieser deutschsprachigen Uraufführung drei Szenen. Die *Pariser Tageszeitung* schwelgt in pathetischer Begeisterung über ihre Darstellung der Frau Keith in der Szene *Die jü-*

dische Frau, und manche ihre Leserinnen werden ihr Schicksal darin wieder gefunden haben: «Das Wagnis eines ausgedehnten stummen Spiels und eines in eisiger Einsamkeit sterbend leuchtenden Monologes, wie die Weigel es als die dem arischen Mann sich opfernde jüdische Frau vollbringt, läßt den viel lädierten Glauben an die Zauberkraft der Schauspielkunst glorreich erstehen» (*Pariser Tageszeitung*, 26. Mai 1938). Damit sind Weigels Arbeitsmöglichkeiten in Europa erschöpft. Nach unbefriedigender Probenarbeit schreibt sie an Brecht (und die Mutlosigkeit ist, nach Weigel-Art versteckt, sehr wohl zu hören): «Leb wohl / schreib / ich bräuchte Dich unter allen Umständen zu allen Dingen und allen Zeiten. Helli».[51]

Seit dem 3. April 1937 ist sie mit den Kindern amtlich aus Deutschland ausgebürgert. Ihr Heimatland Österreich gehört ab März 1938 zu Großdeutschland. Die Aufenthaltserlaubnis für Dänemark läuft im April 1939 aus. Zudem wird die kriegslüsterne Politik des Deutschen Reichs immer bedrohlicher. Die Familie Brecht – dazu gehören jetzt auch Margarete Steffin und fast schon Ruth Berlau – ist gezwungen, das dänische Domizil zu verlassen und – immerhin noch mit Möbeln und Büchern – nach Schweden weiterzufliehen, wo Helene Weigel ein paar Rezitationsmöglichkeiten an Schulen findet und in bescheidenem Maße die Gelegenheit, als Dozentin an einer privaten Schauspielschule zu unterrichten. Dass Brecht ihr, der Meisterin der Intonation vom Schrei bis zum Pianissimo, im Herbst 1939 eine stumme Rolle, die stumme Kattrin, in die *Mutter Courage* schreibt, damit sie sozusagen sprachunabhängig spielen kann, zeigt die ganze Tragik von Helene Weigels Existenz im Exil, auch wenn sie später die Bewunderung für das Durchstehen dieser Zeit unwirsch beiseite schiebt, gegenüber Werner Hecht zum Beispiel: «Sehr viele Leute hier brechen plötzlich in ein Jammergeschrei aus: Mein Gott, sie hat 15 Jahre nicht spielen können! Der Gedanke ist mir in der ganzen Zeit nicht gekommen, wissen Sie. Weil's ja wirklich eine vernünftige und ausreichend praktische und wichtige Sache gab: daß der Brecht arbeiten konnte und die Kinder aufwuchsen! Das Mitgefühl mit mir, das möcht ich gern vermeiden, ja! Das halt ich für überflüssig und unrichtig und schädlich.»[52] Auch das ist Helene

Weigel, so kann sie auf dem Höhepunkt ihres Ruhms sprechen. Die stumme Kattrin wird sie nie spielen. Dafür wartet die Courage-Rolle, Helene Weigel auf den Höhepunkt ihrer Darstellungskunst zu führen.

Damals sah Helene Weigels außerordentlich strapaziöses Leben so aus: Packen, einrichten, Arbeitsbedingungen schaffen für den Dichter, aufbrechen, weiterfliehen. Nach wenigen Monaten Krieg bereits marschiert im April 1940 die deutsche Wehrmacht in Dänemark ein, und die schwedische Polizei durchsucht die Wohnung der Brechts in Lidingö. Eilig – und nun ohne Hausrat und Bücher – flieht der keineswegs harmonische Brecht-Tross im April 1940 weiter nach Finnland unter den Schutz Hella Wuolijokis, der Schriftstellerkollegin und Genossin.

Furcht und Elend des Dritten Reiches hat die Emigranten – wenn auch nicht in dem tödlichen Ausmaß wie für die Geächteten in Deutschland – eingeholt. Der Lebensraum schrumpft auf zwei Zimmer, das große für Brecht, das kleine für die Kinder, Helli begnügt sich mit einer abgeteilten Ecke in der Küche.

Brecht arbeitet mit Margarete Steffin und Ruth Berlau an *Der gute Mensch von Sezuan*, wenngleich die Zusammenarbeit unter den herrschenden Spannungen der Beteiligten schwer vorstellbar ist. Helene Weigel bleibt die zermürbende Hausarbeit unter den erschwertesten Bedingungen. Die Geldquellen sind äußerst karg, Brecht ist in Finnland über kommunistische Kreise hinaus kaum bekannt. Die Kinder tun sich nach der neuerlichen Entwurzelung schwer mit der Sprache und also mit Kontakten, sind gelangweilt auf sich selbst angewiesen.

Worauf Helene Weigel nun ihre ganze Energie setzt, ist die Einreiseerlaubnis in die USA, die Beschaffung von Transitvisa, ein Besuchervisum für Margarete Steffin. Einer finnischen Journalistin, die bei der Visa-Beschaffung behilflich ist, fällt der Zustand Helene Weigels auf: «Frau Brecht schien überanstrengt und bedrückt zu sein. Sie tat mir unsagbar leid.» Sie rätselt über die sonderbare Konstellation dieses Brecht-Trosses, spürt Helene Weigels zunehmende Panik.[53]

Das Warten auf die Visa dauert noch den ganzen Winter. Mitte Mai 1941 kann die Gruppe endlich Finnland zunächst Richtung Moskau verlassen. Dass es der allerletzte offene Transitweg in Richtung USA und die allerletzte Minute ist, wird mit dem Angriff der Wehrmacht auf die Sowjetunion nur fünf Wochen später erschreckend deutlich. Grete Steffin überlebt die Flucht nicht mehr, sie muss sterbend in Moskau zurückgelassen werden.

Im Juli erreicht die Familie die rettende amerikanische Westküste. Brecht weiß wohl, wie viel er am Gelingen dieser Flucht um die halbe Welt der Tatkraft Helene Weigels zu verdanken hat. Auf das im Fluchtjahr abgeschlossene Typoskript von *Der gute Mensch von Sezuan* schreibt er so nüchtern, wie es dem Umgangston dieser Ehe entspricht: «der Weigel gewidmet». Und bis zum Ende des Jahres 1947 wird Santa Monica Ersatzheimat für die Brechts – eine trotz aller Sicherheit und eines erträglichen Lebensstandards am Ende doch enttäuschende. «[…] ich habe viel zu tun», schreibt Helene Weigel an Karin Michaelis, die 1943 selbst noch in die USA wird emigrieren müssen, «das heisst keine wirkliche Arbeit, aber Haushalt, Leute und Dreck wegputzen. […] Mir erzählen auch alle Leute, dass ich unbedingt und sicher hier etwas zu tun bekommen werde, aber bis jetzt ist nichts los.»[54] Es gibt immerhin ‹Leute›, und das ist schon etwas – viele alte Freunde, die Feuchtwangers, Heinrich Mann und seine Frau, Fritz Lang, Peter Lorre, Hanns Eisler, Salka und selten auch Berthold Viertel, Ludwig Marcuse, Alexander Granach, die Kortners, mit deren Tochter Marianne sich Barbara Brecht anfreundet.

Man kann dieses Leben durch illustres Namedropping interessant schreiben, in Wahrheit muss es einsam gewesen sein um Helene Weigel. Stefan wird im September 1944 in die US-Armee eingezogen. (Sein Halbbruder Frank, Brechts erstes Kind, ist im selben Krieg auf der anderen Seite im November 1943 ums Leben gekommen).

Schauspielerin im Exil – warum hat Helene Weigel keine Anstrengungen unternommen, ein brauchbares Englisch zu lernen wie Elisabeth Bergner, die sofort 1933 eine Sprachlehrerin engagierte, die ihr auf Schritt und Tritt folgte und sie fortwährend korrigierte? Bereits 1934 spielte Bergner die Hauptrolle in dem englischsprachigen Film *Catherine the Great*.[55] Wollte Helene Weigel ihr Eigenstes, ihre Sprachkunst, ihren Wiener Akzent nicht aufgeben? In sein Filmprojekt mit Fritz Lang *Hangmen also die* schreibt Brecht speziell für sie die Rolle einer Gemüsefrau mit wenig Text hinein und ärgert sich über «die besonders rüde Art, in der Lang die strikte Abmachung, die Rolle einer Gemüsefrau in unserer Story der Weigel zu geben, brach – er versteifte sich auf Akzentfreiheit, erklärte einige überflüssige Sätze [...] für nötig, machte einen flüchtigen Tontest [...] und drehte dann einfach die erste Szene mit jemand anderm, ohne es auch nur mitzuteilen [...].»[56]

Brecht ist bitter enttäuscht von Hollywood, von diesem «Schauplatz des easy going»[57]; mit allen Fasern zieht es ihn (manchmal monatelang) nach New York in die Ostküstenatmosphäre, vor allem aber zu Ruth Berlau. Wenn sich Elisabeth Bergner an Brecht und ihr gemeinsames Projekt einer durch ihn bearbeiteten Fassung von John Websters *The Duchess of Malfi* erinnert, dann ist es immer das Paar Bert Brecht/ Ruth Berlau, das ihr vor Augen tritt. Die Ehefrau Helene Weigel nimmt sie erst wieder am Schiffbauerdammtheater wahr.

Bergner: «Ich fand Brecht damals in Hochform. Auch als Poet.»[58] Richtet man den Blick nicht auf *die Brechts*, sondern auf Helene Weigel im Exil, bleibt Brecht meist in schemenhafter Ferne. Und vergleicht man die drängenden, sehnsüchtigen und dann wieder enervierten Briefe, die von Brecht aus Santa Monica nach New York zu Ruth Berlau gehen, mit den ganz vereinzelten dürren Nachrichten – wie immer meist Bitten um Erledigungen – aus New York in umgekehrter Richtung zu Helene Weigel, dann erscheint die Ehe mittlerweile tonlos und trocken:

Liebe Helle, wegen der Schweiz müssen wir in Los Angeles aufs Konsulat gehen. Aber müssen auch um die amerikanische Bürgerschaft einreichen, glaube ich. Hier in New York ist es nicht angenehm. b
Sei freundlich, ich mag Dich.[59]

War Helene Weigel in diesen Jahren verbittert? Sie bekennt sich immer, eine schlechte Briefschreiberin zu sein, und sie ist keine Frau, die sich gerne beklagt, im Gegenteil, aber unüberhörbar klingt in den wenigen Briefen an Karin Michaelis der Unmut durch, der sie erfüllt: «Ich bin auch nicht dicker geworden und bin schlechter Laune. Steff ist vor ein paar Wochen in die Armee gegangen. Mein bescheidener Lebenszweck schrumpft mehr und mehr zusammen. Und ich bring es nicht mehr fertig, mich wichtig zu nehmen.»[60] – «Mit mir ist alles beim Alten, ich könnte mit einigem Nachdenken, einige Trauerspiele aus meinem Leben machen will aber absolut nicht [...]»[61] Und dem alten Schauspielerkollegen Ernst Busch bekennt sie: «Ich bin in diesen vielen Jahren auch nicht schöner geworden und ich hoffe nur, mal wieder arbeiten zu können. Mein Hausfrauendasein hängt mir, da meine beiden Kinder erwachsen sind, zum Halse raus. [...] Brecht ist in New York, was von hier so weit ist wie von New York nach Berlin.»[62]

Ein stummer Auftritt von ein paar Augenblicken in Fred Zinnemanns Seghers-Verfilmung *The Seventh Cross* (1944) und die Mitwirkung an einer Veranstaltung zu Leopold Jessners 65. Geburtstag in Los Angeles (genau zur selben Stunde findet in New York ein großer, viel beachteter Brecht-Abend mit Wieland Herzfelde, Elisabeth Bergner und Peter Lorre statt), das ist alles, was Helene Weigel in fünf Jahren Exil in den USA in ihrem Beruf tun kann.

Auch in Sachen Politik gibt es keine Handlungsspielräume. Der Krieg ist relativ fern, es gibt kaum Zeugnisse von Helene Weigels Reaktionen auf die Kriegsereignisse. Nur darüber, wie sie, die ‹Kümmerin›, gleich nach Kriegsende für die hungernden Freunde und Verwandten in Europa eine CARE-Paket-Aktion organisiert und dem Verleger Peter Suhrkamp, dem letzten Helfer bei der Flucht aus Deutschland im Februar 1933, einen Zentner Mehl (der «sich hoffentlich nicht als ein mittlerer weißer Elefant herausstellt»[63]) zukommen lässt für ihn selbst und die Freunde Kasack, Ihering und den Jugendfreund Otto Müllereisert.

Das FBI hatte die Brechts mindestens seit 1943 scharf im Visier, die Jagd auf so genannte Unamerikanische Umtriebe schufen kein Klima für Brechts Theaterarbeit. Nachdem der Krieg zu Ende ist und die Jagd auf Kommunisten beginnt, drängen die Brechts darauf, nach Europa zu kommen. Am Jahresende 1947 sind sie zurück. Zum Schluss war es noch brenzlig geworden. Bert Brecht wurde in Washington am 30. Oktober 1947 zum Verhör vor den Kongressausschuss für Unamerikanische Umtriebe geladen und hat sich mit gespielter Naivität aus der Schlinge gezogen. Einen Tag später fliegt er nach Paris und reist mit dem Zug weiter nach Zürich. Helene Weigel und Barbara nehmen ein Schiff. Der Sohn Steff ist nun US-Bürger und bleibt in den Staaten.

Am 19. November 1947 treffen Helene Weigel, Barbara und Brecht in Zürich zusammen. Vorbei das Exil, zurück in der Muttersprache, in der Sprache der eigenen Kunst. Was kann ich noch? Wie bin ich nach fünfzehn Jahren fast ohne Spiel?

WEIGEL: An sich war ich schon beunruhigt, ob ich …, aber das ist Quatsch: es kann nicht verlorengehen. Die Talente gehen nicht verloren.
HECHT: Aber ganz sicher waren Sie sich nicht?
WEIGEL: Gar nicht, um Gottes willen!
HECHT: Deshalb der Test mit der Antigone…[64]

«Der Test mit der Antigone» wird tief in der Provinz, in den Bergen, veranstaltet, im Stadttheater von Chur in Graubünden. Brecht erarbeitet eine Bühnenfassung der *Antigone des Sophokles* nach der Hölderlin'schen Übertragung und führt mit dem alten Freund Caspar Neher Regie, der übrigens im nationalsozialistischen Deutschland weitergearbeitet hatte.

Helene Weigel ging mit dreiunddreißig Jahren ins Exil, jetzt ist sie achtundvierzig. Für ihren Start in eine zweite Karriere scheinen zwei Charakteristika in der Anlage der Antigone-Rolle programmatisch: In der Tragödie ist die Protagonistin ein junges Mädchen mit einem jugendlichen Liebhaber. Brechts Regie kaschiert nicht nur den Altersunterschied nicht, er macht aus Weigels Antigone bewusst eine Frau von großer Reife. Und er legt die Figur hoch stilisiert an, wohl fast pathetisch, würdevoll, heroisch. So jedenfalls beschreiben sie die emphatischen Besprechungen. Und Brecht gibt ihr mit seinem im Programmheft abgedruckten Gedicht eine persönlich-biographische Deutung:

Antigone
Komm aus dem Dämmer und geh
Vor uns her eine Zeit
Freundliche, mit dem leichten Schritt
Der ganz Bestimmten, schrecklich
Den Schrecklichen.

Abgewandte, ich weiß
Wie du den Tod gefürchtet hast, aber

Mehr noch fürchtetest du
Unwürdig Leben.

Und ließest den Mächtigen
Nichts durch, und glichst dich
Mit den Verwirrern nicht aus, noch je
Vergaßest du Schimpf und über der Untat wuchs
Ihnen kein Gras.
Salut!⁶⁵

Mit diesen Versen deutet Brecht die ‹verlorenen› Jahre der Weigel um in Gewinn, in Zuwachs, in einen Wert, der ihrer Schauspielkunst nun zur Größe gereicht: «Helli war außerordentlich.»⁶⁶ Der Weg für ihre Kunst ist frei, der Weg für die Theaterarbeit in Deutschland noch erschwert. Dass für ihren zukünftigen Wirkungskreis in Deutschland nur der sowjetisch besetzte Teil fruchtbarer Boden sein würde, stand außer Zweifel.

Aber der Freund und Verleger Peter Suhrkamp arbeitet in Frankfurt am Main, viele Schauspieler sind nicht bereit, nach Ostberlin zu gehen. Ließe sich nicht vom neutralen Österreich aus unabhängig arbeiten und die politische Entwicklung abwarten? Vom ersten Augenblick ihrer Rückkehr an suchen die Brechts nach einem Status, der ihnen Freizügigkeit garantiert. Im Herbst 1948 reisen sie nur mit kleinem Gepäck mit dem alten Freund und Brecht-Regisseur Erich Engel zur Probenarbeit für die Inszenierung von *Mutter Courage und ihre Kinder* nach Berlin.

Mit einer Laudatio auf Helene Weigel von Herbert Ihering im Dezemberheft des *Aufbau* 1948 wird sie begrüßt. In den zerbombten Resten des einst glänzenden Hotel Adlon am Brandenburger Tor finden sie in der Trümmerstadt die symbolisch angemessene Bleibe. Aber es wird wahrlich keine Trümmeraufführung, was da im Januar 1949 auf der Bühne des Deutschen Theaters in Szene geht: «Was an diesem 11. Januar 1949 geschah, war ein Ereignis besonderer Art: Ein zurückgekehrter Emigrant stellt, vier Jahre nach Kriegsende, dem deutschen Publikum in der Ruinenstadt Berlin, ein Stück vor, das vor dem Kriege warnt. Und die zurückkehrende Schauspielerin spielt die Hauptrolle in künstlerischer Vollendung. Sie ist von hinreißender Überzeugungskraft. Es ist wie ein Wunder.»[67] Das größte Theaterereignis seit 1945 in Deutschland wird in sämtlichen Feuilletons in Ost- und West-Berlin gefeiert.

Es ist in erster Linie der Erfolg der Helene Weigel, deren Spiel in den Jahren des Stummseins wie nach innen gereift und von allem Überflüssigen entschlackt wirkt und «die Stille und Größe, das Schwere und Leichte, realistische Unauffälligkeit und genaueste mimisch-sprachliche Akzentuierung in einer einzig lösenden Bewegung»[68] sinnfällig macht.

> Und jetzt trete in der leichten Weise
> Auf der Trümmerstadt alte Bühne
> Voll der Geduld und auch unerbittlich
> Das Richtige zeigend.
>
> Das Törichte mit Weisheit
> Den Haß mit Freundlichkeit
> Am gestürzten Haus
> Die falsche Bauformel.
>
> Aber den Unbelehrbaren zeige
> Mit kleiner Hoffnung
> Dein gutes Gesicht.
> (zum 11. 1. 1949)[69]

Brecht ist tief beeindruckt von «seiner Schauspielerin». Am Premierentag schreibt er nur einen Satz ins Journal: «Die Couragefigur Hellis jetzt herrlich, von großer Kühnheit.»[70]

Die Karriere Helene Weigels, die von dieser Mutter Courage nun ihren Siegeszug antritt, ist eine Geschichte der Superlative: 405-mal wird sie diese Mutter Anna Fierling, 248-mal die Wlassowa in Gorki/Brechts *Mutter*, 175-mal die Gouvernoursfrau Natella Abaschwili im *Kaukasischen Kreidekreis*, 156-mal die jüdische Frau Keith und eine weitere Rolle in *Furcht und Elend des III. Reiches* spielen.

Noch in der Woche der *Courage*-Premiere im Januar 1949 beginnen die Gründungsgespräche für ein eigenes Theaterensemble, «das Berliner Ensemble, Leitung Helene Weigel, eine Institution der Deutschen

Verwaltung für Volksbildung in der sowjetischen Besatzungszone». Im Mai wird Helene Weigel offiziell «mit dem Aufbau des Ensembles durch die Deutsche Verwaltung für Volksbildung beauftragt».[71] Weigel und ihr *Courage*-Ensemble werden im August mit dem Nationalpreis II. Klasse in der Sparte Kunst und Kultur ausgezeichnet.

Am 1. September 1949 nimmt das BE seine Arbeit auf, Helene Weigel ist offiziell zur Intendantin berufen, ist nun künstlerische Mitarbeiterin, wichtigste Schauspielerin, Organisatorin, Personalchefin und Repräsentantin und bleibt es bis zu ihrem Tod, Brecht ist ihr erster Spielleiter.

Mit der Aufführung von Brechts *Herr Puntila und sein Knecht Matti* am 12. November 1949 stellt sich das Berliner Ensemble im Deutschen Theater Berlin vor. «Die *Puntila*-Premiere gestern abend ging mit Gelächter und vielen Vorhängen vor sich. Die Mittelloge haben die Russen der neuen Regierung überlassen, die sich an Gelächter und Beifall beteiligte. Das *Berliner Ensemble* – wir ließen als ständiges Theaterzeichen die Friedenstaube des Picasso auf den Vorhang des Deutschen Theaters nähen – stellt eine riesige Leistung der Weigel dar, die die Mittel beschaffte, ein Bürogebäude mit Probebühne ausbaute, Pässe, Wohnungen und (in der Zone) Möbel für die Wohnungen der Schauspieler besorgte, dazu Sonderessen für das ganze Personal – unbeschreibliche Anstrengungen in der Ruinenstadt.»[72]

Diese Qualität der «Allerweltskümmerin» (Brecht) perfektioniert Helene Weigel bis zu ihrem Tod. Sie kümmert sich um die Sorgen und Krankheiten der Mitarbeiter ebenso wie um Versorgungsengpässe, um die Qualität der Theaterschminke oder des Fassadenanstrichs. Sie entscheidet maßgeblich über neue Engagements und fügt sich damit neue bittere Erfahrungen zu: Es sind darunter auch die neuen Frauen Brechts, die jungen Schauspielerinnen, Dramaturginnen, die nun die einstigen Geliebten ans Arbeitspult verweisen.

Die Familie Brecht kann in ein geräumiges Haus in Berlin-Weißensee einziehen. Für den Remigranten Brecht, mehr noch für Helene Weigel wird dieses Jahr 1949, das Gründungsjahr von DDR und BRD, zu einer beispiellosen Erfolgsgeschichte. Brecht hat seine Schauspielerin wieder – und viel mehr als nur sie: «Dank für eine gutes Jahr, von dem Du das Größte warst. B»[73], schreibt er ihr zum Jahresende.

Auf der Bühne des Berliner Ensembles: Helene Weigel, fotografiert von Vera Tenschert

Den immer noch staatenlosen Brechts scheint die Vereinnahmung durch die DDR dennoch nicht ganz geheuer. Im Mai 1949 richtet Brecht (der seinen ständigen Wohnsitz in Salzburg genommen hat) an die Bundesregierung Österreichs die Bitte um Verleihung der österreichischen Staatsbürgerschaft.[74] Ein Jahr später erhält Helene Weigel ihre österreichische Staatsangehörigkeit zurück, Brecht bekommt sie verliehen, in der DDR erhalten beide den Status von «Doppelstaatlern». Die Privilegien sind außerordentlich, Gastspielreisen, private Aufenthalte im westlichen Ausland sind kein Problem, Devisen jederzeit verfügbar. Das Ensemble wird vom Staat großzügigst ausgestattet. 1954 kann das Berliner Ensemble endlich in das eigene Haus einziehen, in das alte Theater am Schiffbauerdamm, schwer von Plüsch und Stuck und Pomp der Gründerzeit und reich an Glamour der zwanziger Jahre und dem legendären Triumph der *Dreigroschenoper*.

Welchen Preis an ideologischer Gefolgschaft gegenüber den Machthabern auch in Sachen Kultur hatte Weigel dafür zu zahlen? Oder anders gefragt: Wo stand die Marxistin Helene Weigel in der DDR politisch? 1951 entzog sie sich schon einmal geschickt der Aufforderung der damaligen Parteisekretärin des Berliner Ensembles, Wera Skupin, der SED beizutreten. «Mitglied der Partei werden – das müsse nicht sein», bei aller Zustimmung zur Sache sei dort «kein angemessener Platz für sie».[75] Kandidierte sie 1954 als Parteilose für die Liste der SED in Westberlin(!), um der Forderung nach politischem Engagement Genüge zu tun, wohl wissend, dass sie nicht Gefahr lief, gewählt zu werden? Sie ist Gründungsmitglied der Deutschen Akademie der Künste der DDR und beteiligt sich als Mitglied der Sektion Darstellende Kunst an den entscheidenden Debatten. Aber bald schon wird ihr zusammen mit Brecht, Arnold Zweig, Herbert Ihering, Hanns Eisler vorgeworfen, die Akademie als eine «repräsentative Vertretung für ganz Deutschland» zu betrachten und «eine Brücke nach dem Westen zu bauen», im Gegensatz zur anderen Fraktion (um Willi Bredel, Hans Marchwitza, Anna Seghers, Wolfgang Langhoff, Erich Weinert u. a.), die sich zur Sowjetunion hin orientierten.[76]

Immer wieder engagiert Helene Weigel Schauspieler und Regisseure, die auch im Westen arbeiten – Berthold Viertel, Leonhard Steckel, Therese Giehse –, bis die Politik und die Währungsdifferenzen das Pendeln unmöglich machen. Hinter den Kulissen hat die Partei das Berliner Ensemble scharf im Auge. Im Frühjahr 1951 kommt es zum zeitweiligen Verbot der Oper *Das Verhör des Lukullus* von Brecht und Paul Dessau. Im Zusammenhang mit der Formalismusdebatte (die Brecht für einen groben politischen Fehler und ein Zeichen für Tiefstand in der Kunst hält) fordert das Politbüro Änderungen in der Inszenierung der *Mutter*. Helene Weigel freilich hat sich in ihre Rollenauffassung nicht hineinreden lassen und auch nicht in ihre Intendanz. Sie weiß äußerst geschickt mit der Macht umzugehen. Ihre stets demonstrierte Loyalität zum DDR-Staat, ihr persönlicher Draht zu Kurt Bork etwa, dem Leiter der Abteilung Darstellende Kunst in der staatlichen Kommission für Kunstangelegenheiten, oder zum zeitweiligen Kulturminister Alexander Abusch schaffen ihr Freiräume, lassen den langwierigen ‹sozialistischen Gang› bei Problemen aller Art deutlich abkürzen.

Am 17. Juni 1953 beim Arbeiteraufstand, der die Geister schied und Bekenntnisse forderte, war Helene Weigel nicht in Berlin, sie nahm in Budapest am Weltfriedenskongress teil. Jede systemzustimmende Aktion Weigels allerdings «theatralischer weiblicher Gerissenheit» zuzuschreiben, mit der «die Weigel einerseits die Führung hofierte und andererseits ihr öffentliches Prestige nutzte», wie es die Weigel-Biographin Sabine Kebir tut, verbiegt Weigels und auch Brechts Wirken in der DDR zu einer einzigen Widerstandsgeschichte. Jede Gesinnungsbeflissenheit wird hier Taktik, sichtbare Zustimmung zur subversiven Aktion. Solche gab es gewiss, und die Staatssicherheit hat sie gewissenhaft verbucht: Da hat Helene Weigel doch bei der Wahl zur Volkskammer vom geheimen Wahlrecht Gebrauch gemacht und für «zirka 3 Minuten die Wahlkabine» benutzt. Helene Weigel hat sich über ihren Staat und seine bürokratischen Klimmzüge oft genug geärgert, mehr noch über die Einmischung der Politik in ihr Theatergeschäft, sie hat als Intendantin gelitten unter dem Aderlass an begabten Schauspielern und Regisseuren durch die Republikflucht. Aber sie war der DDR gegenüber weniger kritisch als Brecht.

Weigel ist verschwenderisch mit staatlichen Auszeichnungen dekoriert worden: 1953 Nationalpreis II. Klasse (auf Vorschlag Brechts) und 1960 Nationalpreis I. Klasse für Kunst und Literatur, 1954 Clara-Zetkin-Medaille, 1957 Ernst-Moritz-Arndt-Medaille durch den Nationalrat der Nationalen Front für «patriotische Leistungen im Kampf für das einige, demokratische, friedliebende Deutschland», 1958 Medaille «Kämpfer gegen den Faschismus», 1959 Vaterländischer Verdienstorden in Silber, 1960 Verdienstmedaille des Deutschen Friedensrates, 1963 Carl-von Ossietzky-Medaille «für Verdienst im Kampf gegen den deutschen Militarismus, gegen Faschismus und Krieg», 1965 Kunstpreis der DDR, zum 70. Geburtstag die Deutsche Friedensmedaille in Gold und 1970 die Medaille «Stern der Völkerfreundschaft». 1960 wurde sie «zum Professor» ernannt!

Was die persönliche Beziehung zwischen Brecht und Helene Weigel in ihren letzten gemeinsamen Jahren angeht, lässt sich am zutreffendsten mit der Wiederholung von Weigels lapidarem Satz an Karin Michaelis vom 1. Juni 1947 beschreiben: «Brecht ist wie immer.»[77] Helene Weigel, die Hauptfrau, Elisabeth Hauptmann und die einst engste Liebespartnerin Ruth Berlau leben und arbeiten nun freiwillig oder zähneknirschend, eifrig oder ausfallend wütend für das Werk BBs. Er wechselt die Freundinnen, nun junge Schauspielerinnen und Assistentinnen, wie eh und je: Isot Kilian, Käthe Reichel, Käthe Rülicke und wie sie alle heißen.

Wie prekär wird durch Brechts Promiskuität, seinen ungestillten Frauenbedarf, Weigels Rolle als Chefin des Ensembles, wie gefährdet ihre Autorität! In späteren Interviews bescheinigen viele ihrer damaligen Mitarbeiter Helene Weigels große Fähigkeit, das Ensemble auf freundliche Weise zusammenzuhalten, Konflikte zu lösen, junge Schauspieler zu ermutigen, sich auf unauffällige Weise auch gegen Brecht durchzusetzen.[78] Aber kein Dokument und keine spätere Aussage spricht dafür, dass Helene Weigel Brechts ungehemmtes Sexualleben vor ihren Augen je akzeptiert, gar toleriert hätte. Doch wollte sie Brecht, das heißt dem Werk Brechts treu bleiben, gab es keine lebbare Alternative.

Im Mai 1953 sieht sie ihre Würde durch Brecht in so unerträglicher Weise verletzt, dass sie aus der gemeinsamen Wohnung in Weißensee auszieht und eine eigene kleine Wohnung nahe dem Theater bezieht. Aus der Ehe ist nun endgültig eine Arbeitsgemeinschaft geworden. Im Oktober 1953, nach den politisch aufreibenden Monaten im Zusammenhang mit dem Arbeiteraufstand, voller schwieriger Diskussionen, Stellungnahmen, Aussprachen, verlässt auch Brecht das Haus in Weißensee und zieht in eine Vierzimmerwohnung in der Chausseestraße 125. Helene Weigel probt in Wien die Wlassowa für eine neue *Mutter*-Inszenierung unter der Regie von Brecht und seinem Assistenten Manfred Wekwerth, die zu einem grandiosen Erfolg für Brecht und Weigel wird und das vergiftete Klima zwischen ihnen reinigt. «Ich wollte, Du wärest noch da, es waren freundliche Wochen, danke schön»[79], schreibt ihm Helene Weigel nach Berlin. Und zieht nach ihrer Rückkehr in die leere Wohnung in der zweiten Etage (über der Brechts) in die Chausseestraße.

Was bleibt ihnen noch an gemeinsamen Erlebnissen? Ein paar

Sommerwochen in ihrem Anwesen in Buckow am Schermützelsee, 1954 der Umzug ins eigene Haus, ins Schiffbauerdammtheater, und die erste Gastspielreise des Ensembles nach Paris zum Festival der dramatischen Kunst mit *Mutter Courage* und Kleists *Der zerbrochne Krug*, die zu einem Triumphzug für Brecht und Weigel wird. Das Ensemble erhält den ersten Preis für das beste Stück und die beste Inszenierung. Die monatelange Probenarbeit an der Spätfassung vom *Kaukasischen Kreidekreis*, in der Helene Weigel erst zehn Tage vor der Premiere die Rolle der Natella Abaschwili übernimmt (und insgesamt 175-mal spielt). Die Aufführung (Premiere am 7. Oktober 1954) wird Brechts letzte Inszenierung, kontroversenreicher diskutiert denn je.

Im Mai 1955 die gemeinsame Reise (mit Käthe Rülicke) nach Moskau zur Verleihung des Internationalen Stalin-Friedenspreises an Brecht. Weigel rezitiert beim abendlichen Empfang Gedichte von Brecht. Und noch einmal ein Paris-Gastspiel, diesmal mit dem *Kaukasischen Kreidekreis*, über den *L'Express* am 26. Juni 1955 begeistert berichtet: «Endlich das Theater, von dem man träumte! Ein Theater, in dem man die unnötigen Gewissenskonflikte des Salontheaters verwirft und das beste seiner Wirkungskraft den Elisabethanern, den Chinesen, den großen epischen Romanen, der Volksdichtung entnimmt. [...] Die Spielweise dieser Schauspieler ist klar, ohne Gefühlsduselei oder Chargierung.» Die gemeinsame Botschaft von Brechts und Weigels Kunst wird nun in der Welt gehört und wird sich weiter ausbreiten.

Im Winter 1955/56 erkrankt Brecht an einer Herzklappenentzündung, von der er sich nicht mehr erholt. «Bert ist gestern gestorben», telegrafiert Helene Weigel am 15. August 1956 dem alten Freund Lion Feuchtwanger nach Pacific Palisades, und er antwortet sofort: «Liebe Helli wir haben beide viel verloren. Ihr Feuchtwanger».[80] Am Todestag hatte Brecht seinem alten Augsburger Freund und Arzt Dr. Otto Müllereisert seine letzten testamentarischen Verfügungen diktiert: «Mein alleiniger Erbe ist meine Frau, Helene Weigel. Sie ist nicht nur mein einziger Erbe, sondern hat auch die Verfügungsgewalt in der Durchführung meiner Wünsche.» Sie soll das BE weiterführen, «und zwar so lange sie glaubt, den Stil halten zu können».[81]

«Jetzt ist es mein Brecht!», soll Helene Weigel erzürnt gesagt haben, als der Bildhauer Fritz Cremer von der Totenmaske Brechts mehrere Kopien hergestellt und verschenkt hatte – und ließ sie zurückrufen.

Erst mit Brechts Tod kann sie wieder ganz an seine Seite rücken. Sein Vermächtnis ist ihr Lebensinhalt bis zum Ende, sie verteidigt es energisch. In Brechts Wohnung richtet sie das Brecht-Archiv ein, lässt von einem Stab von Mitarbeitern alle Dokumente sammeln, archivieren, fotokopieren, steuert die großen Editionsprojekte des Brecht'schen Werks durch die politischen Strudel, vor allem entzieht sie es dem Zugriff der DDR-Kulturfunktionäre, indem sie das alleinige Verlagsrecht an Suhrkamp in Frankfurt am Main überträgt.

Der zweite Auftrag ist die Erhaltung und Pflege von Brechts Arbeitsweise. Brechts Modellinszenierungen erhalten kanonischen Rang. Helene Weigel und ihr Ensemble tragen sie in die Welt, nach Warschau und Požnan, nach Moskau und Leningrad, nach Stockholm und Helsinki, nach Prag und Bratislawa, nach London und Paris, gelegentlich auch nach Westberlin und in die Bundesrepublik.

Als das Berliner Ensemble 1965 mit Brechts Bearbeitung von Shakespeares *Coriolan* in London gastiert, wird es als «beste Theatertruppe der Welt» bejubelt. «Der politische Erfolg des Londoner Gastspiels», liest man in der *Frankfurter Allgemeinen Zeitung*, «darf als erheblich gelten. […] mit seiner Einstellung zu künstlerischer Zusammenarbeit, mit seinem modernen Produktionsstil und einer sichtlich bis ins Detail durchdachten Schauspielermethode konnte das Berliner Ensemble, wie die *Times* schreibt, ‹die überzeugendste Werbung für das Leben auf der anderen Seite liefern, die es in unserem Lande je gegeben hat.›»[82]

Umso suspekter ist den Machthabern das Ensemble mit seiner Prinzipalin. Um 1969 kann man die Situation nicht mehr anders denn als Krise bezeichnen. Helene Weigel gilt nicht mehr als zuverlässig, man will sie hinausekeln, Mitarbeiter beklagen die drohende Erstarrung zum musealen Theater, verlassen das Ensemble, aber sie meistert die Krise. Ihr Spiel wird mit den Jahren immer sparsamer, immer perfekter, millimetergenau in der Gestik. Die Sorgfalt, die sie auf die Details legt, ist fast puristisch.

Brecht hat keine Liebesgedichte für seine Frau geschrieben, aber für seine Schauspielerin. Dazu gehört das Gedicht *Die Requisiten der Weigel*, in dem er mit derselben Sorgfalt und Detailliebe den Blick auf die Dinge lenkt und sie beschreibt, mit denen Helene Weigel sie für ihr Spiel und Brechts Figuren ausgewählt hat:

Die Requisiten der Weigel

Wie der Hirsepflanzer für sein Versuchsfeld
Die schwersten Körner auswählt und fürs Gedicht
Der Dichter die treffenden Wörter, so
Sucht sie die Dinge aus, die ihre Gestalten
Über die Bühne begleiten. Den Zinnlöffel
Den die Courage ins Knopfloch
Der mongolischen Jacke steckt, das Parteibuch
Der freundlichen Wlassowa und das Fischnetz
Der anderen, der spanischen Mutter oder das Erzbecken
Der staubsammelnden Antigone. Unverwechselbar
Die schon rissige Handtasche der Arbeiterin
Für die Flugblätter des Sohns und die Geldtasche
Der hitzigen Marketenderin! Jedwedes Stück
Ihrer Waren ist ausgesucht, Schnalle und Riemen
Zinnbüchse und Kugelsack, und ausgesucht ist
Der Kapaun und der Stecken, den am Ende
Die Greisin in den Zugstrick zwirlt
Das Brett der Baskin, auf dem sie das Brot bäckt
Und der Griechin Schandbrett, das auf dem Rücken getragene
Mit den Löchern, in denen die Hände stecken, der Schmalztopf
Der Russin, winzig in der Polizistenhand, alles
Ausgesucht nach Alter, Zweck und Schönheit
Mit den Augen der Wissenden
Und den Händen der brotbackenden, netzestrickenden
Suppenkochenden Kennerin
Der Wirklichkeit.[83]

Helene Weigel war schon immer eine Ästhetin, schätzte schöne Dinge. In den USA hatte sie in Trödelläden nach alten Möbeln gefahndet, nach Dingen aus edlem Material und von handwerklicher Perfektion. Sie besaß eine beachtliche Sammlung alter Krüge. Bei aller Bescheidenheit

Nach der letzten Vorstellung von Die Mutter *am 3. April 1971 im Théâtre des Amandiers in Nanterre bei Paris jubelte das Publikum Helene Weigel und dem Ensemble dreißig Minuten zu. Foto von Vera Tenschert*

und Genügsamkeit mit ihren zwei Zimmern in der Chausseestraße (alle anderen Räume wurden fürs Archiv gebraucht) schätzte sie sehr wohl auch ein anderes Leben als das proletarische. Fast jedes Jahr hat sie ihren Urlaub im westlichen Ausland verbracht, in der Schweiz, in Italien, Österreich und England. Sie erzählt Werner Hecht, wie sie nach einem Urlaub in Jugoslawien «noch für acht Tage an den Lido gegangen ist, weil ich schwimmen wollte. Das war in einem dieser berühmten alten Hotels».[84] Helene Weigel in Thomas Manns Hotel des Bains oder gar im kristallschweren Speisesaal des Excelsior – das ist eine aparte Vorstellung, identifiziert man sie doch immer vorschnell mit der Mutter Courage in härenen Röcken oder mit der Wlassowa, wie sie im Tableau einer Schutzmantelmadonna dicht umdrängt von den Arbeitern in ihrem klaren klugen Sprechgesang das «Lob des Kommunismus» singt.

Ihren Abschied nimmt und gibt Helene Weigel nicht in der DDR, deren Kulturfunktionäre sie am liebsten längst los wären, sondern weltoffen in Paris/Nanterre vor einem gebannt lauschenden, bewundernden Publikum. Ein Abschied mit der *Mutter*, als Pelagea Wlassowa. Ihr Dramaturg Werner Hecht erzählt von dieser denkwürdigen letzten Aufführung, als Helene Weigel mit drei gebrochenen Rippen und großen Schmerzen (und was sie nicht wusste, mit fortgeschrittenem, schon metastasiertem Lungenkrebs) die Rolle zum «reinen Humanismus» entschlackt:

Hier stand eine, die die Erfahrungen ihres Lebens weitergeben wollte. Ihr lustvoller Umgang mit allen Mitteln der Schauspielkunst, vor allem der Kunst des Sprechens, verzauberte, jawohl: verzauberte ein Publikum, das gar nicht wissen konnte, was sich da auf der Bühne in dieser Person abspielte. Es gab während der Vorstellung immer wieder Applaus und danach Ovationen, wie wir sie nach diesem Stück auch in den vorangegangenen Tagen nicht erlebt hatten.
Am 3. April, nach dem letzten Auftritt in Nanterre, übergab Helene Weigel den Mitarbeitern des [gastgebenden] Théâtre des Amandiers ein Picasso-Tuch mit der Friedenstaube, unterschrieben von allen Mitgliedern des Berliner Ensembles. Als sie sich dann, nach zwanzig Minuten Beifall, nochmals allein auf der Bühne verneigte, öffneten die französi-

schen Bühnentechniker über ihr ein Netz – und Hunderte von roten Rosenblüten fielen auf sie und neben sie, um sie herum. Helene Weigel in einem Meer von Rosen! Es sollte die letzte Huldigung auf der Bühne sein. Was für ein Abschied! [85]

Am 6. Mai 1971 starb Helene Weigel in Berlin, und an ihrem 71. Geburtstag wurde sie in Anwesenheit einer überwältigenden Menge von Freunden, Mitarbeitern und Bewunderern gleich neben ihrer Wohnung auf dem Dorotheenstädtischen Friedhof begraben – nicht zu Brechts Füßen, wie sie angeordnet hatte, sondern an seiner Seite.

Bessie so – und so

Elisabeth Hauptmann

Im Aprilheft des *Uhu*, Jahrgang 1928, kann man eine farbig illustrierte Erzählung von Elisabeth Hauptmann lesen mit dem Titel *Bessie sound-so. Eine Geschichte von der Heilsarmee.* Es ist – soweit wir wissen – die erste Geschichte, die sie seit Beginn ihrer Mitarbeit bei Bert Brecht Ende 1924 unter ihrem Namen veröffentlicht. Bei Brecht heißt Elisabeth Hauptmann Bess. Je nach Alter, Betrachter, Interpret, je nach Standort, Lesart der Quellen, auch der Selbstaussagen Hauptmanns, sieht Bess so oder so aus, beurteilt sie ihre Rolle als akzeptabel oder nicht, als befriedigend oder zerstörend, sieht sie sich in ihrem Wert mal anerkannt und mal verkannt.

«Ich stamme aus einem sehr kleinen Dorf in Westfalen, meine Mutter kommt aus New York. Mit 20 Jahren kam ich in die Großstadt, nach Berlin. Ich habe es meist sehr schwer gehabt hier, mußte immerzu arbeiten. Mut zum Schreiben machte mir Brecht, für den ich die Drei-Groschen-Oper übersetzte. Ich habe seitdem einen ganzen Haufen übersetzt und selbst geschrieben. Ich meine, daß jeder, der etwas Verstand hat und Gefühl für sprachliche Dinge schreiben lernen kann, wenn er schreiben will. Es ist nur wichtig, daß er viel schreibt. Ich glaube, Quantität und Qualität haben sehr viel miteinander zu tun.»
(Funkstunde, 14. Februar 1930)

Nach dem Erfolg der *Dreigroschenoper* und dem Flop von *Happy End* kannte man sie. Aber als wen? Im Frühjahr 1930 erscheint ihr Foto kurz nacheinander in zwei Publikumszeitschriften, im Februar in der *Funkstunde*. Da ist eine ganze Seite der «modernen Dramatikerin» gewidmet, Else Lasker-Schüler und Ilse Langner, Marieluise Fleißer und Anna Gmeyner (u. a.), dazu zählt auch Elisabeth Hauptmann.[1] Im April 1930 werden in *Westermanns Monatshefte* «Berufe der Frauen» vorgestellt, Elisabeth Hauptmann erscheint als Musterexemplar der Traum-Sekretärin.[2]

«Elisabeth Hauptmann hat es verstanden, den vorwiegend handreichenden Beruf einer Sekretärin so zu verinnerlichen und zu vergeistigen, daß sie zur Mitarbeiterin des Dichters Bert Brecht wurde und neben ihm und dem Komponisten Weill als Übersetzerin und Textverfasserin am Erfolg der ‹Dreigroschenoper› Anteil haben konnte.» (Westermanns Monatshefte, April 1930)

Die Genossin Elisabeth Hauptmann war ursprünglich als Lehrerin tätig, arbeitete dann als Übersetzerin englischer und französischer Werke, besonders belletristischer Art, bis sie 1922 (soweit ich mich erinnere, war es in diesem Jahr) als Sekretärin zu mir kam. Sie war bald meine beste Mitarbeiterin. Sie besitzt eine außergewöhnliche sprachliche Begabung und hat aktiv und kritisch an allen meinen dramatischen Arbeiten mitgearbeitet, auch selber Novellen geschrieben. Besonders einige Lehrstücke für Schulen interessierten sie, eines davon, das ich zusammen mit ihr verfaßte (*Der Jasager*), wurde in vielen Schulen des In- und Auslandes aufgeführt. Ihre Übersetzung und Bearbeitung eines amerikanischen Stückes ging im Berliner Staatstheater, ihr eigenes Stück *Happy End* im Theater am Schiffbauerdamm in Berlin in Szene. Während der letzten fünf Jahre vor der Machtübernahme Hitlers war sie politisch tätig, zuerst durch literarische Arbeiten mit mir zusammen, dann trat sie der KPD bei. Sie hielt sich noch ein ganzes Jahr nach Hitlers Machtübernahme in Berlin, wo sie immerfort politisch tätig war. Sie hatte über zwanzig Haussuchungen und wurde dann verhaftet. Es gelang ihr, nach einigen Tagen freizukommen, da man keine Beweise gegen sie hatte. Durch eine Abreise nach Paris entging sie einer zweiten Haft. Sie lebt jetzt bei ihrer Schwester in St. Louis und arbeitet dort wieder als Lehrerin. Sie ist einer der verläßlichsten und tüchtigsten Menschen, die ich kenne.» Skovsbostrand, Svendborg, 18. August 35[3]

Im Text dieses Gutachtens, das Bertolt Brecht ihr als Empfehlung für eine Stelle an einer Schule in Minsk schrieb, hat Elisabeth Hauptmann nach den Notizen auf der Abschrift um die Streichung der Wörter «als Sekretärin» und «eigenes» («ihr eigenes Stück») gebeten. Damit ist ihr Selbstverständnis in der Partnerschaft mit Brecht schon sehr präzise umrissen. Sie ist die Mitarbeiterin, sie versteht diese Mitarbeit auf gleicher Augenhöhe, die Rolle der – subalternen – Sekretärin lehnt sie für sich ab. Es scheint – aber nicht immer in ihrem Leben –, als lege sie auf eigene Autorschaft keinen Wert. Sie benutzt mehrfach Pseudonyme für ihre eigenen Texte. Ihr Anteil an Brechts Arbeiten soll im kollektiven Werk aufgehen. Wenn allerdings die materielle Ausbeutung droht, wird sie – zu Recht – ungehalten. Die intellektuelle wie materielle Anerkennung von Elisabeth Hauptmanns Arbeit blieb ihr Leben lang unter deren Wert. Das hat an ihr genagt bis ins Alter. Man kann sie sich und ihre Interessenkonflikte in einem Kräftedreieck vorstellen: Das Ethos der Mitarbeiterin, die Verantwortung für das gemeinsame großartige Werk ist der erste Fixpunkt, der Wunsch nach einem eigenen, wenn auch bescheideneren Werk, einem eigenen Namen der zweite, die ökonomischen Notwendigkeiten der dritte. Am befriedigendsten ausgeglichen waren diese Spannungen in der Zeit der größten Erfolge, der *Dreigroschenoper*-Zeit, am schlimmsten setzten sie ihr zu nach der Zerschlagung des Arbeitsteams und einem Zerwürfnis mit Brecht in den ersten Jahren des Exils. Am Ende ihres Lebens hat sie die Spannung einigermaßen gelöst und Frieden mit ihrer Biographie geschlossen, indem sie der kollektiven Arbeit am Werk Brechts den Vorrang einräumte und die Nachrangigkeit des eigenen schriftstellerischen Werks – wenn auch bekümmert – akzeptierte.

Private Auskünfte zu ihrer Herkunft hat Elisabeth Hauptmann nur spärlich erteilt: «Ich stamme aus einem sehr kleinen Dorf in Westfalen, meine Mutter kommt aus New York.»[4] Das sehr kleine Dorf heißt Peckelsheim im Kreis Warburg, nicht weit von Paderborn. Dort kommt Elisabeth Flora Hauptmann am 20. Juni 1897 auf die Welt, als Tochter einer traditionsreichen gutbürgerlichen Arztfamilie. In einer kleinen Skizze hat Elisabeth Hauptmann die Erinnerungen an das Elternhaus festgehalten, an ihren Lieblingsleseplatz und ihre Lieblingsbücher, die Lieblingslektüre aller wohl situierten Bildungsbürgerkinder: Sagen und deutsche Volksbücher.[5] Die Mutter Josephine Diestelhorst war ein Adoptivkind des Großvaters, war in New York aufgewachsen und ins Pensionat nach Deutschland geschickt worden. So lernte sie Clemens Hauptmann kennen, und es verschlug sie aus New York in das westfälische Nest. Die Schwester Irma ging später den Weg der Mutter zurück und heiratete in die USA, nach St. Louis, eine Verbindung, die für Elisabeth Hauptmanns Emigration wichtig wurde.

Ihre Jugend ist ganz die der höheren Tochter: Rilke lesen, Klavierspielen, Lyzeumsausbildung ohne Möglichkeit zur Reifeprüfung, das Lehrerinnenexamen als eine der wenigen Chancen einer leidlich angemessenen Berufsausbildung. Die Seminarzeit in den Staatlichen Erziehungs- und Bildungsanstalten Droyssig bei Zeitz von 1912 bis 1918 fällt in die Kriegsjahre. Bis 1922 unterrichtet sie dann «Gutskinder» in Linde, Kreis Flatow, im Regierungsbezirk Marienwerder nahe der polnischen Grenze.[6]

Mit fünfundzwanzig Jahren, 1922, zieht es sie in die Großstadt, nach Berlin. Dass sie dort zunächst studiert hat, ist nicht belegt. Es gibt keinen Immatrikulationsnachweis von Elisabeth Hauptmann an der Humboldt-Universität, und ihr fehlt ja auch die Voraussetzung zum Studium, das Reifezeugnis. Und mit der dramatisch fortschreitenden Inflation das Geld: Sie muss, wie unzählige junge Frauen, ihren Lebensunterhalt als Privatlehrerin, Sekretärin, Übersetzerin verdienen; Englisch ist ihre zweite Muttersprache. Sie arbeitet kurze Zeit bei einem Architekten, dann in einer Literaturagentur. Eine Mitarbeiterin des Architekturbüros, Dora Mannheim, hatte Brecht auf einem Kostümfest 1920 in Berlin kennen gelernt, ein paar verliebte Briefe nach Brecht-Manier bekommen, ihn auch schon in München besucht. 1924 – da ist Brecht schon ein prominenter Dramatiker, und eben hat *Im Dickicht der Städte* am Deutschen Theater Premiere – lädt sie die beiden zusammen ein:

> Es war ein trüber Abend im November; im Wohnzimmer mit den roten Plüschmöbeln saßen wir bei einem Tee, meine ehemalige Kollegin, die jetzt irgend etwas mit Literatur zu tun hatte, Brecht und ich.
> Brecht war gesprächiger als sonst, er stand auf, ging hin und her und versuchte, uns etwas klarzumachen. Elisabeth Hauptmann (so hieß meine Bekannte) schwieg die meiste Zeit, sie war entsetzlich erkältet, versuchte aber, Brecht aufmerksam zuzuhören.
> Am nächsten Morgen bat mich Brecht um ihre Telephonnummer.[7]

1966

1972 hat Elisabeth Hauptmann die Episode weitererzählt, von Brechts folgenreichem Anruf am nächsten Morgen: «‹Hier Brecht. Ich bin noch nie so unfreundlich verabschiedet worden!› Ja, dann habe ich versucht, etwas freundlicher zu sein und daraus ergab sich dann diese lange Mitarbeiterschaft.»[8] Die Zusammenarbeit beginnt umgehend. Brecht war einen Monat zuvor, im Oktober 1924, endgültig nach Berlin gezogen. Da kommt ihm eine literarisch gebildete, kluge und sprachlich gewandte Mitarbeiterin wie gerufen. Schon am 1. Januar 1925 hat Elisabeth Hauptmann mit dem Kiepenheuer Verlag einen festen Vertrag bis zum Jahresende über die redaktionelle Betreuung der Brecht'schen Stücke *Mann ist Mann, Im Dickicht der Städte* und der noch immer nicht erschienenen *Hauspostille*.

Elisabeth Hauptmann ist mittlerweile sechsundzwanzig Jahre alt. Berufliche Aufstiegsmöglichkeiten hat sie kaum. Sie schreibt selbst mit an dem Typus der ‹Neuen Frau›, wie er etwa zwischen 1925 und 1929 von Presse, Kino, von Journalistinnen und Fotografinnen propagiert wurde: den Frauen der männerarmen Kriegsgeneration, den höheren Töchtern, die sich nach der Inflation ein paar Stufen tiefer auf der sozialen Leiter wieder finden; sachlich, unabhängig auch aus Not, neue Lebensformen erprobend, ehrgeizig, schnell; genötigt, in den neuen Angestelltenberufen, in Verlagen und Redaktionen Kompetenz zu beweisen. Sie gehört zum Heer der weiblichen Angestellten, die auf vertraglich schlecht abgesicherten Stellen und mit kümmerlichem Lohn gerade so viel verdienen können, dass es zum Leben reicht. 1925 kann man im *Simplicissimus* Elisabeth Hauptmanns *Nachtgedanken* von einer Frau von ganz unten auf der Leiter lesen, Jahre bevor Mascha Kaléko diesen Ton zu ihrem Markenzeichen macht:

Nachtgedanken

Sie hatte schon in vier Cafés gesessen,
Vier Eis verzehrt und viermal selbst geblecht.
Man kann nicht ewig für sein eigenes Geld Eis essen!
So sinnlos. Und es ist ihr auch schon schlecht.

Die Kälte draußen ist auch nicht zum Lachen,
Im Januar und mit dem dünnen Schal!
So lebt kein Hund. Mein Gott, was soll man machen?
Man braucht zu allem Anfangskapital.

Die Kälte kroch an ihren Beinen hoch,
Dann wird sie weiterkriechen zwischen Haut und Wäsche.–
Sie glaubt jetzt auch, dass Max sie damals schon betrog!
Das Leben schlägt halt immer neue Bresche.

Zuerst ist es des ‹Geldes wegen› schwierig,
Doch wie die Stiefel wird allmählich alles abgenutzter.
Das Kleingeld bleibt wohl immer schmierig,
Die großen Scheine wären unbeschmutzter.

Es lohnt sich nicht, im Kleinen anzufangen
Das ist ja kein Beruf für eine Dame!
Sie ist schon bis zum Potsdamer Platz gegangen
Und denkt: Hätt' unsereins auch Lichtreklame![9]

Von 1925 also bis 1933 ist Elisabeth Hauptmann *die* verlässliche, stets verfügbare Mitarbeiterin Bert Brechts, sein «chiefgirl».[10]

Arbeitsplatz bei Brecht: Bernhard Reich, der Regisseur und Brecht-Freund, beschreibt die Dichtwerkstatt in der Spichernstraße 16:

Mit Brecht in der Spichernstraße 16

Man mußte vier beschwerliche Etagen hinaufsteigen, dann über ein steiles schmales Brett hinwegjonglieren, sich durch einen dunklen Raum hindurchtappen und eine schwere Eisentür aufstoßen, bevor man vor Brechts Behausung stand. Es war eine Atelierwohnung. Ans breite Fenster gerückt, befand sich ein langer Tisch. In der Ecke lagen Mappen, die Materialsammlungen enthielten; zumeist waren es Zeitungsausschnitte mit Berichten über seltsame Vorfälle in der ‹Neuen Welt›. In einer anderen Ecke die aufgeklappte arbeitsfreudige Schreibmaschine. Arbeitend, sinnend hatte Brecht durchs Fenster ein Dächermeer vor sich, einen Teil der deutschen Hauptstadt, die zu erobern er sich vorgenommen hatte. [...] An der Schreibmaschine saß ein blondes, braunäugiges, pausbäckiges Geschöpf. Er stellte vor: Elisabeth Hauptmann. Sie sprach vorzüglich englisch und versorgte ihn mit Materialien: mit Ausschnitten aus englischen und amerikanischen Zeitungen und Zeitschriften. Sie hatte da alle Hände voll zu tun; denn Brechts Appetit nach dem Amerikanischen war ungeheuer.[11]

Das gemeinsame Arbeitsjahr 1926 hat Elisabeth Hauptmann in ihrem Tagebuch dokumentiert, einem Journal, das auf einzigartige Weise Einblicke gibt in ein unruhiges Jahr in Brechts Dichterkarriere – mit Erfolgen, Rückschlägen, Geldmangel, Ehekrisen, vielen begonnenen und gescheiterten Vorhaben. Neben den alltäglichen Erledigungen, Beschaffungen, Terminplanungen, Protokollen von der Probenarbeit, Gesprächsmitschriften aus der Dichtwerkstatt hält sie weltweise Statements von Brecht fest, assoziativ sich entfaltende Gedanken beim Reden, Visionäres über Amerika, zum Beispiel: «Amerikas Größe besteht im Wachsen, so ähnlich sagt Brecht, wenn es nicht mehr wachsen kann, dann geht es kaputt. Einmal haben die Wolkenkratzer ihre größte Höhe erreicht.»[12] Über die neue Zeit, über seine Vorstellungen vom Theater, ätzende Kritiken über Kollegen und das nicht eben bescheidene Selbstverständnis seiner eigenen Stellung in der Gegenwartsliteratur, Urteile und Gedanken, die so nicht zur Veröffentlichung bestimmt waren: «Brecht meint, es sei gut, daß niemand seine richtige Meinung hörte.»[13] Der Charakter der gemeinsamen Arbeit an den Texten wird ein Stück weit erkennbar, die jeweiligen Anteile nicht. Ein Beispiel von vielen: «13. März 26. Selbst wenig gearbeitet, weil bei Brecht gewesen. Kipling übersetzt. Sehr schöne Sachen darunter.»[14] 1927 erscheint in Heft 8 der Zeitschrift *Die Dame* das Gedicht *The Ladies* von Rudyard Kipling, «übersetzt von Bert Brecht» aus Kiplings *Barracks-Room Ballads*, der prahlerische Monolog eines Soldaten von seinen Frauenerfolgen aus allen Kriegsschauplätzen der Welt. In den Ausgaben von Brechts Werken ist es nun ein Gedicht Brechts, über die literarische Vorlage und die wahre Autorschaft der Übersetzung, nämlich Elisabeth Hauptmann, erfährt man nur noch aus den Anmerkungen.

Sie hat die Aufgabe, seine Geschichten an Zeitungen zu verkaufen, und das war wohl schwieriger, als deren Publikationsgeschichte glauben macht: «Seine schöne Geschichte (*Pokerspiel + 4 Männer* will der *Uhu* nicht, die *Voß[ische Zeitung]* nicht, *Scherl ['s Magazin]* nicht) – komisch.»[15] Elisabeth Hauptmann handelt für Marieluise Fleißer den Rentenvertrag mit Ullstein aus, sie verschafft Brecht im Mai einen Freiflug nach Köln. «Ich gehe zu Autofirmen [...] und versuche die Herren zur Hergabe eines Reklameautos zu bewegen. Aber sie sind nicht dafür zu haben. [...] Auch wegen einer neuen Schreibmaschine versuchte ich auf dem Wege der Reklame mein Heil, aber nach vielen Gängen und langen Reden bekam ich nur eine neue gegen die alte und 100 M.»[16]

Die Notate schärfen den Blick auf das Kommen und Gehen in der Spichernstraße, auf die hektische, rastlose Arbeitsweise, die Poetologie von Brechts Schreiben, das ständige Verändern. Das «chiefgirl» ist für die Ordnung zuständig, soll festhalten, sammeln, die Manuskripte immer auf den neuesten Stand bringen, darf keinen noch so nebensächlich scheinenden Gedanken aufzuschreiben versäumen. Er verlangt bedingungslosen Arbeitseinsatz. «Es ist alles durcheinander. Bei Brecht finde ich mich nach der Abreise kaum noch durch. Er hat keine Lust zum Arbeiten. Es ist maßlos schwer für mich.»[17] Sorgender könnte die Mitarbeiterin gar nicht sein: «10. III. 26 Wenn ich jetzt mit Brecht machen könnte, was ich könnte, dann würde ich 1. dafür sorgen, daß er ringsherum 1 cm fetter würde und schwerer. Daß er 2. eine andere, weniger provisorische Wohnung bezöge. (Er würde mit einem Atelier tauschen, nach Osten, Südosten, damit er früh Sonne hat.) Ich würde ihn an eine längere richtige Arbeit kriegen – nicht nur an Essays, usw., kurze Sachen, Fetzen, Halbfertiges. Er muß *schwerer* werden.»[18]

Der Chef Brecht scheint mit seiner Sekretärin nicht eben schonend umzugehen. Das Tagebuch ist durchzogen von Einträgen über Verstimmungen, Vorwürfe: «Anläßlich einer persönlichen Auseinandersetzung sagte Brecht: Es scheint in dieser Stadt noch schrecklich viele Menschen mit Privatangelegenheiten zu geben. Alle stellen unbillige Forderungen und fällen zu selbständige Entscheidungen. Alle sind zu sentimental und lächerlich.»[19] Ende März schreibt sie ausführlicher über die Zusammenarbeit:

> Bis jetzt B. sehr wenig gesehen. Ich habe mich 2 x sehr über ihn geärgert – Mißtrauensvotum und Unhöflichkeit kann ich schwer ertragen. – Sonntag habe ich den ganzen Tag in seiner Wohnung gesessen, weil Ernst Leyden dort malte. Brecht kam am Nachmittag. [...] Montag nachm. um 5 hinbestellt, kam aber nicht. Abends 9 hinbestellt, bekam aber um 11 Besuch, ohne mirs zu sagen. Da wurde ich so gereizt und ging [...]. Gestern war ich krank. Fieber. Er hält es nicht für nötig, sich zu erkundigen, bloß als es sich um ein Ansagen einer Zeitungsnotiz handelt, ruft er mich an. [...] Am Donnerstag sage ich B. den Grund meiner Verstimmung + er sagt, ich hätte eine unerquickliche Art, es zu sagen, wenn ich wirklich unrecht habe.[20]

Während Brecht Ende Mai nach Köln fliegt und über Paris nach Augsburg weiterreist, ist Elisabeth Hauptmann zu Hause in Peckelsheim und laboriert an Brechts Verhalten.

> Peckelsheim, den 8. Juni 1926
> Brecht sagte mir eines Nachmittags Mitte Mai, es sei eine der übelsten Auswirkungen meiner Faulheit, daß ich nicht immer alle Sachen gleich von ihm aufschriebe. Sonst müßte ich doch schon ein ganzes Arsenal haben von Material, das wir sukzessive aufarbeiten könnten. Ich sagte ihm, wie schwierig es sei, das mit dem immer gleich aufschreiben und weil immer Pausen kämen usw. Er schien das einzusehen. Aber es tut mir selber leid, daß ich nicht immer gleich alles aufgeschrieben habe, denn Brechts Sätze kann ich nie so wiedergeben wie sie waren.[21]

Merkwürdig widersprüchlich beurteilt aber Elisabeth Hauptmann später den beruflichen Umzug in Brechts Dichtwerkstatt. Da heißt es im späten Interview: «Als ich mich von ihm einspannen ließ für die Arbeit an der Herausgabe von Sachen und am Fertigbringen von Sachen […]»[22] Soll dies das Eingeständnis einer eigenen Fehlentscheidung signalisieren? Und dann das – gewichtigere – Gegenteil: Sie erzählt ihren Gesprächspartnern vom Glück des Schreiben-Lernens beim Meister, vom gemeinsamen Entwickeln von Geschichten:

> Wir [die Mitarbeiter] hatten ja unendlich viel davon. […] Brecht lernte damals Kurzgeschichten schreiben. Er nahm sich so Genres vor, und die mußte man dann beherrschen. Das war aber auch sehr leicht und locker. Damals kam die short story nach Deutschland, nach dem Krieg. Und die Form ist ja nicht einfach die Form einer gewöhnlichen Erzählung oder Novelle oder von irgend etwas, sondern eben eine short story. Und das wurde exerziert. […] Und dann hat er mich ermutigt und hat mir sozusagen Ratschläge gegeben, wie man das macht. Ja, das soll mal ein anderer kriegen, so am gewöhnlichen Vormittag, so nebenbei! Also das fand ich großartig. Oder auch für das Stückeschreiben.[23]

Im Rückblick erzählt sie vor allem von der Freude bei dieser Arbeit: «Es war Spaß, es war ein großer Spaß, die schwere Arbeit war ein großer Spaß.»[24]

Brechts Projekte dieser Arbeitsjahre sind schon genannt: Kurzgeschichten, Magazingeschichten, Stücke, außerdem Filmexposés und natürlich unentwegt Gedichte. Elisabeth Hauptmann ist bei all diesen Projekten beteiligt. Sie liefert Stoffe, Vorlagen, Übersetzungen, schreibt mit, schreibt ab und korrigiert.

Nachdem der Vertrag mit Kiepenheuer ausgelaufen ist, arbeitet sie weiter für Brecht, nun auf der Basis gelegentlicher Zuwendungen: «Von Brecht 100 Mark für Mantel + Hut!!»[25]

In der Rückschau hat sie die positive Seite auch dieser Veränderung betont: Sie hatte mehr Zeit für ihre eigenen Arbeiten. Nach Berlin war sie ja übergesiedelt, weil sie eigene literarische Ambitionen hatte. In einem Lebenslauf aus der späten Zeit notiert sie für die Zeit vor Berlin: «Schrieb erste kleine Geschichte über eine 16jährige polnische Saisonarbeiterin. 1922: […] Neben Büroarbeit und Stundengeben weitere Versuche im Schreiben: erste kleine Geschichte, seltsamerweise politisch, in der *Voss* veröffentlicht.»[26] Auch Buchkritiken für die *Vossische*

Zeitung erwähnt sie. Im Brecht-Archiv in Berlin sind Anfänge, Entwürfe zu Geschichten überliefert, die Elisabeth Hauptmann vor ihrer Zeit mit Brecht zu schreiben begonnen hatte. Sie handeln von jungen Frauen, von Enttäuschungen und dem dringenden Appell, auf der Selbständigkeit zu bestehen, zum Beispiel die traurige Liebesgeschichte der Sofie Kraft: «Wenn man etwas liebt, dann muß man die Hindernisse mitlieben. [...] Auf keinen Fall soll eine Frau, die einen Mann liebt, den Boden verlassen, denn nichts ist höher über dem Boden als die ausgestreckte Hand eines Mannes. [...] Schlimm geht es mit denen, die sich nicht mehr zurechtfinden zwischen Himmel und Erde. Ach, wie schlimm es mit alledem ausgehen kann, zeigt auch das traurige Schicksal der Sofie Kraft. Die Geschichte ihrer unglücklichen Liebe ist sehr gewöhnlich.»[27]

Eine erste nachgewiesene Geschichte von ihr erscheint im August 1926 im Magazin *Das Leben*: *Julia ohne Romeo*, eine forsche, sachlich unterkühlt erzählte, in scharfem Tempo geschriebene, durch und durch amerikanische Story um Liebe und Rivalitäten, Börsengeschäfte und Autos. Und um eine junge Frau, «ein menschliches Wesen, das so tollkühn war, daß man sich überhaupt wunderte, wie es bei diesem Mangel an Vorsicht zwanzig Jahre hatte alt werden können: das war Johns Tochter Mabel».[28] Sie ist die zum toughen American Girl mutierte Julia, die alles kann und alles hat und fast alles nach ihrem Willen durchsetzt. Bloß ihrem auserwählten Romeo, dem kleinen Vom-Tellerwäscher-zum-Milliardär-Typ James G. Luck, sind diese Eigenschaften etwas zu anstrengend. Da geht es denn auch ohne Romeo. Umgehend wird Mabel seine schärfste Konkurrentin. Diese Story, die als Emanzipationsgeschichte viel zu trocken charakterisiert ist, fällt im Sprachduktus aus den übrigen Texten Hauptmanns heraus, als klänge eine amerikanische Anregung durch. Elisabeth Hauptmann hat sie nicht unter ihrem eigenen Verfassernamen, sondern unter dem Pseudonym Catherine Ux veröffentlicht. Warum? Im Interview 1972 zeigt sie sich ganz erstaunt über das Pseudonym, kann es sich nicht mehr erklären. Aus Bescheidenheit? Aus Ehrlichkeit? In den beiden 1928 und 1929 im *Uhu* veröffentlichten Geschichten *Bessie soundso* und *Er soll dein Herr sein* posiert sie durchaus selbstbewusst in passender Verkleidung für den Fotografen (das ist übrigens der mit ihr befreundete Filmemacher und Fotograf Carl Koch): als braves Heilsarmeemädchen und als clevere Geschäftsfrau.

Ihre Texte sind den Arbeiten Brechts in Stoff und Duktus oft erstaunlich nah. Die Novelle *Er soll dein Herr sein*, «die Geschichte von dem gebrauchten Afra-Motorrad, das die kleine Frau Erna Tucher an Herrn Meyer in Lankwitz verkaufte»[29], ist im selben Milieu von Inflation und schrägen Geschäften, vom Übers-Ohr-Hauen-und-gehauen-Werden angesiedelt, wie das gemeinsam geschriebene Filmexposé *Marie kommt*. Man ist nicht nur auf der Straße, auch in der Mansarde mit dem Thema Ökonomie beschäftigt. Allerdings würde man heute sagen, ihre Fassung ist die feministische Kehrseite und der Titel *Er soll dein Herr sein* böse Ironie, denn Herr Tucher «war groß und dick, genau das, was man an einer Niete ‹stattlich› nennt».[30] Wenn die Miete für den kleinen Laden für Autozubehör überhaupt nicht mehr aufzutreiben war, legte er sich ins Bett. In Frau Tucher dagegen «rechnete es», dachte es, und mit atemberaubender Schlitzohrigkeit fädelt sie den Deal ein, bis am Ende die Kasse wieder stimmt. So clever ist sie, daß sie ihrer «Niete» auch noch das Gefühl gibt, die Sache hingebogen zu haben: «Einer der wenigen Sätze in der Bibel, nach denen sich so viele Männer wirklich richten, ist der Satz: Und er soll dein Herr sein. Nach diesem Satz richten sich tatsächlich viele dummen Männer – und fast alle klugen Frauen.»[31]

1927 bricht im Brecht-Kreis das Buster-Keaton-Fieber aus. Kurt Weill unterzeichnet eine Postkarte an Lotte Lenya mit «tausendmal geliebt von deinem Buster»[32], Marieluise Fleißer schreibt im *Berliner Börsen-Courier* einen Essay über Keatons Ausdruckskunst und macht verblüffend sichtbar, wie eng verwandt ihre Sprache mit der Körpersprache des melancholischen Komikers ist. Zuvor schon hatte Elisabeth Hauptmann im *Berliner Börsen-Courier* das neue Idol der Avantgarde vorgestellt: *Der Mann, der nie lacht: Buster Keaton. Von ihm selbst.* Autorisierte Übersetzung von Elisabeth Hauptmann.[33] Der Stil des Textes hat manche Ähnlichkeit mit einer Geschichte, an der 1926 bei den Brechts gemeinsam gearbeitet worden war: «7. Januar. Morgens um ½ 7 zu Brecht – an Samson Körner gearbeitet […]»[34], *Der Lebens-*

lauf des Boxers Samson-Körner erzählt von ihm selber, aufgeschrieben von Bert Brecht. Wie bei Brechts Boxer-Biographie geht es in Hauptmanns fiktivem oder vielleicht tatsächlich autobiographischem Text um das wirkliche Leben, um Verbürgtes, nicht um Sensation, sondern um Sachlichkeit.

Aber nirgends ist Elisabeth Hauptmanns Rolle so wichtig für Brechts Werk wie beim Stückeschreiben. Auch wenn sie ihr Theaterverständnis im späten Interview bescheiden klein macht, so steuert doch gerade sie Kenntnisse bei, die Brechts Stücken ungeheuer zugute kommen. Sie kann nicht nur ausgezeichnet Englisch, sie kennt auch die Schlager, die in Amerika gerade auf der Straße gepfiffen werden. Sie sammelt leidenschaftlich Schallplatten, hat darüber im Rundfunk in Breslau am 1. April 1928 einen Vortrag gehalten, «der sehr lustig ist».[35] Brecht nennt Elisabeth Hauptmann als Mitarbeiterin oder, besser gesagt, Co-Autorin von *Mann ist Mann, Die Dreigroschenoper, Aufstieg und Fall der Stadt Mahagonny, Der Flug der Lindberghs, Das Badener Lehrstück vom Einverständnis, Der Jasager und Der Neinsager, Die heilige Johanna der Schlachthöfe, Die Ausnahme und die Regel, Die Rundköpfe und die Spitzköpfe.*

Auftakt der gemeinsamen Stück-Arbeit ist das Lustspiel *Mann ist Mann* 1925. Gemeinsam wird entworfen und verworfen, neu begonnen und ausgeführt, umgestellt, eingefügt. Brecht komponiert aus dem Stegreif am Klavier, Elisabeth Hauptmann steuert Kipling-Übersetzungen bei. Ende des Jahres 1925 stellt Brecht ein Konvolut von 170 Manuskriptblättern zusammen, von frühen Entwürfen bis zu ausgeführten Szenen, lässt es in rotes Wildleder binden und schenkt das Opus Elisabeth Hauptmann zu Weihnachten mit der launigen Widmung:

Das sind die hauptmanuskripte des lustspiels «Mann = Mann» oder «Galy Gay» nebst dem viele Jahre vorher geschriebenen «Urgalgaianfang». ich schenke es am ende des jahres 1925 beß hauptmann, die dieses ganze jahr ohne lohn mit mir gearbeitet hat. Es ist ein schwieriges stück gewesen und sogar das zusammenstellen des manuskripts aus 20 pfund

Elisabeth Hauptmann, Verfasserin der Geschichte Er soll dein Herr sein
Foto: Carl Koch (Uhu, März 1929)

papier war schwerarbeit; ich benötigte dazu 2 tage, $^{1}/_{2}$ flasche kognak, 4 flaschen selters, 8–10 zigarren und alle geduld und es war das einzige, was ich allein gemacht habe. brecht.[36]

Dieses einzigartige Dokument hat alle Exilstationen und Kofferverluste unbeschadet überstanden. Man blättert darin ganz gerührt.

Aus Briefen der Zeit wird viel deutlicher als aus ihren späteren Selbstaussagen, wie energisch Elisabeth Hauptmann parallel zur Mitarbeit ihre eigenen literarischen Pläne, auch unter Mithilfe von Brecht, vorantrieb. «Worüber ich mich aufrichtig freue», schreibt ihr der befreundete Dramaturg Hannes Küpper aus Essen, «ist Ihre Intensität, um jeden Preis vom Fleck zu kommen.»[37] Sie übersetzt eine englische Dramenfassung von Leo Perutz' Roman *Der Marques de Bolibar* und bietet sie Hannes Küpper an:

Für sprachliche Veränderungen habe ich Brecht immer hinter mir, der mir auch die Titel für die einzelnen Bilder machen kann, was ich aber auch allein könnte. [...] Sie würden mir wirklich einen ganz großen Gefallen tun mit der Erledigung der Sache, ich klemme mich selbst mit aller Wucht dahinter, weil ich mit 25 % an der Autorentantieme beteiligt bin und gerade jetzt besonderen Grund habe, größere Gelder zu machen. [...] Ich habe noch eine ganz wichtige Theatersache (Stück) in Aussicht, wenn das was wird, bin ich für die nächsten drei Jahre vollkommen sichergestellt. Es wäre wunderbar; wenn es was wird, schreibe ich Ihnen, was es ist.[38]

Ja, «es wird»! Und es wird der größte Theatererfolg der Weimarer Republik: Die *Dreigroschenoper*. «Nein, die Dreigroschenoper wäre sicher nicht gekommen ohne mich», bekennt sie ohne jede Affektiertheit den Gesprächspartnern beim Filmen. Ihr war 1926 in englischen Zeitungen ein Dauertheaterrenner in London aufgefallen, ein Stück aus dem frühen 18. Jahrhundert: *The Beggar's Opera* von John Gay. Sie macht sich sofort ans Übersetzen, und als Ernst Josef Aufricht im Frühjahr 1928 zur Eröffnung seines neuen Theaters am Schiffbauerdamm ein erfolgversprechendes Stück sucht, ist er von den ersten Szenen angetan und ‹bestellt› das Stück. «Ich mußte damals durch Auswahl bestimmter Szenen oder Situationen Brecht geradezu in die Arbeit an diesem Stück hineinlocken», schreibt sie lange nach Brechts Tod an Peter Suhrkamp, als sie sich bei den Tantiemenanteilen von den Erben benachteiligt fühlt.[39]

In den Sommermonaten dichten und komponieren Brecht und Weill in Südfrankreich Tag und Nacht. Am 31. August 1928 hat *Die Dreigroschenoper. Ein Stück [...] nach dem Englischen des John Gay* sensationelle Premiere, schon deshalb sensationell, weil die letzten Proben nach einer kommenden Katastrophe aussahen. Der Theaterzettel nennt am Ende als Urheber: «Übersetzung: Elisabeth Hauptmann. Bearbeitung: Brecht. Musik: Kurt Weill. Regie: Erich Engel. Bühnenbild: Caspar Neher.»

Schon im April 1928 war mit dem Bühnenvertrieb Bloch Erben die Tantiemenverteilung vertraglich festgelegt worden: zweiundsechzigeinhalb Prozent für Brecht, fünfundzwanzig Prozent für Kurt Weill, zwölfeinhalb Prozent für Elisabeth Hauptmann. Trotz eines zunächst geteilten Kritikerechos, vor allem Verrissen von rechts, ist der Erfolg ungeheuer. In Berlin und nicht nur dort bricht das Dreigroschenfieber aus. «Am Ende der Spielzeit 1928/29 meldet die Universal-Edition insgesamt 4200 Aufführungen im ersten Jahr nach der Uraufführung.»[40] Elf Schallplattenfirmen bringen bis 1931 einundzwanzig Platten mit *Dreigroschenoper*-Musik heraus. Unmittelbar darauf folgt der Dreigroschen-Wohlstand. Lotte Lenya und Kurt Weill ziehen in eine stattliche Wohnung um, kaufen sich wie Brecht ein Auto. Auch Elisabeth Hauptmann hat endlich keine Geldsorgen.

Einmal im Song-Rausch – denn die Musik ist es, die vor allem für die breite Popularität sorgt –, versucht man es gleich noch einmal:

Liebe Bess,
heute fiel mir ein, ob Sie nicht Lust haben, sich an dem Massarygeschäft zu beteiligen? [Der Operettenstar Fritzy Massary hatte an Weihnachten 1927 mit der Revueoperette *Madame Pompadour* im Großen Schauspielhaus in Berlin wieder einmal einen riesigen und noch lang anhaltenden Erfolg gefeiert.] Ich würde Ihnen eine Fabel geben usw. und Sie würden ein kleines Stück draus zimmern, ganz locker und schlampig meinet-

wegen auch fetzchenweise! Eine teils rührende, teils lustige Sache für etwa 10 000 Mark! Sie müßten es zeichnen, aber das würde Ihnennatürlich kolossal nützen. Denn die Sache könnte ganz anständig werden durch einfache Offenheit und eine Art rührende Bescheidenheit!!
Fabel ungefähr so:
Milieu: Heilsarmee und Verbrecherkeller
Inhalt: Kampf des Bösen mit dem Guten
Pointe: Das Gute siegt.»[41]

Anschließend skizziert Brecht einige Szenen.

Am 16. April 1929, sechs Tage nach Brechts Hochzeit mit Helene Weigel, legt Elisabeth Hauptmann Brecht die Vertragsbedingungen für das neue Gemeinschaftsprojekt vor, am 2. Mai bestätigt Brecht: Das von ihr geschriebene Stück wird unter dem Autoren-Pseudonym Dorothy Lane erscheinen. Brecht verpflichtet sich, die Songtexte zu schreiben, die er auch gesondert vom Stück verwenden darf. Am 8. Mai 1929 ist alles bis ins Kleinste ausgehandelt:

> An Bert Brecht, Charlottenburg, Hardenbergstrasse 1a
> Hierdurch verpflichte ich mich, Herrn Brecht seinen Anteil an dem Stück *Happy End* (Verlag Felix Bloch Erben, Berlin), welcher ein Drittel der Autoreneinnahmen beträgt, gleich nach Erhalt der an mich überwiesenen zwei Drittel zu überweisen, Herr Brecht kann jederzeit auf seinen Wunsch seinen Anteil direkt überwiesen bekommen.
> Berlin W 50, Spichernstr. 16, Elisabeth Hauptmann[42]

Elisabeth Hauptmann hat im Alter die Ansicht heftig zurückgewiesen, wonach man das *Happy End*-Unternehmen in der Hoffnung auf die Wiederholung des kommerziellen Erfolgs der *Dreigroschenoper* betrieben, einen Operetten-Bestseller à la Fritzi Massary geplant habe. Aber was wäre daran ehrenrührig? Und dass Elisabeth Hauptmann hinter ihren Tantiemen her war, her sein musste, war ihr gutes Recht und übrigens bittere Notwendigkeit.

Mit Häme kolportiert Kurt Weill an Lotte Lenya Hauptmanns Spitznamen in Berlin, die «Tantiemensadie und wenn sie in ein Theater käme, so rufen die Dramaturgen: ‹Schnell die Stücke weg, die

Hauptmann kommt zum Bearbeiten›.»[43] Aber Weill hatte gut lästern, Lotte musste nicht um Gagen und Ruhm kämpfen.

Mit *Happy End* gehen zwei Stoffe eine Symbiose ein. Im ersten, dem Heilsarmeestoff, ist Elisabeth Hauptmann schon erprobt. Im Aprilheft des *Uhu* 1928 war *Bessie soundso. Eine Geschichte von der Heilsarmee*, erschienen, mit Zeichnungen von Ottomar Starke und dem Foto von Elisabeth Hauptmann als Heilsarmeemädchen – eine Geschichte, «die nicht sehr lustig ist»[44]. Sie erzählt von den Soldaten Christi, Frauen und Männern, die Abend für Abend «mit Musikinstrumenten, Kochgeschirr und Bibel» singend und predigend durch Straßen und Kaschemmen ziehen und Seelen ‹retten›, am besten in den übelsten Gegenden, in den Burgen des Satans, wo es eben am meisten zu retten gibt. Wenn es harmlos zugeht, gibt es Hohn und Spott für die «Heilshunde», aber auch mal einen unsanften Rauswurf und Prügel.

Die Geschichte, die Elisabeth Hauptmann hier erzählt bzw. einen ehemaligen Heilsarmisten erzählen lässt, nimmt eine ganz andere Wendung. Je mehr gegrölt wird, umso ungebremster läuft Brown, ein unscheinbarer Neuer unter dem Rettertrüppchen, zu rhetorischer Hochform auf. Er prophezeit ein ungeheures Strafgericht, «kein Stein würde auf dem anderen bleiben, die Schiffe würden zerbrechen und sie selbst in Feuer und Flut umkommen, und der Arm des Herrn sei schon ausgereckt, und niemand könne ihn mehr wenden».[45] Am nächsten Morgen beginnt die Erde zu schlingern und zu grollen, denn es war der 18. April 1906 und der Ort San Francisco, und was denn anderes sollte dieses Erdbeben sein als das angekündigte Strafgericht. Die fliehenden Menschen hören hingerissen Browns donnernder Bußpredigt zu, fallen in den Choral ein, vergessen ihre Rettung und verstopfen die Fluchtwege aller, bis Bessie, die Mitstreiterin, wie hieß sie doch, Bessie soundso, totenbleich brüllt: «Stop that nonsense! – Laßt den Unsinn! […] Verlaßt die Stadt! […] einige Burschen, deren Verstand noch nicht ganz weggesungen war»,[46] bahnten der Menge einen Weg hinaus. So rettete Bessie nicht die Tugend und die Seelen, aber Leben. «Das ist ungefähr das, was ich Ihnen über Religiosität sagen wollte»,[47] schließt der Berichterstatter. Eine durchaus nicht ironische, eher plakativ-

Elisabeth Hauptmann als «Bessie soundso». Foto: Carl Koch (Uhu, April 1928)

drastische Botschaft über die Droge Religion und die Verführbarkeit der Massen.

In *Happy End* treffen die Heilsarmisten auf die «Matadore des Verbrechens», der Oberganove Bill Cracker auf den «kleinen Leutnant des lieben Gottes», die Halleluja-Lilian. Die Fusion geht so weit, dass Bill bei Lilians Lied eine Träne der Rührung zerdrücken muss und der tapfere kleine Leutnant Lilian in der Ganovenhöhle Bills Ballhaus nach drei Whiskys den Matrosensong singt und auf «wissen» «beschissen» reimt. Das Operetten-Rührstück ist natürlich Parodie. Mit dem Laster lassen sich vortrefflich Geschäfte machen (sagen sich die Seelenretter), und das lebensgefährliche Ganovenleben ist gar nicht nötig, man muss nur die richtigen Partner wählen, dann kommt man ganz legal ins Geschäft, denn: Kapitalisten sind sie alle. Nach der Uraufführung charakterisiert Bernhard Diebold haargenau die Stillage des Stücks: «Der unerhörte Schmiß der Darstellung und die raffinierte Methode, mit eminenter Bühnenkunst und Phantasie zum *gewollten* Kitsch und zur *vollendeten* Schmiere zu gelangen – das ist die Leistung. Ungeheuerlich viel Talent dient hier auf exaltierten Umwegen der allerpopulärsten Wirkung. Mit feinster Berechnung der snobistischen Oppositionsgefühle gegen das Bildungstheater wird hier ‹Naivität› aus zehnter Hand geboten, und von den Überbildeten im Zuschauerraum mit listigem Augenblinzeln akzeptiert. Die Untergebildeten aber danken aus echter Primitivität für dieses ausgeklügelte Gulasch.»[48] Als aber im letzten Bild der Kapitän der Verbrecherbande – das ist bei Elisabeth Hauptmann natürlich eine Frau – die Ganovenchefin, die «Dame in Grau, genannt die Fliege», gespielt von Helene Weigel, großartig deklamiert: «Was ist ein Dietrich gegen eine Aktie, was ist ein Einbruch in eine Bank gegen die Gründung einer Bank», da war die Parodie aus der Rolle gefallen. Diese Sentenz kennen wir aus der *Dreigroschenoper*, aber sie hat hier in Elisabeth Hauptmanns Stück ihren Ursprung und ist erst in die späteren *Dreigroschenoper*-Ausgaben eingegangen.

Publikum und Presse verübelten bei der Uraufführung am 31. August 1929 am Schiffbauerdammtheater in Berlin solch politische Frontalbelehrung. Trotz der Starbesetzung mit Carola Neher als Lilian, Helene Weigel als Dame in Grau, mit Oskar Homolka, Peter Lorre, Kurt Gerron und Theo Lingen, und trotz der eingängigen Songs von Kurt Weill, hatte das Stück keinen Erfolg. Die Songs wurden dennoch alsbald auf Schallplatten aufgenommen und in Berlins Straßen gepfiffen. Um die Autorschaft dieses Stücks wurde schon unter den Zeitgenossen und später in der Brecht-Forschung gerätselt. Damals wollte vom Team in Brechts Dichtfabrik niemand als Autor zeichnen, also setzte man die Neugierigen auf eine falsche Fährte, erfand eine amerikanische Magazingeschichte als Vorlage mit der Autorin Dorothy Lane und als Übersetzerin Elisabeth Hauptmann. Für die Songs zeichneten Brecht und Weill. Die Anteile sind ununterscheidbar ineinander verschmolzen. Nach dem Misserfolg wollte es anscheinend keiner gewesen sein, Brecht nicht, Hauptmann nicht. «Er wollte das absolut fixiert sehen», beteuert Elisabeth Hauptmann 1972, «daß es nicht von ihm war, daß er nur seine Hand irgendwie im Spiele hatte.» Das war aber nicht sehr fein, meinten die Interviewpartner, und sie kann dem nur zustimmen. Und noch 1965, als die Oper ein beachtliches Comeback feiert, erklärt sie unmissverständlich: «Nach 36 Jahren ‹Dorothy Lane› möchte ich meinen Namen nicht genannt haben, unter keinen Umständen; Ehrgeize muss man in jüngeren Jahren befriedigen.»[49]

Und da es zu Brechts Produktionsstil gehörte, an mehreren Projekten gleichzeitig zu arbeiten, immer wieder um- und umzubauen, Songs, Textpassagen als Versatzstücke, als literarisches Rohmaterial zu behandeln, hier etwas herauszunehmen, in ein anderes Stück einzumontieren, gleichgültig, wem es zuerst eingefallen war, gilt diese Beschreibung der gemeinsamen Stückeproduktion für alle Schauspiele, Opern und Lehrstücke dieser Jahre, für *Aufstieg und Fall der Stadt Mahagonny* und *Die heilige Johanna der Schlachthöfe*. Es gilt gleichermaßen für den Ernst an der Arbeit wie für den Spaß: «Brecht steckt mit Fleiß und Erfolg in Mahagonny und Fatzer», so lautet Elisabeth Hauptmanns Stimmungsbericht an Hannes Küpper, der aus der Berliner Brecht-Werkstatt nach Essen abgewandert ist, «Mahagonny ist bis zum dritten Akt fertig, Weill hockt fast zweimal täglich hier und wir lachen im Voraus schon eben so viel als wir arbeiten. Es ist vielleicht, wie Brecht der Pessimist meint, das einzige Lachen, das jemals bei diesem Stück ertönt, so finster und großartig wird es.»[50] Am großartigsten wird hier allerdings der lautstarke Skandal bei der Leipziger Uraufführung im März 1930. Übrigens: Der Text des Alabama-Songs («Oh! Moon of Alabama / We now must say good-bye») stammt von Elisabeth Hauptmann.

Mit den Jahren und besonders, seit Brecht mit Helene Weigel verheiratet ist, intensiviert Elisabeth Hauptmann die Zusammenarbeit mit Emil Hesse-Burri. Die beiden schreiben nun vor allem fürs Radio, es entstehen Co-Produktionen und eigene Hauptmann-Sendungen, «Funkbearbeitungen nach Conan Doyle, Edgar Allan Poe, über den Dichter Jakob Michael Reinhold Lenz, über die Geschichte des Automobils, des Flugzeugs usw., die Anfang der dreißiger Jahre gesendet wurden».[51] Sie macht Lesungen eigener Arbeiten und schlägt dem Rundfunk auch Lesungen von Brecht-Texten vor.

An Küpper schreibt sie: «Ich habe keine Rundfunkambitionen, aber es ist etwas billiges Geld, das ich, wo ich es kriegen kann, gern mitnehmen möchte. So was, wie die Gedenktafel [Brechts Gedicht *Gedenktafel für zwölf Weltmeister*] kann ich natürlich auch leicht lesen, da ich mir extra für den Rundfunk eine, sagen wir, gedeckte Trompetenstimme (leise aber) angewöhnt habe (im täglichen Leben nicht im Gebrauch).»[52]

Nicht nur Elisabeth Hauptmann, auch die Heldin ihrer *Uhu*-Geschichte (im Januarheft 1931) ist – so lautet deren Titel – *Auf der Suche nach Nebeneinnahmen.* «Eine Geschichte von heute» heißt die Erzählung im Untertitel. Heute – das ist Wirtschaftskrise und Arbeitslosigkeit –, da suchen die Menschen in der Not, «was an einem verkaufbar wäre, der Kopf oder die Beine, ihre Jugend oder ihr Alter, ihre Nachtstunden oder ihr Sommer».[53] Anna Menken, vierundzwanzig Jahre alt, bietet dem Fotografen erst ihr Gesicht, aber der will mehr und mehr und schmeichelt ihr und legt sie herein, und sie lässt sich hereinlegen. Das Ende ist Scham und Enttäuschung und die Einsicht, dass die Lage der Menschen nicht verbesserbar ist. Illustriert ist die Geschichte übrigens mit Szenenfotos der damals hoch gefragten Modefotografin Yva. Und 1932 erscheint in Wieland Herzfeldes Prosaanthologie *Dreißig neue Erzähler des neuen Deutschland* Elisabeth Hauptmanns Geschichte *Gastfeindschaft* neben Texten von Hans Marchwitza, F. C. Weiskopf, Erich Kästner, Oskar Maria Graf, Ernst Glaeser und Theodor Plivier. Noch im selben Jahr druckt *Die Weltbühne* mit dem Hinweis auf die Anthologie ihre Geschichte nach, mit dem Vorspann: «Die nachfolgende Geschichte gibt ein gutes Beispiel für den harten Klang revolutionären Erzählens im Gegensatz zur bürgerlichen Arme-Leute-Kunst.»[54] Die Kurzgeschichten-Schreibschule bei Brecht trägt Früchte.

Um das Jahr 1929 mischt sich in den Spaß bei *Happy End* und *Mahagonny* zunehmend Ernst in die gemeinsame Arbeit. Die politischen Lager in der Gesellschaft, in der Kultur und in der Presse driften scharf auseinander. Bei KPD-Demonstrationen zum 1. Mai kommen in Berlin neunundzwanzig Menschen, darunter auch Passanten, durch Polizeischüsse ums Leben. Am Freitag, dem 25. Oktober 1929, beginnt mit dem Kurssturz an der Börse in New York eine Wirtschaftsnotzeit, die alle Lebensbereiche erfasst. Was Elisabeth Hauptmann schon 1926 über Brecht in ihr Arbeitstagebuch notiert hatte – «[...] ich stecke acht Fuß tief im Kapital»[55] –, zeigt Wirkung: als Wendung zum Marxismus. Aber nicht Brecht, sondern Elisabeth Hauptmann tritt in die KPD ein. In der Dichtwerkstatt weicht das Amüsement dem politischen Ernst, zu sehen an der Arbeit an der *Heiligen Johanna der Schlachthöfe*. Das Stück ist durchzogen von den vertrauten Handlungselementen des Heilsarmeestoffs. Sie gehen ein in eine scharfe Ökonomiekritik am Kapitalismus. Damit ändert sich auch grundlegend die Dramaturgie.

Die Parteiarbeit ist im Kern immer pädagogisch, und da bieten sich die Bühne und als Gattung das Lehrstück geradezu an. Und wieder ist es Elisabeth Hauptmann, deren Entdeckungstalent auf dem ausländischen Buchmarkt auf das Passende stößt: Sie lernt in einer englischen Übersetzung von Arthur Waley japanische No-Stücke kennen, die ihre Blütezeit vom 15. bis zum 17. Jahrhundert erlebten, kurze Melodramen, sparsam im Wort, schlicht in der Gebärdensprache, auf Bühnendekoration fast ganz verzichtend. Ihre Botschaft erreicht die Zuschauer ohne Umwege und Ablenkungen. Der Charakter dieser Spiele ist wie zugeschnitten auf Brechts neues Theater, das er gerade entwickelt, auf eine epische Spielweise und – mit ihr verbunden – eine didaktische Absicht. Nicht die Helden auf der Bühne müssen sich entwickeln, müssen zu ‹besseren› Einsichten kommen, vielmehr sollen die Zuschauer an den gezeigten Vorgängen auf der Bühne etwas begreifen. Eines dieser Spiele, *Taniko oder Der Wurf ins Tal*, erscheint in Hauptmanns Übersetzung in Küppers Essener Theaterzeitschrift *Der Scheinwerfer* im Dezember 1929.

Brecht übernimmt Hauptmanns Wortlaut fast durchgehend. Er ändert nur, wo er den japanischen religiös-metaphysischen Hintergrund säkularisiert, aus dem Tempel die Stadt, aus einer Pilgerreise eine Forschungsreise, aus «beten» «heilen» macht: und fertig ist – mit Weills Komposition – die Schuloper *Der Jasager* von Bertolt Brecht! Nein, diese Oper ist zum überwiegenden Teil Hauptmanns Werk. Die Aufführung durch ausgewählte Berliner Schüler im Rahmen einer Veranstaltung der Musikabteilung des Zentralinstituts für Erziehung und Unterricht am 23. Juni 1930 und die Wiederholung in der Berliner Krolloper im Dezember 1930 waren große Erfolge und fanden ungewöhnlich viele Nachahmungen an allen großen Konzertplätzen in Europa und Amerika. Von Elisabeth Hauptmanns Textvorlage ist da freilich nicht mehr die Rede. Die letzte gemeinsame Arbeit vor der Zerstörung der

Elisabeth Hauptmann, München, Sommer 1929

Arbeitsgemeinschaft mit Brecht 1933, das Lehrstück *Die Ausnahme und die Regel*, basiert ebenfalls auf der Übersetzung einer französischen Vorlage von Elisabeth Hauptmann, der sie den Titel *Die beiden Mantelhälften* gibt. Das Stück kann nicht mehr in Deutschland veröffentlicht werden.

Bislang war nur von der Mitarbeiterin, der Organisatorin, der Autorin Elisabeth Hauptmann die Rede. Was aber ist in all diesen Jahren mit der Frau gewesen? Elisabeth Hauptmann ist eine höchst diskrete, ja verschwiegene Informantin. Wenn sie nicht schon die Diskretion in ihrer Natur mitgebracht hätte, sie hätte spätestens bei Brecht die Lektion gelernt. Seine spitze Bemerkung nach einer «persönlichen Auseinandersetzung» hat sie nicht überhört: «Es scheint in dieser Stadt noch schrecklich viele Menschen mit Privatangelegenheiten zu geben.»[56] Als Hannes Küppers sie um einen kleinen Beitrag über Brecht für seine Bühnenzeitschrift *Der Scheinwerfer* bat, da muss sie ihrem druckfertigen Beitrag ein paar erklärende Worte hinzufügen: «Brecht wollte keine privaten Äußerungen über unsere Arbeit durchlassen, so mußte ich glatt in aller Eile einen wichtigen Punkt aus B.s Arbeitsprozeß angeben, der sicher nicht so reizvoll ist wie B.s Angewohnheiten beim Schreiben. (Er sagt, für jemand der ‹mitarbeitet›, seien solche ‹Schmonzes› nicht gestattet!)»[57]

Wir wissen kaum etwas über den Charakter ihres privaten Verhältnisses zu Brecht. Elisabeth Hauptmann, Übersetzerin, Bert Brecht, Schriftsteller: Im Berliner Adressbuch von 1929 stehen sie unter derselben Telefonnummer.[58] Sie ist von sehr früh bis in die Nacht verfügbar. 1926 fährt man zusammen nach Wien, er nimmt seine ‹Sekretärin› mit nach Augsburg in die Bleichstraße 2, im Frühsommer 1931 reist sie mit dem Dichter-Tross nach Le Lavandou in Südfrankreich. Man ist zusammen auf den Theaterproben, besucht gemeinsam die Premieren, geht zusammen ins Kino. Gelegentliche Bemerkungen lassen darauf schließen, dass sie Helene Weigels Revier strikt respektiert, Grenzüberschreitungen tunlichst vermieden hat. Keine biographische Skizze über Elisabeth Hauptmann lässt als zentralstes und schmerzhaftestes Ereignis den Schock aus, den die Heirat Brechts und Weigels bei Hauptmann verursacht hätte; er sei so heftig gewesen, dass er ihren Lebenswillen zerstört habe. In allen Darstellungen heißt es stereotyp: «Sie machte einen Selbstmordversuch», Genaueres steht nirgends. Sie selbst hat sich darüber nicht geäußert. Eine Skizze aus dem Nachlass, der die Herausgeber den Titel *Gedanken am Sonntagmorgen* gegeben haben und die sie um 1951 datieren, beschreibt die tief depressive Stimmung einer Frau an einem wiederum einsamen Sonntag und evoziert die Erinnerung an eine ähnliche, lange zurückliegende Situation, in der sie es «nicht mehr ertragen» hat. «Und dann war der Arzt gekommen, und in drei Tagen war sie wieder beieinander.»[59] Wäre das der einzige versteckte Hinweis auf die Verzweiflungstat im April 1929? Die Quelle scheint ein wenig dürftig. Eine Woche nach Brechts Hochzeit verhandelt sie mit ihm wegen der *Happy End*-Tantiemen, schriftlich, geschäftlich. Die gemeinsame Arbeit geht ihren Gang. Große Projekte hat Brecht ihr neben der Arbeit an neuen Stücken anvertraut: die Herausgabe der *Versuche* und später die angesichts der Jugend des Dichters etwas verwegen anmutende Planung einer Ausgabe der *Gesammelten Werke*.

Mit der gemeinsamen Arbeit an *Die heilige Johanna der Schlachthöfe* rücken Elisabeth Hauptmann und Emil Hesse-Burri enger zusammen, Brecht nennt sie zusammen mit Hermann Borchardt als Mitarbeiter des Stücks. Im Februar 1930 berichtet Kurt Weill, der mit seiner Frau Lotte Lenya wieder lustvoll Klatsch austauscht, ihr nach St. Moritz: «Gestern abend war ich mit Hesse [Burri] und der Hauptmann verabredet, die zur Abwechslung wieder einmal ganz eng liiert sind.»[60] Im Frühjahr 1931 wohnen sie zusammen in Le Lavandou, in einer Privatpension, Brecht und das Ehepaar Weill/Lenya in einem anderen Hotel. Sie ist in diesen Jahren offensichtlich mehrere Verbindungen eingegangen, hat Wärme gesucht und nicht viel Glück gehabt.

Die knapp zwölf Monate dauernde Ehe (von März 1931 bis März 1932) mit einem Friedrich Wilhelm Kurt Hacke bleibt ein blinder Fleck in ihrer Lebensgeschichte, der Mann eine unbeschriebene Gestalt. Eine Zeit lang lebt sie mit einer Journalistin, mit Bianca Minotti zusammen, aber sie gehen getrennt ins Exil. Ganz entscheidend hat sich für Elisabeth Hauptmann das Gleichgewicht des Arbeitsteams verändert durch das Auftauchen von Margarete Steffin im Winter 1931/32.

Dass Elisabeth Hauptmann bei diesem über acht Jahre dauernden Geben und Nehmen zu kurz gekommen ist, was Wärme, Herzlichkeit oder ersehnte Liebe angeht, das bricht aus ihr heraus in der tiefsten Krise ihrer Beziehung.

Aber bis es dahin kommen konnte, mussten erst die Nationalsozialisten an die Macht gewählt werden, musste der Terror in Deutschland wüten, mussten die Brechts und mit ihnen die meisten Freunde aus Deutschland verjagt werden.

Elisabeth Hauptmann, als KPD-Mitglied selbst hoch gefährdet, bleibt zunächst zurück, um in Brechts Wohnung Bücher, Manuskripte, Korrespondenzen, Schallplatten, Filmmaterial sicherzustellen. Aber die Gestapo ist sofort hinter Brechts Sachen her, und trotz Elisabeth Hauptmanns Bemühungen fallen wichtige Materialien bei Hausdurchsuchungen der Polizei in die Hände. Lotte Lenya schreibt am 23. Juni 1933 aus Paris mal wieder Neuigkeiten an Kurt Weill und berichtet, «daß die Hauptmann aus der Wohnung von Brecht (dessen Auto, Manuskripte etc. sie alles beschlagnahmt haben) raus mußte, weil sie es nicht mehr aushielt vor lauter Hausdurchsuchungen. Brecht [...] soll angeblich furchtbar auf die Hauptmann schimpfen. Sie hätte nicht durchgehalten etc.»[61] Bereits im Frühsommer 1933 also (und nicht erst bei Hauptmanns Flucht im November, wie es in der Brecht-Forschung heißt)[62] kommt es zur schweren Krise, indem Brecht Elisabeth Hauptmann in einem offenbar wütenden Brief (der nicht erhalten ist) für den Verlust seiner Sachen verantwortlich macht. In tiefer Bitterkeit antwortet sie ihm (und kritzelt über den Textanfang «Ich schreibe Ihnen, weil ich am Telefon es laut schreie + es ist eine offene Tür»):

Lieber Brecht,
vielen Dank für Ihren Brief und für die Zeit, die er Ihnen genommen hat. Es ist z. Tl. einleuchtend, und manches verstehe ich nicht – und das mit dem ‹etwas Glück› überhaupt garnicht. Ausserdem ist er wie an einen Strafgefangenen.
Auf meine Frage haben Sie nicht geantwortet. Ich fragte ganz etwas anderes. Dass Sie dies gesagt haben, *glaube* ich Ihnen, dass Sie all das [...], alle diese fürchterlichen Details über den endgültigen Zusammenbruch unserer Beziehung, mit deren Endgültigkeit Sie ja schon lange [unleserlich] sollte ich nicht glauben. Heute habe ich leider noch mehr darüber erfahren.
Ich hatte einen langen Brief an sie fertig, ich habe ihn zerrissen. [Lücke] Lassen Sie uns diese Art von Beziehungen gänzlich abbrechen, Brecht. Sie

sind anscheinend glücklich. Auch ich, das glauben Sie mir, werde bei *gänzlicher* Trennung von Ihnen eine große selbstverständliche und sehr zärtliche Beziehung zu einem Menschen auch in der Arbeit, was ich mir wünsche, finden. Unsere Beziehung war etwas karg und unzärtlich und ungeschickt, aber es war die *größte* Arbeitsfreundschaft, die Sie je haben werden und die ich je haben werde. Ich werde wieder ein *gutes* Herz haben + vielleicht sehen wir uns dann später mal wieder. Ihre Bess Hauptmann.[63]

Zu Elisabeth Hauptmanns Freundeskreis zählt seit seiner Freundschaft mit Brecht 1929 auch Walter Benjamin. So ungleich man sich die beiden vorstellen muss, er scheint sie ganz besonders zu schätzen. Im Sommer 1932 hätte er beinahe seinem Leben ein Ende gesetzt, und in seinem letzten Willen verfügte er: «Der silbern sowjetrussische Dolch fällt an Elisabeth Hauptmann, Berlin-Charlottenburg, Berliner Str. 45.»[64] Ihm erzählt sie von den ersten Monaten in Nazideutschland, von ihrem Alltag, von den ‹gestorbenen›, das heißt angepassten Freunden, von ihrer Arbeit als Filmkritikerin.[65] Man plant – wie 1931 – einen gemeinsamen Aufenthalt in Südfrankreich. Aber nach dem Zerwürfnis mit Brecht glaubt sie sich auch von Benjamin zurückziehen zu müssen, ihre tiefe Verwundung braucht sie vor ihm nicht zu verstecken:

Lieber Doktor Benjamin,
diesen Brief schreibe ich wirklich mit Herzklopfen und nach langem Nachdenken.
Sie haben recht: ich halte nicht mehr viel aus. Sie werden deshalb bestimmt begreifen, wenn ich niemand mehr sehen will, auch Sie nicht. So ganz allein ist schrecklich, aber ich halte es nicht mehr aus, durch Sie sichtbar an alles erinnert zu werden. Ich wollte vor meiner Abreise über Paris, wegen Brecht, ich schrieb es Ihnen wohl auch, Br. behauptet, er habe, nun die Papiere verloren seien, nichts mehr, worüber wir reden könnten + das Weitere wissen Sie ja.
Sie waren so nett + freundschaftlich zu mir wie nur einer sein konnte. Sie wissen, dass es mir nicht gut geht + nicht gehen wird. Trotzdem bitte ich Sie, lassen Sie mich meine weiteren Entschlüsse *allein* fassen.
Alles Gute, bis später einmal.
Ihre alte + dankbare Elisabeth Hauptmann[66]

Bis kurz vor ihrer Flucht aus Deutschland ruht nun auch der Briefkontakt mit Benjamin.

Im November gerät Elisabeth Hauptmann wohl durch Denunziation in die Fänge der Gestapo, wird verhaftet und verhört. Sie kommt nach einigen Tagen frei, setzt sich umgehend nach Paris ab und sucht sogleich Benjamin auf. Am 7. Dezember 1933 unterrichtet dieser seinen Freund Gershom Scholem in äußerster Besorgnis vom Vorgefallenen, und nur im Mosaik solcher Puzzleteile, die meist auch noch verschlüsselt sind, können wir die Ereignisse lückenhaft zusammensetzen: «Könnte ich die Dinge ihrer wahren Gestalt nach vorbringen, so hätte ich auch gewiß nicht nötig, längern Schweigens wegen Dich um Entschuldigung zu bitten: Du würdest verstehen. So aber kann ich nur andeutend sprechen und sagen, daß jemand aus Brechts und meinem engsten Kreise in Berlin in die Hände der Staatspolizei geriet, durch eine Intervention, die wiederum von unserm Kreise ausging, frei-, sodann hierherkam und über Gefahren, die den wenigen uns noch Nahestehenden drohten uns unterrichtete.»[67]

In der Einsamkeit der wenigen Pariser Exilwochen um die Jahreswende 1933/34 tut die Nähe zu Benjamin wohl, aber im Exil ist nichts von Dauer. Elisabeth Hauptmann reist Mitte Januar 1934 weiter in die USA. Ihre erste Station ist New York, wo sie bei Brechts Verwandten unterkommen kann. Mittlerweile hatte sich die Beziehung zu Brecht wieder entspannt, jedenfalls schreibt sie sofort nach Svendborg und macht ihm die USA schmackhaft: «[…] es würde Ihnen kolossal gefallen, es würde alles sehr leicht und angenehm für sie sein. Wenn sie hier draussen bei Ihren Verwandten wohnen, ist es wie in Augsburg.» Aus dem Nachsatz ahnt man die tapfer versteckte Enttäuschung: «Ich dachte immer, ich würde mehr von Ihnen hören.»[68]

Neben den Briefen an Brecht (voll hektischer Betriebsamkeit, die sie für sein Werk sofort aufnimmt, für Übersetzungsmöglichkeiten des *Dreigroschenromans*, für das neue Stück, das zunächst noch *Die Spitzköpfe und die Rundköpfe* hieß, voller Einfälle Hauptmanns steckt und nun ohne ihre Mitsprache beendet wurde) sind es vor allem ihre neunzehn erhaltenen Briefe an Walter Benjamin aus den Jahren 1933–1935, die Einblicke in ihr Inneres zulassen und die Zusammenarbeit mit Brecht, allerdings in einer krisenhaften Lebenssituation, reflektieren: «Sie sind der Platz, wenn man das von einem Menschen sagen kann», schreibt sie Benjamin Ostern 1934, «an den ich meine jetzt sehr seltenen Briefe richten moechte, und ich moechte, daß Sie mir wieder schreiben. Vergessen Sie es nicht. Herzlichst Ihre Florie.»[69] Sie berichtet Benjamin nach Paris von ihren ersten Eindrücken in den USA bei ihren Verwandten in St. Louis, von ihren Anstrengungen, dort oder in New York beruflich – und das soll heißen schriftstellerisch – Fuß zu fassen.

Zu Anfang noch voll munterer Zuversicht, nimmt sie Kontakt auf zu Redaktionen, erwägt, einen eigenen Band Erzählungen herauszubringen und eine Prosaanthologie zusammenzustellen, bittet Benjamin um alle möglichen Materialien, kleine dokumentarische Texte, Situationsberichte aus Deutschland, Witze.

Aber sie überschätzt die linke Szene (und selbst Brecht ist in den USA so gut wie unbekannt), vor allem macht sie die bittere Erfahrung, dass sie eine No-Name-Autorin ist: «Die Leute wollen was sehen, man kann ihnen ja viel von mir *erzaehlen*. Natuerlich ist es kolossal, dass Novellen von mir bereits in Deutschland gedruckt wurden, aber man kennt mich leider hier nicht, wenn was dran waere, haette es doch in den Zeitungen gestanden wie bei Feuchtwanger, Ludwig, Zweig, Mann usw.»[70]

Der Kontakt nach Dänemark zu den Brechts läuft enttäuschend:

[…] ich hörte auf verschiedene Briefe, in denen ich ihm über seine Möglichkeiten hier schrieb + ihn um Hilfe bei der Beschaffung v. Material (seines) bat, nichts. […] Mir tut es leid, dass ich keinerlei Auskünfte bekommen konnte, es bricht damit auch die letzte Chance für mich zusammen, etwas mit den Jahren unserer Zusammenarbeit insofern etwas anzufangen, als mein Name fast unter allem steht + und das als Ausweis dienen kann. […] Aber wie schwer es ist ohne was zum Zeigen dabei zu haben + auf nichts zurückgreifen zu können, können Sie sich denken.[71]

Jetzt rächt es sich, dass ihr Autorinnenname im Werk Brechts aufgegangen ist. Das vorherrschende Gefühl ist aber wohl doch die Kränkung, bei der Arbeit an Brechts Werk in Dänemark nicht benötigt, nicht gerufen und um den Lohn der Arbeit gebracht zu werden, den sie so dringend nötig hat. Ziemlich deutlich schreibt sie an Brecht, dass sie bei Aufführungen von *Die Rundköpfe und die Spitzköpfe* mit dem «Dreigroschensatz» beteiligt werden möchte. Und an Benjamin: «Ich haette gern dabei mitgesprochen gehabt [...]. Es ist vieles dazu zu sagen, aber ich verkneife es mir, sowohl das Positive als das Negative.»[72] Margarete Steffin ist an ihre Stelle getreten.

Zwischen vergnüglichen Beobachtungen aus der amerikanischen Provinz, zwischen energischer Betriebsamkeit klingen Ratlosigkeit und der Schmerz über das Verlorene. Dann findet sie eine bemerkenswerte Erklärung für ihre Depressionen, die jetzt gerade im Abklingen sind:

> Zuerst fuehlte ich mich immer noch fuer vieles verantwortlich. Jetzt las ich [...], dass man, so lange man sich verantwortlich fuehlt, krank ist. Und so lange Sie krank sind, fuehlen Sie sich immer zu allen moeglichen Sachen verpflichtet. Wenn ich noch mal ganz stabil werden koennte, waere es fuer mich ein großer Spass hier, selbst bei der uebergrossen Konkurrenz und dem ganz anderen Training der Amerikanerinnen. Ich schreibe Ihnen dies, damit Sie mich drueben nicht ganz als schon im Grabe Liegende betrachten. Es ist bei mir eine reine Gesundheitssache und in dem Augenblick, wo ich wieder so stabil und unentwegt sein kann wie zu der Zeit, als ich nach Berlin kam, ist alles gewonnen.[73]

Das hieße ja: zehn Jahre zuvor, vor der Brecht-Zeit, und bedeutete die bittere Einsicht, ein Jahrzehnt lang das Falsche getan, das falsche Leben geführt zu haben. Im letzten erhaltenen Brief an Walter Benjamin – Elisabeth Hauptmann unterrichtet inzwischen als Aushilfsdozentin Deutsch an einem College – spricht sie über das Ausmaß der Entfremdung zu ihrer früheren Lebenswelt:

> Mein Gott, jetzt liegen schon Monate und fast Jahre zwischen jetzt und der Zeit, da ich Sie alle zuletzt sah. Ich weiss, dass, wenn nicht durch

irgendwelche gluecklicheren Umstaende mein Schiff sich nicht bald wieder nach Europa wendet, ich dieses Land aus der Sicht verliere; schon jetzt geht mir das Gestruepp bis ueber die Augen und selbst manchmal, wenn ich gezwungen bin, [...] den Namen Brecht zu erwaehnen, ist es mir, als waere es ein Schwindel, dass ich mal jahrelang bis 18 Stunden taeglich mit ihm zusammen war, und mir entsinken die Worte, weil ich die Leute nicht beschwindeln moechte. Man fragte mich nach der *Maßnahme*[74] und ploetzlich fiel mir in einer mir fremden Wohnung Augsburg ein, wo wir die japanische No-form transponierten, die ersten Szenen vollbefriedigt an Ihering nach Berlin schickten zum Abdruck [...] – ich habe eine Geschichte erfunden, dass ich fuer eine Zeitung die Sache haette bearbeiten muessen.[75]

Auf Anfrage in Dänemark nach ihrem Hausrat, ihren Kleidern und Manuskripten, die sie bei den Kisten mit den Brecht-Sachen vermutet, erhält sie von Brecht sachliche Auskunft und die Mahnung: «Wollen Sie nicht versuchen, nicht so kalt und böse zu schreiben? Aber natürlich, wenn Sie nicht anders können, macht es nichts. Ihr alter b».[76] Doch muss man fragen, ob es denn wirklich «kalt und böse» klingt, wenn sie in ihrem vierzehnseitigen Weihnachtsbrief vom Dezember 1934 nach Skovsbostrand, wo sie so gerne mit bei der Arbeit säße, schreibt:

Lieber Brecht [...] Ich wünsche Ihnen alles alles Gute für 1935 Herzlichst Ihre Bess
Schreiben Sie doch mal, man ist hier nämlich wirklich sehr allein.[77]

Im Sommer 1935 schließt das College in St. Louis für längere Zeit. Elisabeth Hauptmann sieht in der Aussicht auf eine Lehrerstelle in der Sowjetunion fürs kommende Jahr eine große Chance für sich, den Verwandten und den USA zu entkommen und dem politischen Anliegen dienen zu können. Brecht stellt ihr das eingangs zitierte Empfehlungsschreiben aus. Allerdings wird sich diese geplante Lehrtätigkeit in Minsk zerschlagen, die Partei beginnt ihr mörderisches Säuberungsgeschäft.
Aber Mitte Oktober kommt Brecht zum ersten Mal nach New York,

um in der linken Theatre Union mit Hanns Eisler eine Aufführung der *Mutter* vorzubereiten. Margarete Steffin hat den Geliebten mit einem wehmütigen Gedicht verabschiedet, in New York ist nach wenigen Tagen die treue Mitarbeiterin Elisabeth Hauptmann zur Stelle und hilft bei den Proben mit. Auch das folgt einem immer wiederkehrenden Muster in Brechts Exiljahren: Wohin es ihn auch verschlägt, nach Carona oder Paris, nach Moskau oder Kopenhagen, nach New York oder Santa Monica, er wird von einer Frau erwartet, betreut, geliebt: die Frau als die Heimat im fremden, unwirtlichen Exil, eine Metapher, die in Autobiographien von Männern immer wieder begegnet. Bert Brecht ist ein Meister in diesem Arrangement.

Also wie immer, wie früher: Elisabeth Hauptmann assistiert bei den Proben, hilft ihm, sich in der Neuen Welt, von der sie Mitte der zwanziger Jahre so viel geredet und gereimt haben, zurechtzufinden. Zwei Vertraute in einer fremden Welt, bald scheint sich eine neue Intimität zwischen den alten Freunden eingestellt zu haben, er bleibt länger als geplant, der Abschiedsbrief ist ganz auf Brechts Liebes-Sachlichkeitston gestimmt, die Distanzierung durch das «Sie» ist für einmal verschwunden:

> New York 6. Februar 1936:
> Liebe Beß,
> ich fahre also. Und hoffe, Du kommst bald nach. Es war sehr gut, daß Du mich in USA geführt hast – wie es immer vorgesehen war. Ich danke Dir sehr, liebe Beß. Und ich werde nichts vergessen. Ich werde Dich nicht für immer in St. Louis lassen. b
> sobald ich in Dänemark bin, werde ich die Sache drüben forcieren.[78]

Auf der Überfahrt nach Europa hat Brecht in wenigen Versen – den einzigen zärtlichen, die Elisabeth Hauptmann gelten – das unpathetische Glück der zurückliegenden Wochen beschrieben:

Die nicht zu vergessende Nacht

Der Himmel über mir in der nicht zu vergessenden Nacht
War hell genug. Der Stuhl, auf dem ich saß
War bequem genug. Das Gespräch

War leicht genug. Das Getränk
War scharf genug. Und weich genug
War dein Arm, Mädchen, in der
Nicht zu vergessenden Nacht.[79]

Sie unterrichtet weiter in St. Louis, engagiert sich in Hilfsorganisationen für Emigranten und schreibt nebenbei für Zeitungen, auch während ihres Aufenthalts in Kalifornien 1940. Diese Arbeiten sind nicht bekannt, nicht dokumentiert. Aber im Nachlass Erika Manns in München fand sich eine Arbeit aus dieser Zeit, ein Porträt von Elizabeth Hauptmann aus *California Arts and Architecture* vom Dezember 1940: *Erika Mann: Valiant Woman!*, ein Beispiel also immerhin für ihre neue Art, ‹amerikanisch› zu schreiben, «ein fulminanter Artikel [...], für den sie sich sehr bedankte».[80]

Es ist eine für Elisabeth Hauptmann ungewöhnlich leidenschaftliche Schilderung von Erika Manns Werdegang, ihrer Politisierung, ihrem Engagement. Sie schildert ihre politische Arbeit, stellt kundig ihre und die mit dem Bruder Klaus gemeinsam geschriebenen Bücher vor und stellt Erika Mann am Ende in eine Traditionslinie großer Frauen von Jeanne d'Arc bis Jane Addams, eine Heldin für den Frieden:

Tag für Tag, Nacht für Nacht, wird sie weiterschreiben und Reden halten, manchmal heiser, aber durchaus verständlich, manchmal müde, aber unermüdlich, oft wütend, aber voll des Mitleids, immer kämpferisch, aber für den Frieden; denn, wie der deutsche Dichter Brecht – auch er im Exil – sagt:
‹What times are these
Where talking about trees is nigh a crime
For it implies not talking about crimes ...
In ancient books we read of what is wise:
To stay away from fights and live
Our short lives without fear
And manage without force:
All that I cannot do: for
I live in times too sinister, too dark ...›[81]

An die Nachgeborenen, heute kennen wir alle die Verse, damals waren sie gerade erst in einer Exilzeitschrift, in *Die Neue Weltbühne* 1939, in Prag erschienen. Elisabeth Hauptmann, sonst die strenge Philologin, stellt – ziemlich frei übersetzend – die ihr zu Erika Mann passenden Zeilen zu einer Strophe zusammen:

> Was sind das für Zeiten, wo
> Ein Gespräch über Bäume fast ein Verbrechen ist
> Weil es ein Schweigen über so viele Untaten einschließt…
> In den alten Büchern steht, was weise ist:
> Sich aus dem Streit der Welt halten und die kurze Zeit
> Ohne Furcht verbringen
> Auch ohne Gewalt auskommen […]
> Alles das kann ich nicht:
> Wirklich, ich lebe in finsteren Zeiten![82]

Die Verse aus Brechts Feder sind auch ihr Credo. Erika Manns Lebens- und Erfolgsgeschichte könnte gut die eigene Wunschbiographie sein.

1940 war Elisabeth Hauptmann zu einem Sommerkurs in Los Angeles und konnte sich in die Bemühungen einer «ganzen kleinen Armee»[83] einschalten, für den Brecht-Tross Einreise- und Aufenthaltsvisa zu organisieren. Dazu gehörten die Feuchtwangers, der Filmregisseur William Dieterle mit seiner Frau, Fritz Kortner, der Schauspieler Alexander Granach und Dorothy Thompson. Elisabeth Hauptmann berichtet im Alter, dass Brecht schon von der Reise, aus Wladiwostok und noch einmal aus Honolulu, telegraphisch um die Besorgung einer Wohnung gebeten hatte.

Brechts Journal zum amerikanischen Exil beginnt wie folgt: «21.7.41 Wir kommen in San Pedro, dem Hafen von Los Angeles, an. Marta Feuchtwanger und der Schauspieler Alexander Granach holen uns am Pier ab. Elisabeth Hauptmann hat durch eine Freundin ein flat für uns mieten lassen. Sie selber hat einen Job bei New York.»[84] Brecht landete mal wieder, dank hilfreicher Frauen, im gemachten Nest.

Die letzten Kriegsjahre verbringt Elisabeth Hauptmann in New York, lebt mit einem politischen Emigranten zusammen, mit Horst Baerensprung. Er war sozialdemokratischer Polizeipräsident in Magdeburg gewesen und hatte nach seiner Verhaftung über China nach New York fliehen können. Wovon sie damals gelebt hat, ist unklar. In einem späteren Lebenslauf gibt sie an: «Beruflich: Redaktion eines Buches (das dann nicht herauskam) von Radiomanuskripten! An einem Wörterbuch! zusammengearbeitet.»[85] Und, wenn er in New York war, mit Brecht. Als Brecht sie im Frühjahr 1943 in New York trifft, notiert er wohl ein wenig enttäuscht ins Journal: Sie «hat nicht viel Zeit übrig, jedoch würde sie gern wieder arbeiten.»[86] Sie engagiert sich politisch in dem im März 1944 gegründeten Council for a Democratic Germany, zu dessen Organizing Committee, unter Vorsitz des Theologen Paul Tillich, Baerensprung, Brecht und Hermann Budzislawski gehörten und dessen Sekretärin sie 1944/45 war. Brecht übertrug ihr, der bewährten Mitarbeiterin im Stückeschreiben wie in Fragen fremder Sprachen, die Betreuung, sozusagen die letzte Hand, an der in Angriff genommenen englischen Ausgabe seiner Werke, sehr zum Ärger seines Übersetzers Eric Bentley, der noch in seinen Erinnerungen darüber klagt, dass er auf Brechts Geheiß «die Mitarbeit der furchterregenden Frau Hauptmann in Kauf nehmen mußte».[87] Und wieder tauchen in den Dokumenten Honorarforderungen auf, die die Autorin noch rechtfertigen muss. Da entsteht leicht der Eindruck einer Pfennigfuchserin, aber das Gegenteil ist der Wahrheit näher: «Herschenken ist einfacher für mich als mit einem einzelnen Menschen um Geld handeln.»[88] Und Brecht bestärkt sie in ihren Anteil-Forderungen gegenüber Bentley: «Ich bestehe auf einem Kredit für Sie; wenn Sie ihn nicht wollen, ich will ihn. Ihr Name ist (und wird sein) besser als seiner.»[89] Es bleibt die Tragik ihres Berufslebens bis ins Alter, die professionellste Mitarbeiterin Brechts, aber eben fast Fräulein «Irgendjemand» zu sein, deren Arbeit man mit Almosen, mit Anteilchen abspeist, die sie noch einfordern muss.

Im Herbst 1946, als Baerensprung zu seiner Familie nach Deutschland zurückkehrt, siedelt sie nach Kalifornien über, in Brechts Nähe – ein Versuch, der Vereinsamung zu entgehen. Sie wohnt in Peter Lorres legendärem Landhaus an der Mandeville Canyon Road in Los Angeles als dessen Lektorin und wird dort erst recht von der Einsamkeit eingeholt. Dem alten Freund Berthold Viertel schildert sie ihre Lage am 15. Juni 1947 (ein paar Tage vor ihrem 50. Geburtstag), entschuldigt sich für langes Schweigen:

> Wie so vieles bei mir in den letzten acht Monaten – so lange bin ich jetzt schon aus New York weg oder so lange bin ich nun hier – blieb die Antwort immer unfertig. Ich kann Ihnen gar keine rechte Erklaerung dafuer geben, zumindest geht das nicht schriftlich, es ist dabei so viel involviert. Nur so viel: es kam alles so ganz anders, als ich gedacht hatte, und selbst wenn ich daran gedacht haette, dass trotz meiner vielen Sicherheitsmaßnahmen alles anders kommen koennte, haette ich mir nie traeumen lassen, *wie* anders es sein wuerde. Vielleicht kommt nun, nachdem Peter zuruck ist, doch noch alles ins Lot, denn an diesem mir fremden Ort kann man ja ohne irgendwelche Hilfe nicht weiterkommen, und schon mein Soweitdraussenwohnen gepaart mit einer schweren Knieverletzung machen mich seit Januar bis heute ziemlich hilflos. Aber wie gesagt, seitdem Peter zuruck ist, seit etwa vier Wochen, geht alles etwas besser. Ich will Ihnen nichts von den langen einsamen Tagen erzaehlen [...] und nichts von den Naechten, die mich, mutterseelenallein im Haus, zuerst nicht schlafen ließen, besonders wenn die merkwuerdige unruhige Stille hier dann noch durch Coyotengeheul ausgefuellt wurde. Damals im Winter und im ersten Fruehjahr hatte Brecht noch mitunter Zeit, und wir haben uns oft arbeitsmaessig unterhalten und haben auch, obwohl es schwer zu organisieren war, eine film story geschrieben [*Der Mantel* nach Gogol für Peter Lorre], von der wir beide glauben, dass sie sehr gut ist, die aber noch des Verkaufes harrt. Da sie erst drei Wochen ganz fertig ist, bin ich nicht beunruhigt. Inzwischen hat Brecht noch, vor allem um seine Europareise organisieren zu koennen – er hat fuer den fruehen Herbst vorsichtigerweise auf zwei Schiffen gebucht –, einige andere Geschichten verfasst, und jetzt sitzt er tief in den Vorbereitungen fuer den Galileo. Unter Tags fahre ich manchmal mit Karen [Lorres Frau] schnell zur Helli herueber auf einen Kaffee, der der beste in weitem Umkreis ist.[90]

In der Hoffnung auf eine dauerhafte Gemeinschaft geht sie noch einmal eine Ehe ein, heiratet 1948 in Santa Monica den Komponisten Paul Dessau. Aber als sie im Winter 1948/49 endlich ebenfalls das Exil beenden kann und nach einer jener typischen Nachkriegsreisen durch die deutschen Zonen im Februar 1949 in Ost-Berlin eintrifft, ist Paul Dessau bereits mit einer jungen Schauspielerin liiert. (Schließlich heiratet er 1954 Ruth Berghaus, die Nachfolgerin Helene Weigels in der Intendanz des Berliner Ensembles.)

Trümmer überall, unter den Freunden, auch in der Seele. Depressionen, für die sie immer schon anfällig war, sind unausbleiblich. Zeugen dieser Zeit berichten von ihrem Versuch, sich das Leben zu nehmen.[91] Brecht, wie immer in solchen Lebenssituationen, verordnet Arbeit als ‹Therapie›, versucht, sie in einem ungewöhnlich besorgten, dem zweiten Du-Brief, aufzuhellen:

> Liebe Bess, die beiden Aufträge, damit Du nichts vergißt, wenn Du allein bist und vielleicht geht es leichter, wenn Du etwas für unsere Arbeit tust. [...] Es ist alles nur eine Frage der Zeit, und etwas Zeit mußt Du mir geben. Bis sich alles besser eingelaufen hat, mußt Du Dich vor allen Dingen um die *Versuche* kümmern und den Kontakt zu Suhrkamp halten. Der Vertrag sieht ein kleines Entgelt für beides vor, aber es kann mit den Jahren sehr viel mehr werden.[...]
> b.i.d.i., liebe, liebe bess. Immer b[92]

Also kehrt sie – nach einem kleinen Recherchenauftrag bei der DEFA und einer kurzen Zeit als freie Schriftstellerin und Übersetzerin – wieder zurück an den Arbeitsplatz bei Brecht, sieben Jahre noch neben ihm, weitere siebzehn Jahre nach ihm. ‹Unverdrossen› lobt man so etwas gern in Nachrufen, oder ‹unermüdlich›. Aber das wäre gelogen: Das Geschwirr von jungen Frauen um Brecht herum im Berliner Ensemble, an dem sie seit 1954 als Dramaturgin angestellt ist, war ihr zutiefst zuwider, am liebsten würde sie nicht selten die Arbeit hinschmeißen. Verdrossen muss sie die Fachfrau für alles spielen, alle fremdsprachigen Korrespondenzen führen, die *Versuche*-Hefte edieren, Artikel für Programmhefte schreiben. Manchmal platzt ihr der Kragen, aber damit es nicht ganz so direkt ist, verfremdet sie den Zorn ins Englische:

> I am neither a lady of leisure nor a call-girl. Ich muss nämlich tatsächlich arbeiten. Nicht immer das, was ich möchte, aber immerhin arbeiten.

In der Nachkriegszeit

Vielleicht kann ich es doch wieder erreichen zu arbeiten, was ich möchte. [...] Leider werde ich von niemandem ausgehalten, bekomme keine Alimente, wurde nicht prämiert, ausgezeichnet, überhaupt nicht gelobt, was auf die Dauer schwer zu ertragen ist, denn ich bin auch nur ein Mensch.[93]

Auch ein Dankeschön täte ihr gelegentlich gut.

Nach Brechts Tod hütet sie mit Helene Weigel das Erbe, aber der Ton zwischen den beiden ist rau. Mit der Bitte um eine angemessenere Honorierung ihrer Mitarbeit bei der Edition der *Gesammelten Werke* stößt sie bei Helene Weigel auf taube Ohren, selbst die ihr vertraglich zustehenden Tantiemen muss sie einfordern und wird abgewiesen. Helene Weigel hat den Kapitalismus gut gelernt, und von hier aus fällt ein Schatten auf den Menschen hinter der großen Schauspielerin. Ziemlich verzweifelt beklagt sich Elisabeth Hauptmann bei Peter Suhrkamp: «Ja, was soll ich wirklich machen? Ist es nicht schon entsetzlich, dass ich Ihnen diesen Brief schreiben muss? [...] WAS SOLL ICH MACHEN, LIEBER SUHRKAMP WENN ICH ES MIT EINER ORDINÄREN BÜRGERSFAMILIE ZU TUN HÄTTE – DA KOMMEN JA WOHL STREITIGKEITEN VOR – ABER HIER GEHT ES UM BRECHT UND SEINE FAMILIE –»[94]

Ihr Arbeitspensum ist atemberaubend. Neben eigenen dramaturgischen Arbeiten gibt sie Brechts Theaterpraxis weiter, sie wird zur «zuverlässigen Lehrerin der Brecht-Schule».[95] Ihr Opus magnum wird die zwanzigbändige Ost-West-Gemeinschaftsausgabe von Brechts *Gesammelten Werken* bei Suhrkamp in Frankfurt a. M. und bei Aufbau in Berlin und Weimar. Im Vorfeld der Editionsplanungen zeigt sich wieder Elisabeth Hauptmanns ambivalentes Verhältnis zu ihrer Rolle, zu ihrem eigenen Anteil. Sie fragte sehr wohl nach ihm, listete ihn Brecht immer wieder auf, aber wenn es um die Nennung der Herausgeber-schaft geht, zieht sie sich zurück, will namenlos verschwinden: «Es gibt für mich zwei Arten der Herausgeberschaft. I.: Helli zeichnet allein als Herausgeber. Oder II.: es zeichnet niemand neben den Akademien (es gibt dann keine sogenannten Herausgeber), das erscheint mir am wür-digsten. Zwei Weiber auf der Titelseite als Herausgeberinnen sieht mir etwas klein aus für eine so großangelegte historisch-kritische Aus-gabe.»[96] Peter Suhrkamp regelt schließlich vertraglich, «daß Ihre Her-ausgeberschaft künftig auf der Titelrückseite jedes einzelnen Bandes vermerkt wird».[97]

Immer spricht sie vom Überfluten, vom Ertrinken im unermess-lichen Wust der Manuskripte, Notate, Zettel, Fassungen. Dass die Aus-gabe im Westen rascher vorankommt, dass im Laufe der sechziger Jahre das Brecht-Renommee im Westen den Ruhm im Osten überholt, beobachtet die hundertprozentig loyale DDR-Bürgerin Hauptmann mit Unmut: «Zu wessen Ehre und Förderung wird Brecht gefeiert?»[98], fragt sie ärgerlich angesichts der Vorbereitungen zu Brechts sieb-zigstem Geburtstag in Westdeutschland. Um manchen Brecht-Text gibt es Konflikte, zum geringeren Teil politische, eher geschmackliche, wie um die ‹unanständigen› *Augsburger Sonette,* von denen schon Ma-rieluise Fleißer sich beeindrucken ließ: «Also: in Band 10 kommen die A.[ugsburger] S.[onette] nicht hinein. Wird ein extra Band gemacht, ohne mich. Bestens E.H.»[99]

Sie ist Mitglied der Akademie der Künste, 1961 wird sie mit dem Lessing-Preis ausgezeichnet. Ihre Position gewährt ihr Privilegien, re-lativ freizügiges Reisen, einen Wohlstand, den sie großzügig auch zum Verschenken nützt.

Als ihr Marieluise Fleißer 1963 ihre Erzählung *Avantgarde* schickt und sie darauf hinweist, dass sie «sozusagen aus der Zusammenlegung von zwei Frauengestalten entstanden ist», das heißt, dass sich Elisabeth Hauptmann in ihrer selbstzerstörerischen Zuarbeit für Brecht in Cilly Ostermeier wieder erkennen könnte, hat sie offensichtlich nicht geant-wortet.[100]

1972 dreht das Fernsehen ihre Lebensgeschichte: *Die Mit-Arbeite-rin.* Hier macht sie Frieden mit ihrer Biographie, erzählt mehr vom

Gewinn als von den Entbehrungen, zeigt in aller Bescheidenheit berechtigten Stolz darüber, am Kollektiv des großen Werks beteiligt gewesen zu sein. Und doch nagt noch immer Unzufriedenheit darüber, dass sie das eigene Werk über dem Brechts vernachlässigt hat.

In kargen Versen hat Brecht einst Elisabeth Hauptmann auf ihren Platz im Kollektiv verwiesen. Sie hat diesen Platz in ihrem Leben immer von neuem eingenommen:

> Frage nicht nach deinem Anteil am Essen
> Frage nicht nach deiner Beliebtheit.
> [...]
> Nenne nicht einen Ersatz
> Wenn *du* gebraucht wirst.
> Betrachte nicht immer
> Deine paar Narben!
> [...]
> Auf dich wurden Lasten gelegt, die man
> Nur auf die sichersten Schultern legt.
> Du wurdest übersehen wie das Nächstliegende.
> Von dir wurde erwartet
> Die besondere Einsicht.
>
> So essen am letzten die, denen das Werk am nächsten steht: die Köche.
> [...][101]

«Ich denke, ich bin Deine Getreueste. Wirklich!»

Margarete Steffin

Getreu bis in den Tod. Margarete Steffin ist die einzige von Brechts engen Mitarbeiterinnen und Geliebten, die vor ihm gestorben ist und ihm die Trauer zugemutet hat. Alle anderen haben ihn überlebt und mussten um ihn trauern. Zudem war Steffins Sterben von den dramatischsten Umständen im Leben der Großfamilie Brecht begleitet, von der Flucht aus Europa im Mai 1941, in letzter Minute. Die todkranke Grete Steffin musste auf der ersten Etappe, in Moskau, zurückgelassen werden. Fünf Tage nach der Fortsetzung der Flucht, am 4. Juni 1941, erhielt Brecht 5000 km östlich von Moskau an einer Station der Transsibirischen Eisenbahn auf dem Weg nach Wladiwostok mit Ziel USA telegrafisch die Nachricht: «Acht Uhr Morgen Grete bekam Ihr Telegramm und las es ruhig. Um 9 Uhr morgens starb sie. Mit tiefem Mitgefühl und Gruß, Ihre Hand, Fadejew, Apletin.»[1]

Grete Steffin wurde dreiunddreißig Jahre alt.

Nach dem Tod meiner Mitarbeiterin M. S.

Seit du gestorben bist, kleine Lehrerin
Gehe ich blicklos herum, ruhelos
In einer grauen Welt staunend
Ohne Beschäftigung wie ein Entlassener.

Verboten
Ist mir der Zutritt zur Werkstatt, wie
Allen Fremden.

Die Straßen sehe ich und die Anlagen
Nunmehr zu ungewohnten Tageszeiten, so
Kenne ich sie kaum wieder.

Heim
Kann ich nicht gehen: ich schäme mich
Daß ich entlassen bin und
Im Unglück.[2]

Zehn Jahre vor diesem Unglück, im Herbst 1931, haben sich die Wege
Grete Steffins und Bert Brechts in Berlin gekreuzt. Und beider Wege,
beider Lebensinteressen steuerten in diesem Moment so energisch und
lustvoll auf ein und dasselbe Ziel zu, dass es kein Aneinandervorbeige-
hen, sondern ein Einander-in-die-Arme-Laufen wurde, werden musste. Auch wenn ihre bisherigen Lebenswege und die beiden selbst gar
nicht danach aussahen: der wohlhabende, wohl bekannte Dichter aus
solidem süddeutschem Bürgertum, verheiratet und Vater von vier Kindern, und das zehn Jahre jüngere, arbeitslose Proletariermädchen aus
Berlins Arbeitervorort Rummelsburg.

Dort wurde sie 1908 geboren, die Schwester Herta ein Jahr später.
Der Vater arbeitet in der Fabrik und auf dem Bau, vor allem aber ist er
Soldat. Grete Steffin erlebt eine Kriegskindheit ohne Vater, die Mutter
verdient ein wenig in der Munitionsfabrik, die Mädchen gehen in den
Hort. Bei seiner Heimkehr aus dem Krieg ist der Vater politisiert, sym-
pathisiert mit den Spartakisten. Blutige Auseinandersetzungen zwischen linken Revolutionären und den Reichswehrsoldaten spielen sich
in der unmittelbaren Nachbarschaft ab. Schlecht ernährt, von schwacher Gesundheit, dabei von großem religiös-protestantischem Eifer
(«Ich war ein scheußlich frommes Kind»[3]), einem moralischen Puber-
tätsrigorismus, leicht ins Schwärmen geratend, ungeheuer lesehungrig
und lernbegierig, so zeichnet Stefan Hauck aus einem minutiösen Studium aller erreichbaren Quellen und den autobiographischen Schilderungen Steffins das Bild der Schülerin Margarete. Sie verliebt sich leicht,
träumt bei aller Bescheidenheit vom Ruhm, beginnt sehr jung schon zu
schreiben, ein Theaterstück und natürlich Tagebücher. Sie liebt es, Gedichte zu rezitieren, «im Rampenlicht zu stehen».[4] Mit vierzehn Jahren
ist die Schulzeit zu Ende, auch wenn die Lehrer die Begabung des Mädchens bemerkt haben und den Eltern einen weiteren Schulbesuch anra-
ten. Sie muss Geld verdienen, zunächst als Laufmädchen bei den Deutschen Telephonwerken. Ab Herbst 1922 beginnt sie eine dreijährige

Lehre als Kontoristin beim Globus-Verlag in der Kochstraße. Ihren Lernhunger stillt sie abends und am Wochenende im KPD-nahen Arbeitersportverein «Fichte», bei Vorträgen, Diskussionen, bescheidensten Ausflügen. «Grete war uns in vielem, besonders hinsichtlich Literatur, Theater, Film, ein Anreger. Sie sagte: wir wollen das lesen, und dann haben wir darüber gesprochen …»[5] Das sieht – zusammen mit ihren frühen Fotos – fast penetrant nach sozialistischem Mustermädchen aus. Und etwas davon hatte sie bis zu ihrem Tod. Ohne dieses Ethos der Bescheidenheit und des Dienens, eines schwärmerischen Selbstverzichts, hätte sie das Arbeitspensum, das sie sich und ihr das Leben aufgebürdet hat, nicht leisten können und den Entbehrungen und Grausamkeiten, die sie durch die Armut, die Krankheit und die Vertreibung erleiden musste, nicht so lange standgehalten.

Mit achtzehn Jahren hat sie einen festen Freund, Herbert Dymke, einen Büroangestellten aus der Gruppe. Aber es gibt auch andere Mädchen, die ersten Liebesenttäuschungen. Die Theorien vom kollektiven Besitz haben bei ernsthaften Herzensangelegenheiten ihre Grenzen. Grete Steffin muss Erfahrungen machen, die sich in ihrem Leben mehrmals wiederholen werden, darunter auch die erste Abtreibung, eine von mindestens dreien. Im Winter 1927 wird sie schwanger, der Freund ist arbeitslos, eine eigene Wohnung bleibt ein Traum. Sie muss die Schwangerschaft abbrechen; endlich – sie ist schon im fünften Monat – findet sie einen Apotheker, der die Abtreibung vornimmt. Später hat sie die Erfahrungen dieser grässlichen, über zwanzig Stunden dauernden Prozedur unsentimental aufgeschrieben; es waren Zwillinge: «Von klein auf hatte ich viele Kinder haben wollen […].»[6]

Margarete Steffin, 21. März 1926, an ihrem 18. Geburtstag

Auch eine zweite Schwangerschaft 1930 kann sie nicht austragen: Sie ist wieder einmal arbeitslos, die Beziehung zum Freund steht vor dem Ende. Dass ihr dann die Liebe zu Bert Brecht schon in ihrem ersten Jahr wieder eine Abtreibung abverlangt, muss traumatische Folgen gehabt haben. In ihrem Nachlass fand sich ein Gedicht aus dieser Zeit, das sie im Juli 1933 einem Brief an Brecht beigelegt hatte:

Natürlich hab ich als Kind am
Liebsten mit Puppen gespielt.
Natürlich hab ich mit siebzehn
Die erste Liebe gefühlt.

Erst die Mutter und dann der Geliebte
Die sagten: Ja, mein Kind,
du sollst Zwillinge haben.
(Denn wissen Sie, Liebe macht blind.)

Wäre es nach uns gegangen
Hätte es glänzend geklappt.
Aber er wurde entlassen
Und grad da hatte es geschnappt.

Auch die größte Liebe weiß uns
Bei der Sorge um Brot keinen Rat.
Wer keine Stellung hat, muß sorgen
Daß er keine Kinder hat.

Ich sah alle kleinen Kinder
Mit wirklichem Kummer an.
Meins durfte ich nicht behalten.
Die Suche nach Hilfe begann.

Ich behielt es doch dreizehn Wochen
Dann wurde es fast zu spät.
(Es heißt, daß es im dritten
Monat am besten geht.)

Ein Arzt kam nicht in Frage
Für mein Geld hätt's keiner gemacht.
Dann hörte ich: ein Apotheker
Hat es vielen weggebracht.

192   Ich denke, ich bin Deine Getreueste. Wirklich!

Er half mir. Zwanzig Stunden
Lag ich in gräßlichen Wehen
Dann spürte ich ein Etwas
Und noch ein Etwas weggehen.

Da schwammen meine Zwillinge
Stille im dunklen Blut.
Und wer sie so schwimmen sah, wußte,
Wie die Liebe tut.[7]

Die Arbeiterkulturbewegung wird zu ihrer ‹höheren Schule›. Seit 1926 ist sie Mitglied des Großberliner Sprechchors, eines proletarischen Propagandachors, der in revueartigen Inszenierungen mit plakativen Mitteln das Leben der Fabrikarbeiter, Straßendemonstrationen, den Kampf der Arbeiterklasse mit Sprechchören, auch mit Geräuschchören in Szene setzt, in Gaststätten oder Vereinslokalen. Das Rampenlicht fasziniert sie und natürlich die Sache, «die dritte Sache», die Agitation für den Klassenkampf. Ein Jahr später fällt sie schon als Einzelrezitatorin bei Matineen auf. Am 18. November 1931 hat die Rote Revue der Jungen Volksbühne mit ihrem neuen Programm Premiere: *Wir sind ja sooo zufrieden.*

Es spielen Ernst Busch und Valeska Gert, Lotte Lenya, Helene Weigel und Grete Steffin; die Texte stammen von Bernard von Brentano und Ernst Ottwalt, Günther Weisenborn und Bertolt Brecht. Grete Steffin nimmt Sprechunterricht bei Helene Weigel.

Die Wege haben sich gekreuzt:

Ich sehe Brecht das erste Mal
Ein bißchen hatten wir immer alle für Busch, den netten, blonden Jungen geschwärmt, der die Eisler-Lieder so gut vortrug. Jetzt war ich zu einer Probe bei der Weigel geladen, an der auch Busch teilnehmen sollte. [...] Bei jedem Klingeln dachte ich: Das wird der Busch sein. Aber das Luder kam mal wieder nicht. Als wir mitten in der Probe waren, kam jemand herein, der einen schäbigen Anzug trug, die Haare, die er, was sofort auffiel, ganz kurz verschnitten trug, hatten es nötig, mal wieder geschnitten zu werden. Er nahm nicht mal die Mütze ab, sondern berührte sie nur leicht, und alle sagten: strahlend: Guten Tag, Brecht. So, dachte ich, das ist also Brecht? Na, dem scheint es ja nicht gut zu gehen, hat wohl nichts mehr übrig von seiner Drei-Groschen-Oper.

Er sah sehr müde und abgespannt aus und war es anscheinend auch, denn obwohl die Probe für ihn angesetzt war, sagte er kaum ab und zu leise etwas, unterhielt sich nur mit irgend jemandem. Er schien mir sehr schüchtern und bescheiden, jemand anders würde man unhöflich genannt haben, der sich so benahm, aber bei ihm wirkte es nur als Unsicherheit.[8]

Ein paar Wochen später gehört die immer noch Arbeitslose zum Ensemble der Gruppe Junger Schauspieler und probt unter der Leitung von Emil Hesse-Burri *Die Mutter*. Die Laiendarstellerin Grete Steffin steht als Dienstmädchen neben der ganz großen Helene Weigel als Pelagea Wlassowa auf der Bühne, im Dezember 1931 noch in wenigen geschlossenen Veranstaltungen, am 12. Januar 1932 und dann noch über dreißigmal im Komödienhaus am Schiffbauerdamm. Und die Presse erwähnt die unbekannte Darstellerin durchaus lobend.

Zu diesem Zeitpunkt war bei Margarete Steffin längst Tuberkulose diagnostiziert worden. Man musste sie eigens zu den Proben und den Aufführungen aus dem Lungensanatorium Hohenlychen in der Uckermark ins Theater holen.

Nach der Entlassung zieht Grete Steffin zu Brecht in die Hardenbergstraße 1a, übernimmt Schreibarbeiten, Organisatorisches, Korrespondenzen, wohl auch für Helene Weigel, bis sie Mitte Mai 1932 einen Kuraufenthalt in der Sowjetunion antreten kann, der mit einem gemeinsamen Aufenthalt mit Brecht in Moskau beginnt. An seiner Seite erlebt sie am 14. Mai 1932 die Uraufführung seines Films *Kuhle Wampe oder Wem gehört die Welt*, in Deutschland ist der Film immer noch nicht freigegeben. Brecht zum ersten Mal in Moskau, in einem fremden Land – nicht ohne eine Frau an der Seite, die ihn Nähe fühlen lässt in der Fremde, die ihm mit ihren Sprachkenntnissen und ihrem Geschick für Kontakte auch für das Organisieren zur Hand geht, die ihm Geliebte ist.

Die Kur bringt ihrer Gesundheit vorübergehende Besserung; im Sommer kann sie stabilisiert werden beim gemeinsamen Aufenthalt mit den Brechts am Ammersee, ab Mitte August mit Brecht allein in seinem neu erworbenen Haus in Utting.

In Grete Steffin begegnet Brecht einmal wieder der richtigen Frau zur richtigen Zeit, sie wird sein «proletarisches Gewissen»[9], sein «Soldat der Revolution»[10], die Vermittlerin der Errungenschaften und ständig neuen Entwicklung in Sowjetrussland. Sie verkörpert, was er nicht ist und nie wird sein können (vielleicht auch gar nicht sein will): das Arbeiterkind, das mit Leib und Seele dem Klassenkampf Legitimität, Authentizität verleiht. Und sie ist eine erregend neue, zehn Jahre jüngere, in der körperlichen Lust, im poetischen Werk und im politischen Auftrag mitgehende Geliebte. Von keiner Liebesbeziehung Brechts erfahren wir aus den nachgelassenen Papieren – aus Briefen, Gedichten, Tagebüchern, Geschichten – Intimeres über gemeinsame sexuelle Erlebnisse, Lust und Enttäuschung, wie über die mit Grete Steffin. Brechts Sonett *Liebesgewohnheiten* illustriert wohl am besten diese These.[11]

Für Grete Steffin bringt die Begegnung die folgenreichste Veränderung in ihrem Leben, sie gibt ihm einen neuen, den eigentlichen Inhalt. Alle ihre persönlichen Fähigkeiten, ihre Sensibilität für Literatur, ihre politischen Anliegen finden in diesem Augenblick den Nährboden, auf dem sie wachsen und gedeihen können: das literarische Werk eines genialen Schriftstellers, das in derselben Stoßrichtung gegen den Nationalsozialismus das Agitprop-Niveau weit unter sich lässt und – das ist das Beglückendste für sie – das ihre Fähigkeiten braucht. Der Schriftsteller wird die übergroße Liebe ihres Lebens und bringt die bitterste Enttäuschung.

Für Helene Weigel ist die neue Affäre eine kaum akzeptable Zumutung, belastet zudem durch die Ansteckungsgefahr für Steff und Barbara. Denn im Herbst 1932 arbeitet und wohnt Steffin nun auch bei Brecht – ein Umstand, der für Helene Weigel die Vertrauensbasis ihrer Ehe ins Wanken bringt, ein Vorwurf, den Brecht freilich herrisch als Missverstehen einer selbstlosen Fürsorglichkeit zurückweisen wird. Und dann muss sich die neue Geliebte den dritten Schwangerschaftsabbruch antun lassen. Brecht evoziert ihr dichtend den gemeinsamen Sohn, den sie nicht haben werden: «Uns beiden gleichend, würd er keinem gleichen ...»[12] Im November muss sie erneut zur stationären Behandlung in die Charité, sie wird von Professor Sauerbruch operiert.

Das Muster ihres Lebens heißt für die ihr noch verbleibenden acht Jahre: Krankenhaus, Sanatoriumsaufenthalt als einzige eigene Schreibzeit, ein paar Wochen Normalität in scheinbarer Gesundheit mit immensen Aktivitäten, als hätte sie alles Versäumte nachzuholen, und dann: *da capo al fine*.

Februar 1933: Brecht ist mit der Familie über Prag nach Wien, dann allein als Vorhut in die Schweiz geflohen, nach Carona – die Geliebte ist schon da, Grete Steffin kuriert sich im Lungensanatorium Agra im Tessin aus, eine Wegstunde entfernt. Im Juni treffen sich beide in Paris in intensivster Liebe und zur gemeinsamen Arbeit: Der antifaschistische Arbeiterkongress unter der Leitung von Willi Münzenberg wird eröffnet, das Ballett *Die sieben Todsünden* (Brecht/Weill) wird am 7. Juni 1933 im Théâtre des Champs-Élysées uraufgeführt, die Sammlung *Lieder Gedichte Chöre* muss von Brecht, Hanns Eisler und Grete Steffin für den Druck bei den Éditions du Carrefour vorbereitet werden.

Ende Juni freilich zerschlägt Brecht die Hoffnung Grete Steffins auf ein gemeinsames Leben in Paris – er entscheidet sich nicht gegen die Ehe mit Helene Weigel, vielmehr fährt er der Familie nach Dänemark nach. Wie weh tut ihr die Trennung, die ihr wie ein Verrat an den letzten Wochen erscheinen muss! Sie versucht, sich mit enormem Einsatz an Energie und Geldmitteln eine Existenzgrundlage zu schaffen, indem sie am Aufbau einer Literaturagentur für emigrierte Autoren arbeitet, dem DAD, dem Deutschen Autoren-Dienst. Trotz ihrer zahlreichen Kontakte auch zu prominenten Autoren läuft der DAD nicht so recht an, die wenigen eingesandten Texte veralten oder sind nicht aktuell. Die Genossen sehen das Projekt mit Argwohn, Brecht wiederum sucht sich hier und später immer wieder vom Einfluss der Partei auf Distanz zu halten. Steffins Projekt scheitert, mit ihm die Voraussetzung für ein Leben, das – wenn schon nicht in Partnerschaft mit Brecht – wenigstens Unabhängigkeit hätte gewährleisten sollen.

So kitschig es klingt, diese Sommerwochen 1933 in Paris verzehren Margarete Steffin vor Sehnsucht. Ihr Taschenkalender ist voller «bidi»-Evokationen. In der ersten Septemberwoche reihen sich die Schnörkel: «blblblblblblblblbl», 7. Freitag: «? Kommt er? Allein? Zu mir?», 8. Freitag «*ich bin sehr traurig*», 10. Sonntag, endlich: «bidi».[13]

Gemeinsam fahren sie für vier Wochen nach Sanary-sur-Mer, treffen dort mit Feuchtwanger, Walter Benjamin und Arnold Zweig zusammen. Steffin und Brecht arbeiten am *Dreigroschenroman*, der bei Allert de Lange in Amsterdam herauskommen wird und für dringend nötige Einnahmen sorgen soll. Für Steffin kann es schöner nicht sein: ein wohltuendes Klima, gescheite Gesprächspartner, eingebunden in die gemeinsame Textarbeit, und einen «bidi» ganz für sich allein.

An Helene Weigel berichtet Brecht: «Hier am Mittelmeer ist es langweilig.»[14] Das immergleiche Spiel: Jede soll wissen, sie ist die Wichtigste, die Einzige, die Begehrte. Es ist kein faires Spiel, die Stärke der Partner ist zu ungleich verteilt. Brecht teilt die Liebe zu, teilt die Arbeit zu, hat die ökonomische Sicherheit, agiert vom sicheren Refugium eines durchaus funktionierenden Familienverbands aus, kann nach Fluchten jederzeit dorthin zurückkehren. Es gibt keinen Abschnitt in Brechts Leben, in dem er wirklich verlassen wäre, auch wenn er sich nach Grete Steffins Tod bei der Ankunft im fremden Amerika verlassen fühlt wie noch nie: «Fast an keinem Ort war mir das Leben schwerer als hier in diesem Schauhaus des easy going. […] Und gerade hier fehlt Grete. Es ist, als hätte man mir den Führer weggenommen gerade beim Eintritt in die Wüste.»[15] Was wirkliches Einsamsein ist, weiß er nicht: Er hat die Familie an der Seite und Ruth Berlau in der Nähe.

Grete Steffin bleiben nur noch ein paar gemeinsame Wochen in Paris. Im Dezember – sie hat keine andere Wahl – zieht sie mit nach Dänemark; er kehrt heim nach Skovsbostrand, sie wird in gebührendem Abstand zur Familie Brecht – ca. fünf Autostunden – zunächst in einem Hotel in Kopenhagen untergebracht.

Grete Steffin in Svendborg, etwa 1934

Was Grete Steffin nicht weiß, Brechts «guter Soldat»[16] rückt schon zurück ins zweite Glied. Ruth Berlau ist auf der Bildfläche erschienen. Immer im richtigen Augenblick trifft er den passenden, ihm nützlichen Menschen, kann ihn an sich ziehen und meist auch halten, versteht es, ihn in seine Arbeit einzubinden und neue, bislang ungenutzte Fähigkeiten in ihm zu wecken, und – weil es meistens Frauen sind – Begehren zu entfachen, Lust zu schenken, für eine Zeit lang, bis die nächste Frau auftaucht. Dann bleibt ihm eine kundige und engagierte Mitarbeiterin, auf deren Zuarbeit er angewiesen ist, sie macht sich damit auch finanziell von ihm abhängig und ist darauf angewiesen, dass gelegentlich ein bisschen Liebe für sie abfällt.

Bitter für Grete Steffin. Mit Helene Weigel musste und muss sie sich die Nähe Brechts teilen, in seinem Herzen hatte sie für ihre Liebe nicht allzu viel zu fürchten – bis Ruth Berlau auftaucht. Und so wird es bleiben bis zu ihrem Tod: Drei Frauen höchst unterschiedlicher Natur leben, lieben, arbeiten mit Brecht meist gleichzeitig. Die Atmosphäre ständig wie unter Strom – die Idylle auf den Fotos aus dieser Zeit, Brecht und Steffin im Garten beim Schachspiel oder mit Martin Andersen Nexö im Arbeitsgespräch, aufgenommen von Ruth Berlau, täuscht über diese Spannungen hinweg.

So weit das Kalendarium dieser Monate. Das gewährt allerdings noch keinen Einblick in das Innere der jungen Frau, die an einer lebensbedrohlichen Krankheit leidet, gleichzeitig eine Liebe von ungeheurer Wucht, großer Zartheit und bitteren Enttäuschungen erlebt und schließlich den politischen Sieg des ärgsten Feindes, die Vertreibung aus ihrer Heimat, die Trennung von der Familie, die Zerstörung des Freundeskreises, die Bedrohung, zum Teil auch die Verhaftung ihrer Gesinnungsgenossen.

Aber Grete Steffin schreibt, und damit überliefert sie uns ihr Intimstes. Vor allem schreibt Grete Steffin Briefe in den langen Trennungen zwischen den wenigen Begegnungen. Die um die Jahreswende 1932/33 leidenschaftlich aufgeflammte Liebe der Genossen BB und MS ersetzt das «Lieber Brecht» durch die zärtlich-kameradschaftliche Anrede «lieber bidi». Der coole Brecht muss die Macht der Gefühle hinter der ironischen Verkehrung der Tatsachen verstecken: Die zehn Jahre jüngere «liebe Grete» wird zum «lieben alten Scheusal», zur «lieben alten Grete», zum «lieben alten Muck».

Übrigens unterschreibt sie die Briefe an Brecht (anders als die an Benjamin etwa) nie mit ihrem Namen, nie mit «Deine Grete», immer mit «auf wiedersehen bidi», «lieber bidi», als wäre man sich ganz nah, als verabschiede man sich im Gespräch.

In Zeiten seiner Abwesenheit, ihrer Einsamkeit ist sie ganz auf die Liebeszeichen seiner Briefe angewiesen. Dann hadert sie mit ihm, dass er so selten schreibt:

> Ich sehe immer Deine Bilder an, u. lese Deine Briefe immer wieder, u. die Gedichte.
> Jede Stunde bist Du da. Es ist so schlimm, daß ich so ‹treu› bin. Werden wir im Herbst u. im Winter zusammen sein?
> Was ich hier mache, ist jede Minute so, daß Du hinzukommen könntest.
> Alles mache ich wirklich so, als ob Deine gestrengen Augen darauf ruhen. […] Lieber Bidi, b. l. Ich warte sehr auf Dich.[17]

Aus dem Sanatorium in Moskau im Frühjahr 1936 bekommt Brecht ihre Vorwürfe zu hören:

> l b jetzt bin ich wieder 6 Tage ohne Post. Das kommt mir schrecklich lange vor. Vielleicht bist du in Kopenhagen? [Das hieße bei Ruth Berlau.] Von da pflegst du mir ja nie zu schreiben. Warum nicht? […] Geht es dir gut? Immer noch wünsche ich, daß es Dir sehr gut geht u. wünsche ich mir eine gute Zeit mit Dir. Aber ich kann nicht noch einmal so lange warten. Es ist neblig u. ich habe einen Schnupfen. Sonst geht es wie immer. Wiedersehen.[18]

Im März 1936 aus Moskau:

> Lieber geliebter bidi
> Du bist mir viel Zeit schuldig, ja? Ja! Bitte, hole mich zu Dir. Bleib wieder bei mir, dann ist alles wieder gut. Ich bin ganz verrückt.[19]

Und er:

> Du schreibst so sehr unzufrieden. Mir fällt der Bleistift aus der Hand,
> wenn Du so gleichgültig den Erhalt zweier Sonette quittierst. Das sind
> immer mehrere Tage Arbeit, die mir viel Spaß machte, weil ich dachte,
> das freut Dich ein wenig. Ich schreibe Dir, sooft ich irgend kann, und ich
> ging bei jedem Wetter zur Post [...]. Ich kann Dir nicht böse schreiben,
> ich denke, es verletzt Dich zu sehr. Aber ich bin etwas niedergeschlagen.
> Dein b[20]

Zu lückenhaft ist ihr Briefwechsel überliefert, als dass man die Beziehungsgeschichte daraus in den Einzelheiten rekonstruieren könnte. Und immer ist die Briefzensur zu bedenken, die der Post der Emigranten so viel Aufmerksamkeit widmete. Und natürlich ging es im Briefwechsel zwischen dem Dichter und seiner Mitarbeiterin mindestens ebenso häufig um die Arbeit, um neue Projekte, um Veröffentlichungsmöglichkeiten.

Das Kostbarste dieser Briefe sind die beigelegten Gedichte, die zwischen den Liebenden hin und her gehen. Wie im mittelalterlichen Minnesang, wo die Tagelieder das ausdrücken durften, was die Standesregeln den Liebenden zu leben untersagten, so vergewissern sich Grete Steffin und Bert Brecht im Wechselgesang von Sonetten ihrer Liebe, ihrer Trennungsschmerzen, ihres Begehrens, bekennen einander ihre Zweifel an der Treue, streiten um den Besitz des anderen.

Am 2. Januar 1933 liegt Grete Steffin frisch operiert in der Berliner Charité und fasst ihren Traum in ein Sonett, das erste Sonett für den Geliebten:

> Heute träumt ich, daß ich bei dir läge
> Und du sagtest zu mir: Hol mich doch.
> Aber meine Brust, die schmerzte noch
> Und mein rechter Arm war dumm und träge.
>
> Ach so, der Arzt hat ihn ja festgebunden.
> Er wußte schon, daß ich nicht ruhig bin.
> Binden hilft nichts. Ich muß zu dir.
> Doch mit einem Mal warst du verschwunden.

Jetzt ist es zu spät, hört ich dich sagen.
Dann hört ich, du stiegst in deinen Wagen.
Ich sprang auf: Ich will! Ich will!

Schreien konnt ich nicht, weil ich so rannte.
Doch da fuhrst du schon. Das Schlußlicht brannte.
Jetzt kommt nichts mehr, dacht ich. Und war still.[21]

Zwei Monate später, in den Frühlingswochen im Tessin mit kurzen Besuchen und langen Trennungen, sucht das Begehren Ausdruck im kunstvollen Wechselgesang, und die in der Lyrik – soweit wir wissen – bislang kaum Geübte erreicht sofort eine große Souveränität in der Handhabung des strengen Sonettenmaßes (mit seinen festgelegten zweimal vier- und zweimal dreizeiligen Strophen und deren festem Reimschema), eine beeindruckende Dichte und Schönheit der Verse. Man kann nur staunen. Und begreifen, wie wichtig dieses Sprachtalent dem Dichter wurde. Die Getrennten versichern sich der Nähe mit den Codeworten ihrer Liebe:

Bert Brecht: Das erste Sonett

Als wir zerfielen einst in DU und ICH
Und unsere Betten standen HIER und DORT
Ernannten wir ein unauffällig Wort
Das sollte heißen: ich berühre dich.

Es scheint: solch Redens Freude sei gering
Denn das Berühren selbst ist unersetzlich
Doch wenigstens wurd ‹sie› so unverletzlich
Und aufgespart wie ein gepfändet Ding.

Blieb zugeeignet und wurde doch entzogen
War nicht zu brauchen und war doch vorhanden
War wohl nicht da, doch wenigstens nicht fort

Und wenn um uns die fremden Leute standen
Gebrauchten wir geläufig dieses Wort
Und wußten gleich: wir waren uns gewogen.[22]

Das Wort, der geheimnisvolle Code für ‹Ich liebe Dich› heißt «Grüß Gott», oft genügt schon das Kürzel «gg». Es klingt danach, als sei es in den ersten gemeinsamen ungestörten Wochen am oberbayerischen Ammersee gekürt worden. Bisweilen, etwa in den einsamen Pariser Sommerwochen, taucht es in Steffins Taschenkalender an bestimmten Wochentagen regelmäßig auf, und es bedarf keiner sonderlichen Phantasie, zu verstehen, was das «gg» signalisiert. Wenn die Liebe abzukühlen droht, wenn es eine Verstimmung auszuräumen gilt, dann fragen die Briefpartner beunruhigt, enttäuscht, auch fordernd nach dem «wort»:«Grüß Gott! Du schreibst das nie! B», beklagt sich Brecht am 11. August 1933[23]; nach Brechts überlanger Abwesenheit in New York im Winter 1935/36 ist Grete Steffins Liebe verstört: «ich kann das wort jetzt nicht schreiben, *lieber* bidi, ich muss erst mit Dir sprechen und wieder bei Dir sein. Ich muss soviel erst vorher sagen.»[24]

Brecht und Margarete Steffin, etwa 1937.

Ganz wie Suleika ihrem Hatem, so echot Grete in den Sonetten ihrem bidi. Und nicht nur der Wechselgesang, auch Motive wie das Geschenk eines Ringes oder das Verkleiden des Begehrens in Träume gehören zu den Spielmustern ihrer Liebe und deren Poetisierung.

202 Ich denke, ich bin Deine Getreueste. Wirklich!

Die Liebende antwortet und lässt sich sofort ein auf den Ton des Understatements. Was man mit «gewogen sein» umschreibt, ist für sie in Wahrheit verzehrende Sehnsucht nach dem unverlässlichen Geliebten, als sie im Juli 1933 allein in Paris die Hoffnung auf ein alle Konkurrentinnen ausschließendes Leben zu zweit noch nicht aufgegeben hat:

Dir zugeeignet und dir ganz gewogen
Bin ich, seit ich den Mut zum Du gefunden.
Was immer mir auch fehlt, ich muß gesunden
Solang mir deine Liebe nicht entzogen.

Das kleine Wort, das damals wir ernannten
Das unauffällig machte das Berühren
(Unwiderstehlich machte das Verführen)
Durch Monde ist es Hort deiner Verbannten.

Das Wort ist mir Umarmung, ist mir Kuß.
Die ich so lange auf dich warten muß
Ich küsse es in jedem deiner Briefe.

Und weine ich, wenn ich es lese, ist
Es nur, weil du dann wieder bei mir bist
Und ich bin ohne Wunsch. Als ob ich bei dir schliefe.[25]

Nein, sie ist durchaus nicht ohne Wunsch. In den Tagen, da dieses Gedicht entsteht, schreibt sie an Brecht weniger poetisch:

[…] ich habe immer etwas angst vor der nacht. seit viel mehr als 10 jahren bin ich gewöhnt, jede nacht zu träumen. Aber jetzt träume ich nacht für nacht das ‹gleiche›: ich sehe Dich mit irgendwelchen frauen, rege mich sehr auf, wache dauernd auf, heulend sogar, und immer solches blödes theater. da aber der gute morgenstern gesagt hat, wenn man von den dingen spricht, vergehen sie, erwarte ich, dass auch dieses zeuges vergeh, weil ich Dir davon sprach.
Manchmal allerdings frage ich mich, wenn ich dann einfach nicht schlafen kann, wann Deine diversen freunde (wie in diesen wochen mir) einem anderen mädchen erzählen werden: ‹ja, und dann hatte er 1932/33 öfter ein mädchen bei sich, die hieß grete steffin, danach die …› und

immer höre ich dann, was helli zuletzt in berlin zu mir sagte: du tust mir leid, mein liebes kind.
dann tue ich mir selbst auch leid. aber einschlafen kann ich trotzdem nicht. sonst geht's aber gut.[26]

In den Austausch zwischen den beiden über das, was Liebe sei, mischt sich von Anfang an ein Missverständnis:

Liebe Grete,
das ist *Das dritte Sonett* und es ist sehr schlimm. Du mußt es mit einem Bleistift lesen und das letzte Reimwort eintragen. Wenn ich komme, sehe ich nach, ob es geschehen ist.
Das wird bald sein. […] Liebes altes Scheusal! b[27]

Dieses Sonett zeigt nun allerdings den Abstand zu Goethes Versen, zeigt, wie sich das Sprechen über die Liebe verändert hat:

Das dritte Sonett

Als ich schon dachte, daß wir einig wären
Gebrauchte ich, fast ohne drauf zu achten
Die Wörter, welche meinten, was wir machten
Und zwar die allgemeinsten, ganz vulgären.

Da war's, als ob von neuem du erschrakst
Als sähst du jetzt erst, was das, was wir machten, sei
In vielen Wochen, die du bei mir lagst
Lehrt ich von diesen Wörtern dich kaum zwei.

Mit solchen Wörtern rufe ich den Schrecken
Von einst zurück, als ich dich frisch begattet
Es läßt sich länger nunmehr nicht verdecken:
Das Allerletzte hast du da gestattet!
Wie konntest du dich nur in so was schicken:
Das Wort für das, was du da tatst, war   [28]

Mitte Juli schreibt Grete Steffin an Brecht auf die Rückseite eines Briefes:

Ich denke, ich bin Deine Getreueste. Wirklich!

die sonette finde ich sehr schön.
aber mit dem sechsten bin ich nicht einverstanden.
lieber bidi; diese 7 sonette (ich *bin* für besitz!) gehören zu dem schönsten
und mir liebsten, was ich habe.
danke.[29]

Was hat sie gestört am sechsten Sonett, was wird sie auch am siebenten
irritiert haben? Ein neuer Unterton hat sich eingemischt in sein Lie-
beslied, Distanzierung, ein Rückzug wie aus Furcht vor zu viel Besitz-
ergreifung, vor Freiheitseinschränkung durch die Geliebte:

Als ich vor Jahr und Tag mich an dich hing
War ich darauf nicht allzu sehr erpicht:
Wenn man nicht wünscht, vermißt man vielleicht nicht
Gab's wenig Lust, ist auch der Gram gering.

Vier Gedichtzeilen, die über das Brecht'sche Verständnis von Liebe und
die demnach unvermeidlichen Missverständnisse mit den geliebten
Frauen alles offenbaren. Eine weitere bringt es rücksichtslos auf den
Punkt: «Der Männer Wollust ist es: nicht zu leiden.»[30]

Das siebente Sonett

Ich riete dir, dich mir zu überlassen
Und keinen Handel mehr mit mir zu treiben
Doch fürchte ich, du sagst: das laß ich lieber bleiben
Wenn ich das tät, das könnte dir so passen!

Daß Du mich dann behandelst wie ein Essen
Das außer *einem* keine Esser hat:
Er schiebt's vom Teller, denn er ist ja satt
Was keiner stehlen kann, wird leicht vergessen!

Ich denke so: nach dem Gesetz der Märkte
Das vorschreibt, den Geschlechtsteil auszunützen
Bestünd hier ein Verdacht, den solch ein Rat verstärkte…

Dein Rat mag gut sein, wirst du sagen, schad
Er ist verdächtig, auch zu unterstützen
Den, der ihn gibt. Gut, ich verschweig den Rat.[31]

Das ist der Brecht-Ton und die Brecht-Handlungsweise, die ihm den Ruf des gewissenlosen Frauenverschleißers eingebracht haben. Grete Steffin bekennt sich in ihren Sonetten immer offener zur körperlichen Lust mit Brecht, aber sie besteht auch ebenso deutlich darauf, dass Sex ohne Liebe ihre Sache nicht ist.

Wie konnte Brecht je glauben, dass seine Liebeslehren, wie in folgenden Versen, für eine Frau akzeptabel wären?

> Als du das Vögeln lerntest, lehrt ich dich
> So vögeln, daß du mich dabei vergaßest
> Und deine Lust von meinem Teller aßest
> Als liebtest du die Liebe und nicht mich.[32]

Dem Tagebuch, nicht dem Brief, vertraut sie verzweifelt die Wahrheit an: «Ich liebe ihn so sehr, daß ich daran sterben werde.»[33] Indem Brecht in Steffins Gegenwart ihre Liebe durch die zu Ruth Berlau eingetauscht hat, hat er ihr einen untragbaren Verrat zugemutet.

Diese grausam strapazierte Liebe zu Brecht, der sie sich zuweilen bis zur Selbstaufgabe unterwirft, ist die eine bestimmende Kraft in ihrem unsteten Leben, in der sie sich behaupten muss. Die zweite schwer zu ertragende Zumutung sind die politischen Ereignisse, ist die bedrohliche, tief enttäuschende Entwicklung in der Sowjetunion. Kräfte verzehrend, aber auch Kraft spendend ist die schriftstellerische Arbeit, die eigene wie die an Brechts Werk. Und über und neben und zwischen allem der Kampf mit der tödlichen Krankheit.

Die Krankheit also zuerst: Von 1934 bis Ende 1939 muss sie sechsmal zu stationären Behandlungen in Krankenhäuser eingeliefert werden, meist ist es das Öresund-Hospital in Kopenhagen, drei Operationen (an der Lunge, am Oberkiefer, schließlich unter scheußlichsten Bedingungen am Blinddarm) muss sie über sich ergehen lassen. Die Tuberkulose hat im Herbst 1936 auch das rechte Ohr befallen, zeitweilig hört sie fast nichts (was die Arbeit mit Brecht verhängnisvoll erschwert). Dreimal hält sie sich in Sanatorien in Moskau und im Kaukasus auf. Sie ist abgeschnitten von den Freunden, nutzt die Zeit für intensive Korrespondenz und schreibt eigene Arbeiten. Ihre Kinderstücke *Wenn ich einen Engel hätte* und *Die Geisteranna* entstehen im Krankenhaus und im Sanatorium, immer wissend, dass ihr nicht genügend Zeit bleiben wird, das zu schreiben, was sie wirklich könnte. Und auch das erzählen die wenigen Fotos aus dem dänischen Sommergarten nicht und natürlich nicht die Briefe der Freunde an sie: dass da immer auch Angst vor der Ansteckungsgefahr dabei ist, und wie sehr diese Krankheit isoliert. Walter Benjamin gibt einer Freundin ein beklemmendes Stimmungsbild aus Skovsbostrand:

> Kurz, dies Dasein ist nicht nur außen – durch trübes Wetter, wenige Wege, armen und steinigen Strand beschränkt, sondern hat viele Tage an denen ich mich vergeblich nach einer Unterbrechung der Arbeit umsehe. Daß die Nähe der Steffin die Atmosphäre im Hause B manchmal drückend macht, können Sie ohnehin sich leicht denken. Im übrigen wird sie abgeschieden gehalten, daß öfter Tage vergehen, ohne daß ich sie sehe.[34]

Einen verzweifelten Notruf schickt Grete Steffin im Winter 1940/41 an Brecht:

> seit wochen schwimme ich auf dem fieberschiff. es steigt schrecklich auf und ab. mir ist so schlecht, so schlecht. ich will ans ufer der gesundheit, aber das schiff legt nie an. ich springe in das dunkle wasser. mit fischnetzen, mit angelhaken holen sie mich zurück. ich frage angstvoll, ob es keine rettung gibt?[35]

Ein letztes Mal phantasiert sie sich in die gemeinsam erarbeiteten Stücke, träumt sich in die geliebten Rollen: in die Leokadja Begbick und in Galy Gay, in Pelagea Wlassowa und die Johanna und in all die ungespielten Rollen, die so dringend gespielt, gezeigt werden sollten, damit es in der Welt endlich anders wird. Fiebertaumelnd endet sie (und wer bliebe da unberührt?): «und der schwankende boden unter mir öffnet sich und ich falle, falle, falle.»

Gehalten hat sie auf diesem Weg in den Abgrund mit Fieber, teuflischen Schmerzen, Herzkrämpfen, anhaltenden Schwächezuständen eine wahre Arbeitsobsession: «10–11 russisch / 11–12 schreiben / 1–2 dänisch u. englisch / 2–3 schreiben / 3–5 spazieren, lesen / 5–6 Zieh-

harmonika / ½ 8–10 schreiben / 12 Licht aus / 9 Frühstücken.»³⁶.
Steffin arbeitet um ihr Leben, das Pensum ist schlechterdings unvorstellbar. Schon die Bedingungen, unter denen sie es sich abverlangt: die beschwerlichen Reisen bis in den tiefsten Kaukasus, die miserable Ernährung, das Frieren, überhaupt der Mangel: an Wärme, Geld, Obst, Farbbändern, Büchern, und wie oft der Mangel an Freunden, die Einsamkeit, immer ohne Zuhause, in Pensionszimmern, in Sanatorien, bei Bekannten vorübergehend recht und schlecht untergebracht. Ihr Zuhause ist an der Seite Brechts, und der Ort ist – fast – immer schon besetzt. Das Schlimmste ist, «dass ich kein ‹zu hause› habe. nirgends. ich muß immer für mich und meine Koffer um einen Platz bitten.»³⁷

Dabei sorgt sie fortwährend für andere, sucht eine Wohnung für die Brechts, wählt für Benjamin die günstigste Pension aus, wenn sie ihn einmal wieder für einige Wochen nach Svendborg locken möchte, um nicht so allein zu sein neben einem «bidi», der ihr nicht gehört. Sie kümmert sich um den sichersten und günstigsten Transport von Benjamins Büchern, besorgt ihm regelmäßig Tabak in Moskau, obgleich die Versendung so kostspielig und so unzuverlässig ist. (Übrigens hat sie auch für Benjamin Manuskripte ins Reine geschrieben.) Am eifrigsten ist sie freilich, wenn es um ihr wichtigstes Anliegen geht: Literatur vermitteln, mit Zeitschriften verhandeln und Texte unterbringen, bei den säumigen Redaktionen Honorare einfordern und so für den knapp werdenden Lebensunterhalt der Freunde – und natürlich auch ihren eigenen – sorgen. Sie tut das, so gut sie kann, in den schwierigsten Zeiten für Walter Benjamin, sie tut es immer wieder für Brecht, vermittelt Übersetzungen und Publikationen Brechts an den sowjetischen Buchmarkt. Moskau wird dank ihrer Vermittlung neben London ein wichtiger Druckort für Brechts Werk in den Jahren des Exils.

Aber die zunächst befremdlichen, dann beunruhigenden, dann bedrohlichen politischen Veränderungen in der Sowjetunion sorgen für zunehmende Irritation unter den linken Flüchtlingen. Noch 1933 hatte Brecht bei der Erwägung eines gemeinsamen Aufenthaltsorts Moskau in die engere Wahl genommen, als er ihr vorschlug: «Eventuell

Margarete Steffin mit Barbara Brecht, Ostern 1934

Mekka».[38] War das nur beruhigende Rhetorik für seine begeisterte Genossin? Ernsthaft hat Brecht ein Exil in der Sowjetunion wohl nie erwogen. Zu ideologisiert war ihm die Kulturpolitik dort, zu doktrinär in Fragen der Kunst, der Ästhetik, des Theaters, zu parteiabhängig. Zum «Verein» – so nennt er camouflierend und ein wenig verächtlich die Partei – hielt er Abstand; freilich ließ er auf die ‹Lehre› nichts kommen, er vermied stets die Konfrontation mit der Partei – die Genossen dagegen nicht immer mit ihm. Er verhielt sich taktierend nach allen Seiten, denn er wünschte und brauchte seine Leser in Ost und West. Und jede Kritik an der Sowjetunion hätte sich das faschistische Lager zunutze gemacht.

Brecht war vor seinem amerikanischen Exil nur dreimal in Moskau, zu sehr unterschiedlichen Zwecken und nie ohne Grete. Das erste Mal im Mai 1932 zur Erstaufführung seines Films *Kuhle Wampe*, das zweite Mal im Frühjahr 1935 auf Einladung des Internationalen Arbeiter-Theaterbunds: Grete Steffin kommt aus dem Kaukasus angereist, schickt ihm Rubel an die Grenzstation, nimmt ihn in Leningrad in Empfang und begleitet ihn, soweit ihr desolater Gesundheitszustand das zulässt, als seine kundige Sprachführerin zu Theaterabenden, Empfängen, Besprechungen. Sie ist seine Dolmetscherin bei Diskussionen, sie übersetzt ihm im Theater die Ereignisse auf der Bühne simultan.

Glanzvolle Höhepunkte werden für die Besucher die pompös inszenierten Feierlichkeiten zum 1. Mai und ein großer Brecht-Abend im Klub ausländischer Arbeiter. Zugegen ist die gesamte Kulturprominenz, Kominternleute und die meinungsführenden deutschen Exilkommunisten, Gustav von Wangenheim, Wilhelm Pieck, Erich Weinert, Friedrich Wolf, Carola Neher, Erwin Piscator, Johannes R. Becher, die Freunde Asja Lacis und Sergej Tretjakow. (Manche von ihnen sehen die Besucher zum letzten Mal, ehe sie bei den stalinistischen so genannten Säuberungen erst verschwinden, dann ermordet werden.) Zum Abschied in Leningrad gibt es für die Gäste noch einen Abend mit einer Brecht-Lesung, mit Reden von Konstantin Fedin und Theodor Plivier; Carola Neher ist auf einer Schallplatte mit Brecht-Liedern zu hören, «am besten aber und eindrucksvollsten wirkten die von Genossin Steffin [in russischer Sprache!] vorgetragenen *Kinder-lieder für proletarische Mütter*, deren dichterische Stärke die Zuhörer mächtig mit sich riß und einen nicht enden wollenden Beifallssturm auslöste.»[39]

Das dritte Mal schließlich kommt Brecht im Mai 1941 mit seiner Familie, mit Berlau und Steffin, als Transitexilant und nur, um so schnell wie möglich wieder wegzukommen in die USA.

Grete Steffin ist die bessere Kennerin der UdSSR, aber sie ist auch die Parteitreuere, und sie möchte länger als Brecht an das «Mekka» Sowjetunion als Exilort glauben. Brecht schwingt in der politischen Lyrik dieser Jahre, in den Lehrstücken gleichsam immer die Fahne, hält sich mit seiner Person dagegen so gut wie möglich heraus. Grete Steffin verbringt viele Monate in der UdSSR, lässt sich auf den Alltag ein, sieht die Veränderungen zum Besseren und zum Schlechten, nimmt rasch den Unterschied wahr: ob man als Gast offizieller Stellen, in einer Delegation nach Moskau kommt oder als gewöhnliche und nicht gerade vermögende Besucherin. Über ihre politischen Verbindungen, mögliche Aktivitäten in der UdSSR und in Dänemark, wissen wir möglicherweise bislang nicht alles. Jedenfalls lässt sie sich sehr früh schon nicht mehr blenden wie andere, wie zum Beispiel Lion Feuchtwanger, der als offizieller Gast im Winter 1936/37 die Sowjetunion bereist, sogar von Stalin empfangen wird und davon in *Moskau 1937. Ein Reisebericht für meine Freunde* (erschienen bei Querido in Amsterdam) schwärmt. «haben Sie die großen worte feuchtwangers gelesen?», fragt Steffin höchst skeptisch ob der Eloge Walter Benjamin, «wird er nie bereuen, dass man ihm quasi diese aus der nase gezogen hat, dem klugen feuchtwanger?»[40]

In Moskau wohnt sie bei Maria Osten (eigentlich Maria Greßhöner, die als Schriftstellerin und Mitarbeiterin des Malik-Verlages in Berlin gearbeitet und sich als begeisterte Kommunistin das Pseudonym Osten zugelegt hatte) und ihrem Gefährten Michael Kolzow, Vorsitzender der Auslandskommission des sowjetischen Schriftstellerverbands und Leiter des Jourgaz-Verlages, in dem ab Juli 1936 die literarische Monatsschrift *Das Wort* erscheint. Brecht zählt neben Lion Feuchtwanger und

Willi Bredel zu den Herausgebern. Die Zeitschrift zerreibt sich allerdings in den kommenden Jahren in unerfreulichen Parteikämpfen.

Schon einigermaßen fortgeschrittene Filmprojekte für Brecht und auch für Helene Weigel in Moskau verlaufen im Sand, ein Lieblingsprojekt von Erwin Piscator für ein deutsches Theater irgendwo an der Wolga, für das er Brecht dringend gewinnen möchte, erweist sich sozusagen als Schnapsidee. Steffins frühere warme Empfehlung an Walter Benjamin, sein Glück im Exil in Russland zu versuchen, muss sie vorsichtig revidieren. Alarmiert und ratlos, aber ohne sich von der Parteilinie zu distanzieren, hören die Freunde in Svendborg – auch Walter Benjamin verbringt die Sommerwochen wieder dort – die Nachricht vom ersten großen Schauprozess im August 1936 in Moskau mit sechzehn umgehend vollstreckten Todesurteilen. 1936 wird Carola Neher zu zehn Jahren Haft verurteilt, sie stirbt 1942 in einem Lager im Ural, 1937 verschwindet Tretjakow in der Haft, er wird 1939 erschossen, 1938 trifft die Verhaftung Michael Kolzow und andere noch verbliebene Freunde in der UdSSR. Maria Osten schließlich begleitet Grete Steffins Sterben noch im Mai/Juni 1941, zwei Wochen später wird auch sie verhaftet und 1942, wie ihr Gefährte Kolzow, hingerichtet. Dass Brecht durch die Verhaftungen und Verhöre enger Freunde möglicherweise ebenfalls längst aktenkundig geworden ist, muss ihn beunruhigt haben.

Grete Steffin fühlt sich in Dänemark von der Fremdenpolizei überwacht und nur geduldet. Im August 1936 erklärt sich der dänische Journalist und Genosse aus dem Komintern-Büro Sven Jensen Juul bereit, Grete Steffin aus ihren Aufenthaltsschwierigkeiten zu helfen und sie zu heiraten. Seit dem 29. August 1936 besitzt sie also einen dänischen Pass.

Sie, die durch ihre Verhandlungen direkter mit Verlagen zu tun hat als Brecht selbst, sieht die Publikationschancen für Brechts Arbeiten, ebenso für die Benjamins und ihre eigenen, sinken. Schon vor dem deutsch-sowjetischen Nichtangriffspakt, vor dem Kriegsausbruch, vor der Weiterflucht nach Schweden, dann nach Finnland, und gegen Brechts Zögern predigt sie dauernd: Amerika![41] Erst 1940, in letzter Minute, forciert Brecht die Emigration in die Vereinigten Staaten, vor denen er schon immer einen Horror hat. Und jetzt erweist sich Grete Steffins schwere Krankheit als großes Hindernis. Anfang Mai 1941 haben die Brechts ihre Einreisevisa in Händen. Für die Tbc-kranke Steffin ist es zu spät, am 12. Mai 1941 kommt endlich das Besuchervisum für die USA. Es rettet sie nicht mehr.

So lange am Leben gehalten, an einem nicht passiven, nicht nur leidvollen, sondern höchst produktiven, hat sie die Besessenheit für ihre literarische Arbeit. Wohin sie fuhr, Manuskriptkonvolute waren im Gepäck. Kaum im Sanatorium angekommen, kaum von der Operation erstanden, muss sie sich an die Arbeit gemacht, gelesen, korrigiert, notiert haben.

Margarete Steffin ist ein Sprachengenie. Außer Deutsch spricht sie Englisch, Französisch, Russisch, Dänisch, Schwedisch, besitzt mehr als Grundkenntnisse in Norwegisch und Finnisch. Das Berliner Arbeiterkind, das mit vierzehn Jahren die Schulausbildung beenden musste, lernt in jedem Exilort umgehend die fremde Sprache, sodass es nicht nur zur täglichen Verständigung reicht, vielmehr kann sie in Kürze literarische Übersetzungen anfertigen. Im September 1937 berichtet sie Arnold Zweig nach Palästina von ihrer Übersetzungsarbeit:

> ich lese dänische, deutsche, russische, englische zeitungen […] oft bin ich froh, dass ich diese Jahre, in denen für mich emigration durch krankheit noch sehr erschwert wurde, wenigstens fremde sprachen etwas kennen lernte. ich würde Sie so gern einmal wiedersehen, um Ihnen zu erzählen, was ich aus dieser schweren zeit herausholen konnte.[42]

Trotz der heftigen Irritation bei ihrer Ankunft in Kopenhagen im Dezember 1933 durch Ruth Berlau sucht sie ein freundschaftliches Verhältnis zu ihr und übersetzt, sozusagen als Lehrlingsstück, deren – wie sie meint – wenig geglückten Roman *Videre* (deutsch: *Weiter*) ins Deutsche.

Grete Steffin erhofft sich von der Übersetzungsarbeit vor allem Einnahmen, allerdings meist vergeblich. Im Sommer 1935 übersetzt sie mit Vergnügen einen Band satirischer Novellen des russischen Dichters Michael Sostschenko (1895–1958), dann kommt die Enttäuschung: «als ich sie verkaufen wollte, erfuhr ich, dass sie bereits deutsch erschienen sind, was mir der autor verschwiegen hatte. Denken Sie sich meinen ‹Zurn›!»[43] Der freundliche Benjamin, dessen Gegenbriefe leider nur vereinzelt erhalten sind (siebenundsechzig von Steffin stehen acht von ihm gegenüber), ist häufig gut zum ‹Zurn›-Ablassen:

> ich muß doch bald mal einen millionär totschlagen, es bleibt mir gar nichts anderes übrig. Odense (Sie wissen, es liegt 1$^{1}/_{2}$ stunden von hier) soll viele millionäre haben, und schließlich kostet die rückfahrkarte nur 4 kronen 80, am sonntag sogar weniger, das sind für eine million nicht zu hohe unkosten.[44]

1938 erscheinen endlich einmal ein paar Arbeiten von ihr: im März-heft der Zeitschrift *Internationale Literatur* in Moskau eine Passage aus ihrer Übersetzung eines dänischen Romans *Die Tagelöhner* von Hans Kirk, und von Januar bis April 1938 bringt *Das Wort* als Fortsetzungs-

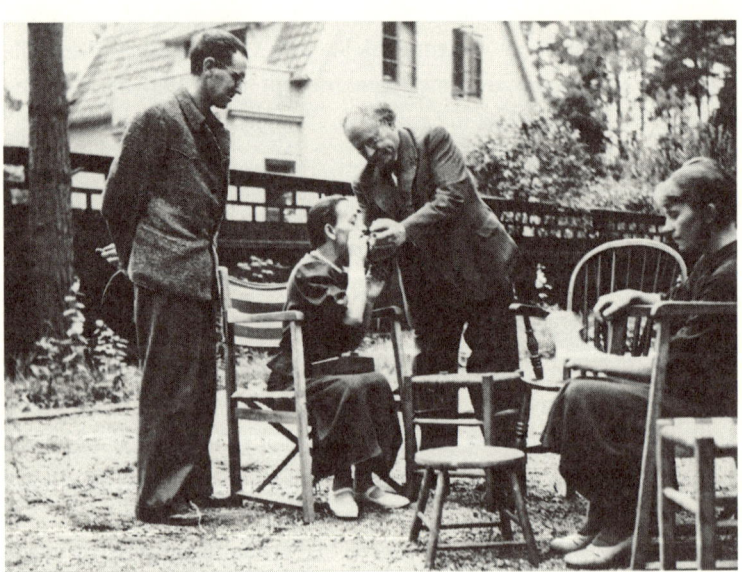

Brecht, Weigel, Steffin und Andersen Nexø, Lidingö, August 1939

abdruck *Die Niederlage*, ein Schauspiel über die Pariser Kommune von Nordahl Grieg, eine Übersetzung aus dem Norwegischen.

Zu ihrer größten Übersetzungsleistung gehören die vier umfangreichen Bände *Erinnerungen* des dänischen Schriftstellers Martin Andersen Nexø. Das Milieu dieser Autobiographie ist ihr vertraut, eine Proletarierkindheit, Armut und Härte und dann die Chance zur Bildung durch die Volkshochschule und die ‹Berufung› zum Schriftsteller. Andersen Nexø hatte Brecht darum gebeten, eine bereits vorliegende deutsche Rohübersetzung für die Züricher Büchergilde Gutenberg druckreif zu machen. Diese Übersetzungsvorlage erweist sich dann als nahezu unbrauchbar. Grete Steffin arbeitet sich in enormem Tempo durch die vier umfangreichen Bände. Nach kleinen Teilabdrucken erscheinen 1940 die beiden ersten Bände in Moskau, auf dem Titelblatt heißt es «Deutsch von Margarete Steffin und Bertolt Brecht». Nach der Auftragserteilung hatte Brecht Andersen Nexø erklärt:

> Wie ich Dir von Anfang an sagte, würde ich sehr gern bei der Übersetzung mithelfen, so gut es mir irgend möglich ist. Ich habe auch nichts dagegen einzuwenden, daß mein Name mitgedruckt wird, allerdings müßte es heißen
> Margarete Steffin und Bertolt Brecht,
> da ich, wie jedermann weiß, ja nicht Dänisch verstehe und da, wie ich weiß, die Hauptarbeit tatsächlich von Grete gemacht wird.[45]

Stefan Hauck hat darauf hingewiesen, der Autor selbst habe Wert darauf gelegt, dass der zugkräftigere Name Brechts für die Übersetzung stand, dass aber auch Brecht selbst Interesse daran hatte, sich als Übersetzer einen Namen zu machen.[46] Über seinen tatsächlichen Anteil an der Arbeit wissen wir nichts. Grete Steffin hat diese befremdliche ‹Vermarktung› ihrer Arbeit offensichtlich akzeptiert. Allerdings weiß sie, dass ihr wenig bekannter Name von der Nachbarschaft des prominenteren Brechts profitiert. Und immerhin gehört die Übersetzung zu den wenigen Arbeiten von ihr, die zumindest in Teilen erschienen und honoriert worden sind.

Kaum lebt Grete Steffin einige Monate in Schweden, macht sie sich im Dezember 1939 im Krankenhaus an die Übersetzung von Per

Lagerkvists Drama *Sieg im Dunkeln*, ein Verlag dafür findet sich nicht.

Und noch einmal, auf der letzten Station ihres skandinavischen Exils, im finnischen Marlebäck, stürzt sie sich, schon sichtlich ermüdet, auf die neue Sprache: Die Gastgeberin der Brechts, Hella Wuolijoki, vierundfünfzig Jahre alt, ist eine aufgeschlossene, kontaktfreudige Sozialistin, sie schreibt Geschichten und Stücke und erarbeitet mit Grete Steffin für einen Dramenwettbewerb eine Theaterfassung ihres Filmentwurfs *Die Sägemehlprinzessin*. Wie daraus schließlich Brechts *Puntila*-Stück wurde, das gehört ins Kapitel Mitarbeit an Brechts Werk; es wird der Abschluss von Steffins über viele Jahre vergessenem oder unbekannt gebliebenem oder vertuschtem Anteil an Brechts Werk.

Erst in den neunziger Jahren konnte durch die Einsicht in ihren Nachlass, durch die Lektüre ihrer Briefe und durch die historisch-kritische Edition der Großen Berliner und Frankfurter Brecht-Ausgabe Steffins Teil an der Kollektivproduktion der ‹Firma› Brecht während der Emigrationszeit bis 1941 ein Stück weit freigelegt werden – ganz wird er sich nie herausdestillieren lassen. Das lässt die Produktionsweise, die Entstehung der Sätze, Szenen, Szenenfolgen und Korrekturen nicht zu, vor allem immer dann nicht, wenn an einem Ort gemeinsam gearbeitet wurde.

Margarete Steffin ist Mitarbeiterin an den Stücken *Die Rundköpfe und die Spitzköpfe*, an *Die Horatier und die Kuratier*, an *Die Gewehre der Frau Carrar*, an *Furcht und Elend des Dritten Reiches* und dem *Galilei*, an *Mutter Courage* und *Der gute Mensch von Sezuan*, am *Puntila* und an *Der aufhaltsame Aufstieg des Arturo Ui*; sie ist wesentlich beteiligt am *Dreigroschenroman*, am *Tui*-Fragment, am *Buch der Wendungen*, an *Die Geschäfte des Herrn Julius Caesar*; sie hat den Zyklus *Lieder, Gedichte, Chöre* für den Pariser Druck bearbeitet, an der Herausgabe der *Svendborger Gedichte* mitgewirkt, sie hat die erste Auswahl der Gedichte zusammengestellt, die Brecht 1942 die *Steffinische Sammlung* nennen wird: «Die Steffinische Sammlung / Gedichte gesammelt von meiner Mitarbeiterin Margarete Steffin, geschrieben etwa von 1937 an in Dänemark, Schweden und Finnland»[47]; schließlich kümmerte sie sich in all den Jahren um die schwierige und oft durch Rückschläge gebeutelte Herausgabe der *Gesammelten Werke* im Malik-Verlag Prag/London von Wieland Herzfelde.

Sie moniert in den Gedichten rhythmisch misslungene Verse und schwache Reime, findet die logischen Schnitzer in den Handlungsverläufen, macht auf mangelnde Stringenz aufmerksam und spart nicht mit Gegenvorschlägen. Sie versieht Stückentwürfe mit Regieanweisungen, macht ausführliche Exzerpte für das Quellenstudium zum *Caesar*-Projekt, besorgt Bücher aus den Bibliotheken und stellt Listen möglicher Rezensenten zusammen.

Wolfgang Jeske, der Bearbeiter des *Dreigroschenroman* in der Großen kommentierten Berliner und Frankfurter Ausgabe (GBA), hat den Anteil von Brechts ‹Hauslektorin› an diesem Werk, ihre entschiedene Einflussnahme anhand der hinterlassenen Materialien und des Briefaustauschs darüber minutiös vorgeführt.[48] Am 13. August schreibt Brecht aus Thurø an Grete nach Paris: «Ich bin gespannt, was Du über den Roman schreiben wirst. [...] beir Korrektur mußt Du mir helfen, nicht nur mit abschreiben.»[49] Auf Steffins Lektüreeindruck dann, nicht ohne Lehrerallüre:

> Liebe Grete, die Kritik ist gut, aber zu kurz und zu wenig ausführlich. (Ihr fehlt ebenso wie dem Roman noch eine gewisse Solidität.) Du mußt mir noch auf alle meine Fragen antworten. Und: schreib nichts ab, was Dir nicht gefällt! Sondern: schicke alles, in Partien, zurück, und zwar die Stellen angestrichen, die nachlässig gearbeitet sind, Kraftausdrücke oder absichtliche Witzigkeiten. Am besten legst Du Zettel ein, die ganz flüchtig geschrieben sein können, nur einen Eindruck wiedergeben sollen.[50]

Durch ihre Einwände ist Brecht genötigt, das Manuskript erheblich zu überarbeiten, vor allem auszuweiten. Sie ordnet die Kapitel, formuliert Überschriften, berichtigt Brechts fehlerhafte Orthographie, setzt die Satzzeichen, ändert Namen im englischen Milieu, präzisiert Begriffe, greift nicht selten stilistisch ein. In ihrer Kur in Georgien im Dezember 1934 erreicht sie Brechts hübsch formulierter Dank: Er berichtet von den ersten «hymnischen» Kritiken für den Roman und meint: «Im allgemeinen scheinst Du eben doch ein Meisterwerk verfaßt zu haben, alter Muck. Besonders gerühmt wird Deine reine Sprache.

Ohne Spaß: es ist gut, wenn man den anspruchsvollsten Leser im *Hause* hat!»[51]

Kein Zweifel, Brecht war sich der Leistung Grete Steffins immer dankbar bewusst, davon zeugt nicht zuletzt seine Hilflosigkeit nach ihrem Tod. Aber er hat (außer jenem notorischen Vermerk «Mitarbeit: M. S.») nicht sonderlich viel dafür getan, ihren Anteil sichtbar zu machen, etwas von seinem Ruhm auch postum mit ihr zu teilen. Ihre Mitarbeit war (wie die der anderen Frauen und wie umgekehrt auch die seine bei ihren Übersetzungen etwa) für ihn ganz einfach eine Selbstverständlichkeit.

In Grete Steffins Berichten an Walter Benjamin sieht man die beiden zusammen arbeiten: «Kennen Sie die *Ballade von der Billigung der Welt*? Die haben wir noch gestern abend umgearbeitet. Ich glaube, sie ist gut.»[52] Oder: «wir haben einen einakter fertig über spanien [*Die Gewehre der Frau Carrar*], er gefällt mir sehr gut und ich habe brecht vorgeschlagen, ihn den ersten akt eines spanienstückes sein zu lassen. das müßte doch gebraucht werden.»[53] Oder: «morgen wollen wir eine schlussszene anfangen»[54] zu *Furcht und Elend des III. Reiches*, eine Szenenfolge, die nach der Erinnerung des Komponisten Hanns Eisler ohne Grete Steffin, ohne ihre Milieukenntnisse nicht hätte geschrieben werden können: «Steffin vermittelte gewissermaßen durch ihre Mitarbeit dem Brecht die Kenntnisse von der Berliner Arbeiterschaft, in der Wohnküche. Das brauchte Brecht dringend. Er hing sehr an ihr, er zitterte noch in Amerika über den Tod der Grete [...]»[55] In Brechts Journalen oder Briefen findet sich solch ein «wir» seltener, eher wenn es um eine Arbeit geht, bei der er *ihr* hilft: «Mit Grete übersetze ich Andersen Nexös *Erinnerungen*»[56] oder «Mit Grete die Übersetzung der drei Bände Nexösche *Erinnerungen* abgeschlossen»[57]. Beim *Guten Menschen von Sezuan* – das vertraut er dem Journal mehrfach an – kommt er ohne Grete nicht weiter. Stefan Haucks Recherchen zur Entstehung des *Puntila* legen nahe, dass den Hauptanteil daran Grete Steffin und Hella Wuolijoki geleistet haben; in Steffins hinterlassenen Papieren fanden sich übrigens noch andere von ihr (teilweise auch nur unvollständig) übersetzte Texte der finnischen Schriftstellerin.[58]

Hatte schon Brecht also wenig Interesse, an seiner alleinigen Autorschaft Zweifel aufkommen zu lassen, so erst recht die Editoren nach Brechts Tod. Nicht nur ist Steffins Nachlass samt und sonders dem Brecht'schen einverleibt worden, auch ganz eigenen Steffin'schen Arbeiten ist es so ergangen. Das Gedicht *Geliebter, hast du es denn nicht gelesen* schreibt die traurig und ohne Abschied zurückgelassene Grete Steffin für den Geliebten, der sich im Oktober 1935 zur Inszenierung der *Mutter* nach Amerika aufgemacht hat. Aus den vierzehn Anfangszeilen des Sonetts bildet sie kunstvoll das Akrostichon G-R-U-E S-S-G-O T-T-B I-D-I. Geringfügig korrigiert, als Rollengedicht Brechts und mit seiner vollmundigen Überschrift *Als der Klassiker am Montag / Dem siebenten Oktober 1935 / Es verließ, weinte Dänemark* stand es jahrzehntelang in Brechts Gedichtausgaben. Das Gedicht *Mein Freund ist nicht mehr wie er war* tut es noch in der jüngsten Großen kommentierten Werkausgabe, der BFA, obwohl, wie Stefan Hauck nachgewiesen hat, nur die Korrektur eines einzigen Wortes («meins» statt «es») von Brecht stammt. Und vor dem Dramenfragment *Das wirkliche Leben des Jakob Gehherda* (das heißt süddeutsch «Geh her da!») müsste analog zu Brechts Praxis nach der genauen Prüfung Haucks stehen: von Margarete Steffin, Mitarbeit: Bertolt Brecht.[59]

Margarete Steffin war auf den ‹Arbeitsplatz› bei Brecht finanziell angewiesen – er hat sie vor dem Verhungern bewahrt, zumal die eigenen Veröffentlichungsmöglichkeiten so deprimierend gering waren. Brecht und der sowjetrussische Freundeskreis (bei der Tessiner Kur auch Brechts Vater) haben ihr die Kuren ermöglicht. Befriedigend war für sie die ausschließliche Mitarbeit an fremden Texten nicht. «Ich selbst möchte so furchtbar gern auch produktiv sein», schreibt sie dem dänischen Freund Knud Rasmussen, «aber ich muß Ihnen etwas gestehen: Immer, wenn ich etwas beginne, habe ich Angst, daß die Leute sagen werden, ich hätte es nicht selbst gemacht. Und deshalb höre ich wieder auf. Oder ich glaube, daß es nichts taugt.»[60]

Grete Steffin hat immer auch ganz Eigenes geschrieben; auf welchem literarischen Niveau, das zeigten ihre Liebesgedichte. Zur körperlichen Ruhe gezwungen und ohne den direkten Austausch mit den Freunden entfaltet sie seit den ersten Sanatoriumsaufenthalten ihre Schreibbegabung, beginnt Autobiographisches aus ihrer Kindheit festzuhalten, in Geschichten einzulagern: *Von der Liebe. Und dem Krieg* zum Beispiel oder *Nachtwanderung.* Alle diese Erzählungen fanden sich, zum Teil noch unfertig, manche ohne Titel, unter Steffins Papieren: Es sind kleine Erzählungen oder Fragmente von Erzählungen, Milieugeschichten aus dem Berlin ihrer Kindheit. Knapp und sachlich schafft sie Atmosphäre, mit lakonischem Witz schildert sie den ärmlichen proletarischen Alltag. Die Kinder, die sie agieren lässt, üben sich eher in Selbstbehauptung denn in Heldentum. Sie schreibt Geschichten aus dem Paris der Emigranten, autobiographische Prosa-Texte um die schwierige Liebe zu Brecht, das Theaterstück für Kinder *Wenn er einen Engel hätte.* Dieses Stück, entstanden im Sanatorium im Kaukasus, lag Steffin besonders am Herzen: die tumultreiche Geschichte vom kleinen hungrigen Karl, der dank des Gebets seiner Mutter eine Stelle als Schiffsjunge bekommen hat und zwischen seinem Schutzengel, ausbeuterischen Arbeitgebern und Agitprop-Thesen hin und her gerissen wird. Als er dann – nachdem er ertrunken ist, weil keiner die Macht hatte, ihn zu retten – in den maroden Himmel kommt, begreift er, dass es weder den lieben Gott noch Engel gibt, dass man sich vielmehr selber helfen muss. Nur das Lied des Schiffsjungen und eine Szene sind zu Steffins Lebzeiten gedruckt worden[61], auch eine Aufführung kam nicht zustande.

Die satirische Erzählung *Veronal* spielt in der mondän-morbiden Atmosphäre des Lungensanatoriums. Dort veröffentlicht Steffin in der Hauszeitschrift *Die Terrasse. Monatshefte des Deutschen Hauses Agra* für ihre gutbürgerlichen Mitpatienten einen selbstverständlich gar nicht unpolitischen Erfahrungsbericht aus dem sowjetischen Sanatorium, *Sanatoriumsleben in der Krim.*[62] Es ist einer ihrer ganz wenigen zu ihren Lebzeiten gedruckten Texte.

Im Sanatorium sorgt sie auch mit zwei Theaterinszenierungen für Abwechslung mit und unter den Patienten. Reaktionen auf das, was sich in Deutschland abspielt, sind auffällig beiläufig, keine Äußerungen der Empörung, des Entsetzens, als sei das Geschehen sehr fern. (Oder war das Vertrauen auf einen raschen Sieg der kommunistischen Sache so groß?) Nur in ein paar kleinen Geschichten, *Familienkrach unterm Hakenkreuz*[63], *Die rote Fahne*[64] etwa, nimmt sie sich des Themas an. In der unfertigen Erzählung *Vom Mädchen Ursula* tritt sie sich gegenüber, besieht sich kritisch die Frau in ihrer Liebe zu dem Mann, lässt sie ihre Rolle probeweise anders weiterspielen, lässt sie unabhängiger sein, nach dem Motto ‹wie du mir, so ich dir› – mit anderen Männern untreu werden und beschreibt zynisch die Konsequenzen: «Der Mann machte natürlich sofort Schluß mit ihr. Denn man konnte nicht verlangen, daß er, wo er sie doch nur kurze Zeit im Jahr sah, sie dann auch noch mit andern teilen sollte.»[65]

Aus der Zeit der Beschäftigung mit Brechts Me-ti-Geschichten und dem *Sezuan*-Stoff, also aus den späten dreißiger Jahren, stammt die Erzählung *Konfutse versteht nichts von Frauen*. Sie klingt wie eine Antwort an den Lehrer in Liebesdingen, der immer weiß, wie Frauen sind und wie sie zu lieben haben. Hier imitiert (oder parodiert?) sie den Brecht'schen Sprachduktus, den verweisenden, didaktischen Gestus des Erzählens, der die Lesenden Schritt für Schritt mitnimmt.

Verzagt resümiert die begabte Frau, die so gerne Schriftstellerin wäre und so dringend mit dem Schreiben Geld verdienen wollte, im Sommer 1936 dem verständnisvollen Freund Walter Benjamin: «meine werke sind noch unveröffentlicht, zum grössten Teil auch noch nicht geschrieben, mein rechtes ohr ist taub, ausserdem singen die telegrafendrähte drinnen tag und nacht ununterbrochen weiter. ja, das leben».[66] Ein Jahr später ist das Leben für sie nicht befriedigender geworden: «ich komme, weil ich soviel für brecht zu tun habe, leider gar nicht mehr zu meinen übersetzungsarbeiten, das tut mir wirklich leid. aber in dem Sanatorium kann ich ja dann nachholen.»[67]

Irgendwann war nichts mehr nachholbar.

Das Verhältnis zwischen Anstrengung und Erfolg sieht für Grete Steffin deprimierend aus: Ihr literarisches Werk bleibt ungeschrieben oder unfertig oder unpubliziert, im Kampf gegen die Tuberkulose unterliegt sie, den Kampf um den Geliebten verliert sie gegen Ruth Berlau, das Kind mit Brecht kann sie nicht haben. Die Sowjetunion als Utopie einer besseren Welt stellt sich als mörderische Illusion heraus.

Grete Steffins Treue galt der Liebe, der Arbeit, dem Kommunismus – sie ist ihr schlecht gelohnt worden. Einer ihrer letzten Texte lautet:

Ich bin ein Dreck.
Das will keiner gern vor sich selber eingestehen. Ich habe es mir bisher immer nur ganz leise gesagt. […]
Es ist aber so schwer, kein Dreck zu sein, wenn man nur die Wahl hat zwischen: gar nichts sein oder ein Dreck sein. […]
Ich bin ein bißchen traurig, daß ich mich nicht mehr gern habe. Aber keiner ist zu mir gut. Warum soll ich zu mir gut sein? Für wen?
Muß doch eigentlich komisch sein, mir zuzusehen, wenn ich mich aufs Bett werfe und in die Kissen heule und schreie nach schönem kitschigen Muster, muß doch komisch sein, mich immer wieder heulen zu sehen, schreien zu hören, was ich nie einem ins Gesicht zu sagen wage. […]
Natürlich hat er keine Schuld. Er hat mir immer gesagt, er hat das Gewissen eines Eisklumpens.
Hört sich ganz gut an, wenn man zusammen liegt und lacht.[68]

Vermutlich noch in der Transsibirischen Eisenbahn im Juni 1941, nachdem er die Nachricht von Gretes Ende erhalten hatte, scheint Brecht diesen «Eisklumpen» ruhig stellen zu müssen, auf seine Weise:

Als es soweit war und der nicht unerbittliche Tod
Achselzuckend mir die fünf zerstörten Lappen der Lunge zeigte
Außerstande, ihr zuzumuten ein Leben nur mit dem sechsten
Schleppte ich zusammen noch schnell fünfhundert Aufträge
Dinge, die zu erledigen sofort und morgen, im nächsten Jahr
Und in sieben Jahren von jetzt an
Stellte unzählige Fragen, entscheidende, nur durch sie
Beantwortbare und so beansprucht
Starb sie leichter.[69]

Sie hätte gerne leichter gelebt.
Als Brecht sich 1942 noch einmal mit dem *Kinderkreuzzug* für einen geplanten Druck beschäftigt, setzt er – dankend, gedenkend, trauernd, vielleicht auch sich rechtfertigend – über das Typoskript: «Gewidmet dem Andenken an Margarete Steffin, gestorben an der Erschöpfung auf der Flucht vor Hitler.»[70]

«Wenn ich ihn nur nicht so sehr begehrte!»

Ruth Berlau

Mitte April 1940: Die deutsche Wehrmacht hat nahezu ganz Dänemark widerstandslos besetzt. Die Emigranten sehen sich im Nachbarland Schweden zunehmend unerwünscht, ja bedroht. Überstürzt räumen die Brechts mit Grete Steffin ihr Domizil in Lidingö bei Stockholm und fliehen weiter nach Finnland. Hastig informiert Brecht Ruth Berlau, die Frau, die er im Augenblick wohl am stärksten begehrt, vom Aufbruch. Und wie Katia und Thomas Mann im Augenblick der Emigration beschließen, sich nie mehr im Leben auch nur für eine kurze Reise zu trennen, wie Heinrich Mann unmittelbar nach Kriegsbeginn sich mit seiner ‹unstandesgemäßen› Nelly Kröger fürs Leben, was es auch bringen wird (und es bringt Schlimmes), verbindet und sie heiratet, so bekennt Brecht in diesem Brief seine Zugehörigkeit zu Ruth Berlau für immer:

Liebe Ruth,
ich muß jetzt fahren (voraus, denke ich immer): nicht nur, weil bei Kriegsausbruch das Wegkommen schwer sein wird, sondern auch wegen einigen beunruhigenden Anzeichen hier, Kontrolle, keine neue Aufenthaltserlaubnis usw.
Von jetzt ab werde ich *immer* Deine Reise mitorganisieren, Voraus oder am Platz.[…] von jetzt ab warte ich auf Dich, wohin immer ich komme, und rechne immer mit dir. Und ich rechne nicht wegen Dir auf Dein Kommen, sondern wegen mir, Ruth.
Darum mußt Du alles tun, ruhig und praktisch und mit Humor, in kritischer Lage kritisch, wie Du immer bist, wenn Du mir helfen sollst. […]
Was ich an Druckfahnen von *Jedes Tier kann es* habe, nehme ich natürlich mit.

Die Telephonnummer von Wuolijoki in Helsinki ist: 38632. Ich schreibe den Brief laufend, da ich laufend Bescheid bekomme. Daher das Durcheinander.
Liebe Ruth, komm bald. Alles ist unverändert, sicher und gut. j. e. d̲.
Und es wird unverändert sein. So lange unsere Trennung dauern mag. Auch in zehn, auch in zwanzig Jahren.
Und für Lai-tu: sie bekommt den Auftrag, auf sich achtzugeben und sich durch die Gefahren zu bringen, bis *unsere* Sache beginnt, die echte, für die man sich aufsparen muß. Liebe Ruth.

e p e p bertolt

Diesen kleinen Teil schneide aus und nimm mit. Das andere lerne auswendig.[1]

Dieses ‹Testament› bietet ein paar Rätsel, die sich im Folgenden rasch aufklären werden, Code-Worte einer intimen Beziehung. Es enthält das Bekenntnis des Begehrens, eine Versicherung der Treue, die Bürgschaft für ein gemeinsames Ziel. Welch ein Liebesbrief! Welche Liebende sollte ihn nicht als ein Versprechen fürs Leben lesen?

Beginnt man das Porträt Ruth Berlaus mit diesem Brief, dann werden alle bitteren Erfahrungen, die das Leben den Liebenden bereithält, den Briefschreiber ins Unrecht setzen, der Frau die Opferrolle zuweisen.

Man kann ein Porträt Ruth Berlaus aber auch so beginnen:

Liebe Ruth,
seit nunmehr vielen Wochen waren alle unsere Begegnungen – außer einer in Gegenwart eines Arztes – häßlich und peinigend über die Maßen. Vorwürfe, Forderungen, Beschimpfungen, Verleumdungen, Faustschläge und Szenen, zu Hause, im Büro, im Krankenhaus, auf der Straße – ich kann mir Dich schon gar nicht mehr ohne haßerfülltes, grimassierendes Gesicht vorstellen. [...] Wenn du auch nur noch für zwei Pfennige Vernunft in Dir finden kannst, verzichtest Du jetzt für ein paar Tage auf Komfort und begibst Dich endlich in Behandlung, bevor Du vollends alles zerstört hast. b[2]

Nun sieht man in ihr die schwer erträglich Launenhafte, die kranke Hysterikerin, mit der nur Mitleid bleibt, wenn man sie nicht einfach abstoßend findet.

Oder man zeigt zunächst einmal das Bild Ruth Berlaus, so wie sie war, bevor sie Brecht begegnete, oder genauer gesagt, so wie sich selber sah, denn das Bild der jungen Ruth Berlau kennen wir fast nur aus ihrem eigenen Bericht, den der spätere Kollege und Freund Hans Bunge aufgezeichnet hat. Eine Anekdote in diesen autobiographischen Auskünften (und gerade sie wird gerne kolportiert) spiegelt ihren Umgang mit Wahrheit und Dichtung: Die junge unternehmungslustige Ruth Berlau kommt auf die Idee, mit dem Fahrrad von Kopenhagen nach Paris zu fahren, bietet der Boulevardzeitung *Ekstra Bladet* Berichte über ihre Fahrt an, um sie damit zu finanzieren. Die Zeitung ist sofort einverstanden.

Ich fuhr mit meinem Fahrrad los, Schlafsack und Rucksack auf dem Gepäckträger. Es war eine stinklangweilige Fahrt. Aber abends habe ich mich hingesetzt und erfunden, was ich erlebt haben wollte. Ich war sehr romantisch damals. So dichtete ich zum Beispiel, daß Leute in einem Auto mich verfolgt haben, durch den Wald und über das Feld, und daß ich nur davongekommen bin, weil ich die Reifen kaputtgeschossen habe. Jeden Abend dachte ich mir so eine Geschichte aus. Dabei zählte ich sorgfältig die Zeilen, denn bei fünfundzwanzig Öre pro Zeile mußte ich viel schreiben, um zu etwas Geld zu kommen.[3]

Die Geschichte mag weitgehend der Wahrheit entsprechen, die Reiseberichte gehören allerdings ausdrücklich ins Reich der Erfindung – und wie diese so manch anderer aufregender Bericht aus ihrem Mund. Was wir von Ruth Berlau wissen, was sie im Alter über sich erzählt hat, ist also immer Selbstdarstellung, um nicht zu sagen Selbstinszenierung. Sie wechselt zwischen selbstironischer Geringschätzung und prahlerischer Hochstapelei; es sind Masken, hinter denen sich jemand verbergen möchte.

Die junge Ruth Berlau also: Sie erzählt, dass sie in eine wohlhabende Kopenhagener Familie hineingeboren wurde (am 24. August 1906), vermutlich durch Kriegsgeschäfte wohlhabend, aber nicht glücklich, denn die Ehe der Eltern zerbricht; dass sie eine Schule besuchte, die von Klosterschwestern geleitet war, sie die Schule schon mit dreizehn Jahren beendet und diesen Entschluss lebenslang bereut hat.

Sie muss betörend schön und immer zu irgendeiner Sache wild entschlossen gewesen sein. Immer geht es bei ihr hochdramatisch zu: Es reicht nicht, dass die Mutter einen Selbstmordversuch unternimmt, der sie wirklich fast das Leben kostet, und dass die noch fast kindliche Ruth die ersten Liebeserfahrungen mit einem Schwangerschaftsabbruch büßen muss, nein, beide Unglücke mussten auf denselben Tag fallen.

Sie erzählt – nicht als Elend, sondern als Abenteuer –, wie sie nach dem Zerbrechen der Familie, dem Verschwinden des Vaters und des Vermögens angeblich von Haustür zu Haustür Kaffee verkauft hat, «denn von irgend etwas mußten wir ja leben. Außerdem wollte ich meiner Schwester helfen, ihr Studium zu finanzieren».[4] Sie erzählt, ein wenig nach Pippi-Langstrumpf-Manier, wie sie als Zahnarzthelferin die Bohrer einfach wieder eingeordnet oder am besten weggeworfen hat, statt sie zu reinigen. Und – das kann in einer solchen Schilderung nicht ausbleiben – natürlich wollte der Zahnarzt sie heiraten, aber natürlich war er ihr zu langweilig. «Mein Unglück war», sagte sie später über ihr Verhältnis zu Männern in ihrem Freundeskreis, «daß ich eigentlich keine Freunde haben konnte – weil es keinen Mann gab, der nicht sofort in mich verliebt war. Das sage ich ohne Übertreibung.»[5]

Dann kam ihr die Idee mit der Fahrradtour nach Paris, und weil die ‹Berichterstattung› auf so großes Interesse gestoßen war, kommt ihr ein noch verwegenerer Einfall: Es gibt ein Pressefoto vom 4. Juni 1930, auf dem ein junges Mädchen mit Baskenmütze zu sehen ist, den Trenchcoat in der Taille eng gezurrt, mit ihrem voll gepackten Fahrrad. Die Bildunterschrift lautet: «Die junge Schauspielerin Frau Ruth Berlau, die vor ein paar Jahren eine abenteuerliche Reise alleine nach Paris auf dem Fahrrad unternahm, startet heute zu einer noch gefährlicheren Fahrt mit Moskau als Ziel. Die Tour geht über Stockholm, Helsinki, Leningrad in die Hauptstadt der Sowjetunion. Die Heimfahrt soll über Polen führen. Frau Ruth Berlau ist hier zusammen mit ihrem voll gepackten ‹Globus›-Fahrrad vor ihrer Abreise vom Freihafen zu sehen.»

Onsdagen,d. 4Juni,193o.

Den unge Skuespillerinde Fru Ruth Berlau,der for et Par Aar
siden foretog en eventyrlig Rejse til Paris alene paa Cycle,
startede i Dag paa en endnu mere vovelig Færd med Moskva som
Maal. Turen gaar over Stockholm,Helsingfors,Leningrad til
Sovjet's Hovedstad,og Hjemvejen lægges over Polen. Fru Ruth
Berlau ses her sammen med sin tætpakkede "Globus" Cycle før
Afrejsen fra Frihavnen.

Zwischen der ersten Fahrt – unternommen, um auf attraktive Art Geld zu verdienen – und dieser schon professionelleren Unternehmung hat sich einiges verändert im Leben der Ruth Berlau. Sie hat 1928 den zwanzig Jahre älteren, arrivierten und vermögenden Hals-Nasen-Ohren-Arzt Robert Lund (mit vier Kindern aus seiner ersten Ehe) geheiratet, der ihr ein angenehmes Leben ermöglicht und einen großen Spielraum lässt. Spielraum ist wörtlich zu verstehen: Sie besucht eine Schauspielschule, und hierhin gehört auch ihre erste Begegnung mit Bert Brecht, genauer mit seinem Werk. Nach dem ersten Studienjahr bekommt sie in einem Experimentiertheater in Kopenhagen die Rolle der Anna in *Trommeln in der Nacht*: «Der einzige Erfolg, den ich jemals als Schauspielerin hatte, war diese Anna.»[6] Das ist gewiss das Understatement einer Frau, die weiß, dass sie Wesentlicheres aufzuweisen hat, als Nebenrollen zu spielen. Was sie von ihrer Arbeit am Königlichen Theater in Kopenhagen erzählt, rückt vor allem die kapriziöse Ruth Berlau in den Blick, die es Regisseuren und Kollegen und Autoren nicht immer leicht macht.

Im Sommer 1930 also meint sie plaudernd zum Chefredakteur von *Politiken*: «Eigentlich hätte ich Lust, einmal nachzuschauen, wie das so ist in diesem Rußland. Ich glaube, ich fahre mit dem Fahrrad hin.»[7] Und wird angeblich gleich am nächsten Morgen mit tausend Kronen Spesen pro Tag auf den Weg geschickt. Es folgt das schöne Märchen von der bourgeoisen Frau Lund, die alle Schwierigkeiten mit ihrem Charme spielend überwindet, mehr bei der Moskauer Theaterolympiade zu Gast ist als sich dem Artikelschreiben widmet und nach drei Monaten als ‹rote Ruth› nach Kopenhagen zurückkehrt, «direkt ins Büro der Kommunistischen Partei».[8]

Begeistert von dem, was sie in Moskau gesehen hat, gilt nun ihr Engagement dem Aufbau eines Arbeitertheaters auch in Kopenhagen, des ‹RT – Revolutionären Theaters›. Sie organisiert, hilft Laiendarstellern bei Inszenierungen und schreibt selbst Agitprop-Szenen für das Theater.

Im August 1933 soll sie mit zwei Bekannten von einem Studentenkomitee Karin Michaelis für eine Veranstaltung in Kopenhagen gewinnen. Und weil ihr Mann ein Auto besitzt und sie gehört hat, dass Brecht jetzt dort wohne (von dem sie bislang nur *Trommeln in der Nacht* kennt), fährt sie also fünf Stunden nach Thurø und fährt mit dem «phantastischen Lincoln» im Haus Torelore bei den Brechts vor.

Ruth Berlau, Passfoto, undatiert

Brecht lebt erst seit zwei Monaten in Dänemark. Ob ihm die junge Frau schon damals besonders aufgefallen ist, wissen wir nicht. Aber man kann sich unschwer die Wirkung ihrer Ausstrahlung, des entwaffnenden Charmes ihres ausländischen Akzents vorstellen; die offene Neugier auf den unkonventionellen linken Dichter und ihre Kenntnis der Theaterverhältnisse, auch der Sowjetunion, wieder einmal das Interesse an seiner Arbeit als ‹Duftstoff› gegenseitiger Anziehung, scheint nicht ohne Eindruck geblieben zu sein. Wenn Berlaus Erzählung wahr ist, hat sie sich und hat Brecht ihr erstaunliche, ganz ungewöhnliche Übergriffe erlaubt. Sie will sich – versteckt hinter der naiven Unerfahrenheit der Ausländerin – auf die deutsche Kompliziertheit von ‹Du› und ‹Sie› gar nicht eingelassen und Brecht sofort mit ‹Du› angeredet haben. Und er soll darauf eingegangen sein, obwohl Brecht doch bei so vielen lebenslangen Freunden auf der Distanz des ‹Sie› bestand, bei Lion Feuchtwanger, Walter Benjamin, Marieluise Fleißer, auch bei Elisabeth Hauptmann. Und sie behauptet, ihm das *Versuche*-Heft mit dem Text der *Mutter* trotz seines entschiedenen Einspruchs vom Schreibtisch weggeluchst zu haben.[9] Sie gewinnt auch Helene Weigel für eine Rezitation bei der geplanten Studentenveranstaltung und holt Karin Michaelis, Brecht und Helene Weigel am 5. September nach Kopenhagen. Der Gesang der *Wiegenlieder* vor den neu immatrikulierten Studenten wird Helene Weigels erster Auftritt in der Emigration.

Dass Brecht dann (nach dem anschließenden Arbeitsaufenthalt mit Grete Steffin in Sanary-sur-Mer und Paris und der Rückkehr nach Dänemark im Dezember) Grete Steffin in Kopenhagen der Obhut Ruth Berlaus anvertraut und sie nach wenigen Tagen im Hotel bei den Lunds einquartiert, zeugt wieder einmal von seiner Unsensibilität für sympathetische Spannungsfelder. Zwar erzählt Ruth Berlau arglos: «Grete und ich hatten eine sehr schöne Zeit miteinander [...]. Sie wohnte drei Monate bei mir.»[10] In Wahrheit zog sie jedoch nach drei Wochen aus. Warum es Grete Steffin nicht länger ausgehalten hat, geht aus einem Brief an Brecht hervor:

Durch einige Vorkommnisse in diesen Tagen u. durch Erzählungen Ruths über einige Männer + sie, die ca. 5 Stunden dauerten (scheußlich) habe ich *jede* Eifersucht verloren – hier. – Und auch keine Lust mehr, freundschaftlich (es war in *ganz* ehrlicher Freundschaft gesagt) zu ‹warnen›. Wenn Dich mal ein schönes Mädchen anruft, mußt Du von Klatsch bis Kinderkriegen selbst die Folgen überlegen. Geht mich alles nichts mehr an. Du sitzt im Nebel. […] Auch, wenn Du hier sein wirst und ich verbannt sein werde.[11]

Sie spricht von «Hintertreiben u. Verfälschen u. Herumerzählen», «Miststückereien»[12], die gemeinsame Brecht-Projekte auch für andere Beteiligte nahezu unmöglich machen.

Zwar scheint bis nach Brechts Moskaureise 1935 nur loser Kontakt zu Ruth Berlau bestanden zu haben, aber sie hat das Exemplar der *Mutter* nicht umsonst mitgehen lassen. Sie versucht sich, noch mit ungenügenden Deutschkenntnissen – und daraus macht sie auch in der Erinnerung kein Hehl – an einer Übersetzung ins Dänische. Im Juni 1935 wiederholt sich das bekannte Muster Brecht'scher Liebesbeziehungen: Der Blitz schlägt nicht ein bei Tanz oder Wein und Geselligkeiten, es ist offensichtlich die Erotik der gemeinsamen Textarbeit, die das Feuer entzündet. Von nun an wird «bertolt» – so unterschreibt er seine Briefe an Ruth Berlau – zum Mittelpunkt ihres Lebens, zum beglückenden, schwierigen, schmerzenden Herzstück. Spätestens mit ihrer Mitflucht nach Finnland und dann in die USA richtet sie ihr Leben – und das wird ihr Verhängnis – vollständig auf Brecht aus. Er wird ihr immer wieder versichern müssen: «j. e. d.», jeg elsker dig, was auf Dänisch heißt: ‹Ich liebe dich.› Für viele Jahre, auch in den schlimmen Zeiten, gilt der Code ihres Treueversprechens: «e p e p» (et prope et procul), ‹in der Nähe wie in der Ferne›:

Ein Geschenk
Er hatte einen besonders schönen Stein am Svendborg-Sund gefunden. Mit einem Messer hatte er eingeritzt: epep. Er erklärte mir, es heißt et prope et procul und bedeutet: in der Nähe in der Ferne.
Der größte Diamant, alle strahlenden Rubine sind nichts gegen dieses Geschenk. Der kleine kühle Stein half mir durch die Zeiten, in denen ich

fern von ihm war. Meinem vor Sehnsucht brennenden Schoß half dieses Geschenk.

Und wie es überreicht wurde! Mit großer Freundlichkeit, so ansteckend, daß ich hätte in den Himmel springen können.[13]

Für Helene Weigel bleibt Brechts Beziehung zu Ruth Berlau trotz verdienstvoller gemeinsamer Arbeit fürs Theater immer ein nur zähneknirschend akzeptiertes Ärgernis. Für Grete Steffin wird der Verrat ihres «bidi» zur nicht heilenden Wunde: «Ich wünschte sehr, daß sie krepieren möge. – Ich werde ihr einen schönen Kranz kaufen.»[14]

Neben der schwer kranken, armen, völlig abhängigen Grete Steffin («Ich hänge an ihm und ich hänge von ihm ab»[15]) wirkt Ruth Berlau wie die Spielerin. Nicht nur weil sie tatsächlich bis zu ihrer Emigration Schauspielerin am Kopenhagener Theater war. Sie muss keine Rücksicht nehmen auf ihre Gesundheit. Wenn es sein muss, schläft sie im Zelt; steht das Auto nicht zur Verfügung, kommt sie aus Kopenhagen imponierend sportlich mit dem Motorrad angefahren. Sie kann tun oder lassen, was sie will, ist finanziell abgesichert und dennoch offensichtlich niemandem verpflichtet. In Wallensbäck steht Brecht und ihr das Ferienhaus der Lunds zur Verfügung. Die Ernsthaftigkeit ihres politischen Engagements soll nicht in Frage gestellt werden, beurteilen lässt es sich nur schwer. Sie erwähnt immer wieder die Parteiarbeit, sie steht in freundschaftlichem Kontakt mit linken Künstlern und Theaterleuten. Sie ist eher die Fahnen schwingende denn die theoretisierende Kommunistin. (Eine kleine Anekdote dazu aus einem Brief Berlaus an Elisabeth Hauptmann aus der Nachkriegszeit: «Hab' vergessen zu erzählen das mein Papegöj natürlich dänisch sprechen soll – Sie dürfen den kein deutsches wort lernen. ‹God Morgen›! ‹Röd Front› u.s.w.»[16])

Im Juli 1937 begleitet Ruth Berlau Brecht zum «II. Internationalen Schriftstellerkongress zur Verteidigung der Kultur» nach Paris, setzt aber dann ihre Reise allein fort, nach Spanien ins Bürgerkriegsgebiet. Aber nicht um wie Maria Osten an der Front zu helfen und auch nicht um wie Erika Mann ernsthaft darüber zu berichten. Es hört sich eher nach rotem Chic mit interessanten Männern denn nach kämpfen an, was sie Hans Bunge darüber erzählt hat, und man kann gut verstehen, dass Brecht ungehalten war über ihre unpolitischen Abenteuergeschichten. Das Arbeitertheater, das «RT», ist ihr liebstes Kind. Es bildet die Brücke zu Brechts Theater. Sie oder ihr Kollege Per Knutzon bringen seine Stücke zur Aufführung, für Brecht eine der viel zu seltenen Gelegenheiten, seine Arbeiten während der Exiljahre auf der Bühne zu erleben.

Ruth Berlaus Zuarbeit zum Werk Brechts hat einen ganz anderen Charakter als die Elisabeth Hauptmanns und Margarete Steffins. Und sie ändert sich in jedem Lebensabschnitt. Ruth Berlau ist weder die ‹Sekretärin› noch die ‹Philologin›. Ihre Mitarbeit gilt vor allem der Vermittlung seines Werkes, später der Sicherung der Theaterarbeit, die ihrer Natur nach eine ‹flüchtige›, eine transitorische Kunst ist, nur im Augenblick lebendig.

In Dänemark gilt es erst einmal, den Dichter Brecht und sein Werk bekannt zu machen. Brecht war in den dreißiger Jahren im Ausland, in England, in Frankreich, in Skandinavien und in den USA (von den Emigrantenzirkeln abgesehen) ein weitgehend unbekannter Autor. Berlaus Regiedebüt mit Brecht-Inszenierungen ist eine Aufführung der *Mutter* im Kopenhagener Arbeitertheater im Oktober 1935. Und gleich nach der Pariser Uraufführung 1937 übersetzt und inszeniert sie mit ihren Darstellern, meist Laien, *Die Gewehre der Frau Carrar*; im Frühjahr 1938 dann führt sie Regie in einer deutschen Aufführung in Kopenhagen mit Helene Weigel in der Titelrolle. Auch beim Zustandekommen einer Aufführung in Stockholm im März 1938 wird sie nicht unbeteiligt sein, findet sie doch auf Anregung des linksdemokratischen Senators Georg Branting statt, einem engen Freund Berlaus.

Die Schwierigkeiten, im Exil die Theaterarbeit fortzusetzen, sind augenfällig: Das Publikum versteht die Originalsprache nicht, die emigrierten Schauspieler sprechen die Sprache des Gastlandes nicht professionell, der Autor kann die Übersetzung nicht überprüfen, Autor und einheimische Schauspieler können sich nur ungenügend verständigen. Dem Lyriker geht es nicht viel besser als dem Stückeschreiber Brecht, wenn er nicht nur für die Schublade dichten will. Dort hat sich in den Jahren des Exils (seit der Edition der *Lieder Gedichte Chöre*, Paris 1934) eine stattliche Zahl von Gedichten angesammelt, in denen Brecht sich mit der Existenz des Exilierten, mit Hitler, dem Faschismus und seiner Propaganda scharf auseinander setzt und den oppositionellen Linken, den Kommunisten Mut zum Widerstand macht. Grete Steffin hat die Gedichte, die *Svendborger Gedichte*, mit Brecht gesammelt, geordnet, abgeschrieben. Ihre geplante Veröffentlichung teilt das Schicksal der Ausgabe der *Gesammelten Werke* im Malik-Verlag: sie fällt immer wieder den Widrigkeiten der Zeit zum Opfer. Schließlich, 1939, ergreift Ruth Berlau die Initiative, schreibt den Band zur Subskription aus, organisiert und finanziert auch weitgehend den Druck bei einer Kopenhagener Druckerei, erweckt aber durch die Angabe «Malik-Verlag London» und Hinweise auf Bände der Ausgabe *Gesammelte Werke* den Eindruck, es handle sich um deren bereits vorbereiteten Band IV. Von den tausend gedruckten Exemplaren signiert Brecht hundert Stück. Sie sollen zehn Kronen (statt drei wie die unsignierten Exemplare) kosten und einen Teil der Herstellungskosten wieder einbringen. Ganz selten findet man heute den raren Gedichtband noch im Antiquariat und bezahlt, unsigniert, etwa 700 €. Dass er sich einst der Initiative Ruth Berlaus verdankt hat, davon verrät er nichts.

Ruth Berlau ist in den dreißiger Jahren nicht nur Schauspielerin, Regisseurin und Journalistin, sie ist auch Schriftstellerin. Ist es nur Koketterie, wenn sie in ihren autobiographischen Aussagen ihre schriftstellerischen Arbeit nicht ganz so ernst nimmt, oder ist sie angesichts der Übergröße des Brecht'schen Œuvres gut beraten, es auf einen Vergleich gar nicht erst ankommen zu lassen? Ihr Erstling *Videre* ist – nach Berlaus Aussage – «ein konventioneller Liebesroman»[17], jener Roman, den Grete Steffin als Fingerübung ins Deutsche übersetzt hat, den sie aber nicht unter ihrem Namen veröffentlicht sehen wollte, nicht wegen der Spannungen mit der Autorin, sondern eher wegen dessen Qualität.

Ruth Berlau, Lidingö 1939

1940 erscheint in Kopenhagen ein Band Erzählungen mit dem Titel
Ethvert dyr kann det (zu deutsch: *Jedes Tier kann es*) von Maria Sten.
Ruth Berlau hat sich als Autorin der Geschichten hinter diesem
Pseudonym versteckt. Es geht um ein heikles Thema, um das, was
nicht gut geht zwischen Männern und Frauen. Was jedes Tier kann,
aber die Menschen, insbesondere die Männer verlernt und vergessen
haben, das ist Liebe machen, lustvoll befriedigen und befriedigt werden. Von Frauen handeln die Geschichten, die ratlos und enttäuscht
von Erfahrung zu Erfahrung hasten und statt Liebe nur kalte Mecha-
nik erleben. Frustriert sind die Frauen, die hier auftreten, aber durchaus keine Dulderinnen, sie sind ziemlich desillusioniert und aufmüp-
fig wie der satirische Erzählton der Geschichten. Zur Titelgeschichte,
sieben Variationen ehelicher Liebe oder zutreffender ehelicher Liebes-
enttäuschung, ist der Autorin ein makaber-witziger Erzählrahmen
eingefallen. Das Muster geht auf Boccaccios *Dekameron* zurück: Wild-
fremde Menschen sind durch widrige Umstände zusammengekom-
men und verkürzen sich durch Geschichtenerzählen die Wartezeit. In

Ruth Berlau 235

Berlaus Geschichte bekommt die Szene zusätzlich einen Anflug von
Hexenfest:

Sieben Frauen lagen in einer Kapelle des Krankenhauses in Bispebjerg.
Sie hatten sich noch nie im Leben gesehen und die Gesellschaft der
anderen auch nicht gesucht. Um fünf Uhr war eine Straßenbahn
verunglückt. So kam es, daß hier nun Frauen aus den verschiedensten
Gesellschaftsschichten versammelt waren. Am nächsten Tag sollten sie
begraben werden, aber eine Nacht konnten sie noch gemeinsam verbringen. Um zwölf stand eine von ihnen auf und kochte für alle Kaffee. Dann
setzten sie sich bequem in ihren Särgen zurecht und erzählten einander
von ihrem ehelichen Leben.[18]

«Hol ihn der Teufel!», verwünscht jede ihren Mann am Ende ihrer
Erzählung, keine trauert dem Zurückgelassenen nach. Zu fein war
der eine, zu grob, zu gescheit oder zu verliebt die anderen. «Ich sage
euch, ich ärgere mich grün und blau unter meinem Leichenhemd,
wenn ich daran denke, wie herrlich man es hätte haben können. Dieses dumme Tier. Hol ihn der Teufel!»[19] «[...] Sie schreiben neue dicke
Bücher, in denen Die Kunst des Liebens genauestens beschrieben und
mit Abbildungen erläutert wird. Es ist nämlich eine Kunst geworden,
das, was einmal so selbstverständlich wie Essen, Trinken und Schlafen war.»[20]

Was hat es mit der Autorschaft dieser Erzählungen auf sich? Ruth
Berlau nämlich schreibt sie weitgehend Brecht zu: «Ich lieferte den
Stoff, Brecht die Formulierungen»[21], und an anderer Stelle: «Die Idee
zur Rahmenhandlung kommt von Brecht. [...] Unsere Zusammenar-
beit wuchs langsam. Es dauerte, bis ich alles begriffen hatte. Aber am
Schluß konnte man kaum noch herausfinden, wer was geschrieben
hat.» Eine der Geschichten, Der Vergnügungspark, stamme allein von
Brecht.[22]

Benjamin und Brecht unterhalten sich im Sommer 1938 in Skovs-
bostrand über Sexualität und Bourgeoisie, vielleicht angeregt durch
Berlaus Arbeit an dem Geschichtenband. Im Arbeitsjournal notiert
Brecht am 13. August 1938: «Ich helfe eben Ruth, einen Band Novellen

mit dem Titel *Jedes Tier kann es* fertigzustellen. 70 % aller Frauen sollen frigid sein. Wir haben gute Titel [...].»[23]

In der Brecht-Forschung werden diese Geschichten nirgends Brecht zugeordnet. Die Schreibzeit war zugleich die Zeit intimer sexueller Beziehung zwischen beiden (aber eben auch der gemeinsamen Arbeit mit Steffin an Nexøs *Erinnerungen*), mehrmals hielten sie sich ungestört im Lund'schen Ferienhaus in Wallensbäck auf. Wer also hat geschrieben, und wie haben sie geschrieben? Grete Steffin und Brecht – gezwungenermaßen räumlich getrennt – hatten sich in Sonetten gegenseitig ihres Begehrens und ihrer sexuellen Lust vergewissert. Hübsch vorzustellen (wenngleich Spekulation), wie sich Ruth Berlau und ihr Liebhaber zwischen Lust und Spaß gemeinsam erzählend und schreibend über die lustig machen, die «es» nicht können. Auch im Gedicht – Brecht schreibt:

Über den Verfall der Liebe

Ihre Mütter haben mit Schmerzen geboren, aber ihre Frauen
Empfangen mit Schmerzen.

Der Liebesakt
Soll nicht mehr gelingen. Die Vermischung erfolgt noch, aber
Die Umarmung ist eine Umarmung von Ringern. Die Frauen
Haben den Arm zur Abwehr erhoben, während sie
Von ihren Besitzern umfangen werden.
[...]
Jedes Tier kann es. Unter diesen
Gilt es für eine Kunst.[24]

Später übrigens, in Amerika 1942, bei Berlaus Bemühungen, dort etwas zu veröffentlichen, schätzt Brecht die Chancen dieses Buches skeptisch ein. Das Versagen der Männer bei der Liebe hält er für kein ‹Männerthema›: «*Jedes Tier kann es* geht als ein Frauenbuch oder gar nicht, glaub mir.»[25]

Warum Berlau aber ihre unangefochtene Autorschaft durchaus mit Brecht geteilt wissen will, kann mehrere Gründe haben. Zum einen scheint Ruth Berlaus Selbstbewusstsein anfälliger gewesen zu sein, als manche ihrer aufgedrehten Schilderungen glauben machen. Sie hat immer darauf bestanden, nicht als Mitarbeiterin, sondern – sich geringer machend – als die «Aufschreiberin» angesehen zu werden. Es mag zudem noch einen anderen, tiefer liegenden Grund geben: Die von ihr so sehr betonte gemeinsame Autorschaft an ihrem Erzählband bis hin zur Ununterscheidbarkeit der Anteile sichert ihr für immer – wenn auch nur im Werk – eine symbiotische Zusammengehörigkeit mit Brecht.

Dasselbe gilt für ihr Stück *Alle wissen alles*, nach ihrer Darstellung entstanden in der einsamen Idylle in Wallensbäck:

> Wir blieben acht Tage und schrieben das Stück *Alle wissen alles*. Wir haben uns dabei fast totgelacht. [...]
> Die dänischen Witze erkenne ich als meinen Anteil. Aber darüber hinaus kann ich, auch beim nochmaligen Lesen, schwer auseinanderhalten, was von Brecht ist und was von mir, welche Sätze, welche Drehpunkte ich geliefert hatte, um die Geschichte weiterzuführen.[26]

Ihre Zusammenfassung des Inhalts dieser Kriminalkomödie um einen legendären, wenngleich noch lebenden Einbrecherkönig in Kopenhagen passt wenig zu Brechts Vorwort, das beiden überlieferten Typoskripten des Stückes beiliegt und so beginnt: «Der dänische Schwank *Alle wissen alles*, der die Bearbeitung eines vergessenen englischen Schwanks aus den neunziger Jahren darstellt und zu dem ich selber einige Ratschläge beigesteuert habe, gibt mir Anlaß, meine Sympathie zu dieser Art Gattung der Dramatik auszudrücken, die allgemein als niedrig gilt.»[27] Berlau erzählt, dass Grete Steffin das Stück in richtiges Deutsch bringen muss, vor allem aber, überaus unzufrieden mit dem Plot der Story, Besserungsvorschläge macht, die wiederum Ruth Berlau «sehr schlecht findet». Berlau, die in ihren Erinnerungen über Helene Weigel, Elisabeth Hauptmann und Grete Steffin immer mit großer Achtung und Sympathie spricht, die die großen Spannungen zwischen den Frauen sorgfältig ausklammert, wird hier sehr deutlich: «Grete meinte, für eine richtige Kriminalstory ist das zu wenig. Im Grunde war sie wohl dagegen, daß Brecht acht Tage nach Wallensbäck in mein Haus gefahren war.»[28]

Ruth Berlau gibt den Biographen oder gar den Psychologen immer wieder Rätsel auf. Liegt eben noch zur Erklärung ihres Verhaltens schwaches Selbstbewusstsein nahe, so verblüfft sie gleich darauf mit vollmundigen Aufgeregtheiten über ihre Person. Wie sie das Stück dann in Kopenhagen selbst inszeniert, erzählt sie hochdramatisch: «Ganz Kopenhagen bebte. Alle Kritiker raunten: ‹Berlau hat ein Stück geschrieben! Berlau hat selber Regie geführt. Das Stück soll sogar im Apollotheater herauskommen!›»[29] Aber sie scheut sich auch nicht, vom kläglichen Ende des Unternehmens zu erzählen: Wie Brechts Freund Fritz Sternberg entsetzt die Generalprobe gesehen und ihr – mit Erfolg – von der Premiere abgeraten hat. Das Stück ist nie aufgeführt worden. In Berlaus Nachlass gibt es die fertige dänische Fassung des Stücks *Alle ved alt* ohne Nennung eines Autorennamens; in einem von der New York Public Library 1945 hergestellten Mikrofilm von noch unveröffentlichten Werken Brechts aus der Exilzeit findet sich eine deutsche Fassung von *Alle wissen alles*, Autor: Brecht, Bertolt. Nach Sabine Kebirs jüngster These «ist *Alle wissen alles* nunmehr nicht länger als Stück der im Schreiben von Dramen völlig unerfahrenen Ruth Berlau zu sehen, an dem Brecht lediglich etwas mitarbeitete. Es handelt sich vielmehr um ein Stück Brechts, zu dem Berlau beigetragen hat».[30] Sie stützt sich in ihrer Argumentation vorrangig auf die Tatsache, dass Notizen von Brechts Hand aus der deutschen Fassung in die dänische eingearbeitet sind, dass also die deutsche Fassung die ältere ist. Aber das schließt natürlich gar nicht aus, dass es noch davor einen dänischen Entwurf von Ruth Berlau gegeben haben kann, den zum Beispiel Grete Steffin ins Deutsche übertragen und anschließend Ruth Berlau mit Brecht bearbeitet haben könnte, ein Werkstattstück also in jedem Fall.

Ob Ruth Berlau als Kommunistin im besetzten Dänemark ernstlich gefährdet gewesen wäre, ob sie also freiwillig oder aus Notwendigkeit ins Exil ging, es ist heute müßig zu fragen. Nicht lange nach Brechts Flucht nach Finnland hat sie ihre gesicherte Existenz in Kopenhagen aufgegeben (ihren Ehemann Robert Lund hatte sie längst verlassen) und ist Brecht gefolgt. Mit diesem Entschluss gehört sie nun zum

Brecht-Tross. Aus dieser Nähe – und Brecht hatte Ruth Berlau in dem eingangs zitierten Brief an seine Seite gerufen – leitet sie von nun an Verfügungs- und Besitzansprüche ab, die Brechts Liebe und Helene Weigels Langmut nicht gut bekommen und immer wieder zu schlimmen Zerwürfnissen führen.

Durch Ruth Berlaus Kontakte war Brechts Verbindung zur damals 54-jährigen finnischen Schriftstellerin Hella Wuolijoki überhaupt zustande gekommen, Berlau hatte vor Jahren in einem ihrer Stücke mitgespielt. Hella Wuolijokis Erinnerungen an den Sommer 1940 in ihrem Gut Marlebäck und die Entstehung des *Puntila*-Stücks sind eine Elegie auf Steffins Tod, von den Spannungen verraten sie nichts:

> Ruth Berlau, die im Königlichen Theater Dänemarks die Rolle der Marta Niskavuori [aus ihrem Stück] spielte, saß unter meiner Tizian-Kopie, schön wie eine Blume, und legte ihr geheimnisvolles Mona-Lisa-Lächeln Brecht zu Füßen. Neben meinem Schreibtisch, hinter meinen Blumenvasen versteckt, die mit den Marlebäckschen Madame-Heriot-Rosen gefüllt waren, saß die kleine Margarete Steffin, Brechts Sekretärin, und spielte mit ihrem Bleistift. (Später stellte sich heraus, daß sie Brechts und meine Geschichten mitstenographiert hatte.) Die arme Grete mit ihren großen, treuen Augen, immer lächelnd und lebensfroh – mit sonniger Gelassenheit trug sie den Stempel des Todes in ihrem Gesicht.[31]

Als die Gastgeberin von Brechts intimem Verhältnis zu Ruth Berlau erfahren hat, soll Hella Wuolijoki sie vor die Tür gesetzt haben. Nun, Ruth Berlau schlug unweit ihr Zelt auf.

Brecht reaktiviert alle möglichen Verbindungen in die USA, um auch für die Dänin Ruth Berlau ein Einreisevisum zu erlangen. Im letzten Winter in Helsinki ist die finnische Journalistin und Abgeordnete Sylvi-Kylliki Kilpi den Brechts bei der Beschaffung der Visa behilflich. Sie hat ihre Eindrücke über diese seltsam attraktiven Gäste in ihrem Tagebuch festgehalten, vor allem über Helene Weigel, deren sie befremdende politische Ansichten, deren zunehmende Panik. Aber auch über die Begleiterinnen:

> Helene kochte Tee, und an den Tisch setzten sich auch Frau Steffin und Frau Perlam[d. i. Berlau]-Lund mit anderen Familienangehörigen. Es

kam mir vor, als würden alle ein spannendes, erregendes, gemeinsames Geheimnis haben, und daß man keine Lust hatte, es mir zu erzählen. Ich hatte viel von Frau Perlam-Lund gehört, [...] daß sie hysterisch sei, und es wäre schwierig, mit ihr auszukommen. Sie machte einen gesunden und freundlichen Eindruck und war geschmackvoll gekleidet. Aber sie vertritt jenen in sexueller und ethischer Hinsicht besonderen Frauentyp, den ich instinktiv meide, weil diese Frauen nach Gesetzen handeln, die sie sich selbst setzen, und die man oft schwer verstehen kann. [...] Was hat sie für ein Geheimnis? Zumindest ist sie von Bert Brechts Zauber gefangen.[32]

Im Juli 1941, nach fünf Wochen, kommen die Brechts mit Ruth Berlau auf dem schwedischen Frachter S.S. Anni Johnson aus Wladiwostok nach einem Zwischenstopp in Manila in San Pedro an. Sie lassen sich in Santa Monica nieder, Ruth Berlau zieht in eine eigene Wohnung in der Nachbarschaft. Das Leben in Brechts Nähe entspricht keineswegs ihren Erwartungen. An diesen falschen Erwartungen, an ihrem Anspruch auf Brecht seit seinen Versicherungen in dem Brief aus Stockholm leiden alle Beteiligten in den folgenden Jahren. In späteren Auseinandersetzungen kommt zutage, wie sehr Berlau sich zurückgesetzt fühlte, mit welcher Bitterkeit es sie erfüllte, dass sie in Brechts bzw. Helene Weigels Nähe unerwünscht war. Man kommt gar nicht umhin, die banalen Peinlichkeiten zu erwähnen, die im Bekanntenkreis registriert wurden. Wenn etwa Lotte Lenya in ihrer maliziösen Art an Kurt Weill nach Los Angeles schreibt: «Ich hoffe Du mußt nicht das Genie [Brecht] treffen – *die Dänin ist auch dort. Ein schönes ruhiges Familienleben werden die haben.*»[33]

Über beider Zusammenarbeit wissen wir nicht viel. Die Abschreibarbeit für Brecht muss sie erst lernen, ihre Begabungen sind eher das Theaterspielen, Regieführen, Organisieren, und diese Begabungen sind auf frustrierende Weise lahm gelegt.

Man versuchte sich im verheißungsvollen Hollywoodgeschäft, mit Filmentwürfen. Weniges davon ist überliefert, zum Beispiel umfangreiches Material, auch schon Szenenkripts, für eine lockere Liebes- und Spionagegeschichte aus dem Kriegsalltag: *Bermuda Troubles.*[34]

Brecht und Ruth Berlau in Santa Monica, etwa 1943

Anfang Mai 1943 reist Ruth Berlau – für Brecht wohl einigermaßen überraschend – zum «National Woman's Party Congress» nach Washington, D. C., und hält eine Rede über die Folgen der Besetzung Dänemarks für die Frauen, ein engagiertes, rhetorisch geschicktes Plädoyer für die gleichberechtigte Mitsprache der Frauen beim Kampf gegen das ganz Europa verschlingende Deutschland. Und – noch überraschender – sie kommt nicht zurück. Sie wird eingeladen, im Rundfunk über den Kongress zu berichten, reist weiter nach New York und findet eine feste Anstellung im Office of War Information (O. W. I.): Sie muss im Rundfunk für dänische Hörer Radiosendungen schreiben und auch sprechen. Endlich kann sie sich wieder auf ihre Weise am Kampf gegen den sich erschreckend ausweitenden Faschismus beteiligen. Am 22. November 1942 bringt die *New York Herald Tribune* einen Artikel über die Heimatfront: *O. W. I. Short-Wave Programs to Europe stress Women's Aid in Revolt Against Nazis,* mit einem Foto von Ruth Berlau vor dem Mikrophon. Brecht klebt es unter dem 16. November 1942 in sein Journal.[35] Ruth Berlau richtet sich mit Ida Bachmann, der dänischen Leiterin des Büros, zusammen in einer Zweizimmerwohnung in der 57. Straße ein.

Sie ist zu Brecht auf Distanz gegangen – um Nähe zu erzwingen. Mit der Rolle der heimlichen Zweitfrau in Santa Monica, die auf ‹Liebesalmosen› angewiesen ist, hat sie sich nicht abgefunden. Wenn der Brief vom Frühjahr 1940 fürs Leben ernst gemeint war, muss Brecht sich für sie entscheiden, sich von Helene Weigel trennen, mit ihr zusammenleben. Wir wissen, dass Brecht sich nicht so entscheidet, Ruth Berlau aber um keinen Preis verlieren will. Nur dem Journal, in dem sehr selten Persönliches notiert ist, vertraut er eine fremde, hier ganz aus dem Zusammenhang fallende Erzählung an. Indem er diese Geschichte festhält, nennt er doch, wenn auch verschlüsselt, den Preis, den er nicht mehr gewillt wäre zu bezahlen – die Schreibfähigkeit:

> 20. 6. 42 Jemand erzählt: Als diese Frau anfing, mir durch ihre Egozentrik die Arbeitskraft zu bedrohen, beschloß ich, mich ihrem Einfluß zu entziehen. Ich machte den Entschluß möglichst beiläufig und für mich gleichsam unbemerkt und schob die Gedanken an sie zu den Fragen, welche ihrer Natur nach unlösbare sind. Ich hütete mich aber, schlecht von ihr zu denken, im Gegenteil, ich zwang mich eher, gut von ihr zu denken, wenn auch in einer objektiven und also fremden Art, wie man über nicht eben Nahestehende denkt. […] Nichts ist schwerer, als jemanden aufzugeben, ohne ihn zu entwerten, aber eben das ist das richtige.[36]

Dass diese klugen Kalkulationen eine Kopfgeburt sind, in denen der nicht rationale Faktor Liebe als zu vernachlässigende Größe gar nicht auftaucht, diese Fehleinschätzung wird Brecht bald einholen.

Die Jahre des amerikanischen Exils werden zu einem Pendeln zwischen Santa Monica und New York, zum strapaziösen Tauziehen um Nähe und Distanz. Die Ambivalenzen spiegeln sich in Briefen voller Vorwürfe, Rechtfertigungen und Liebesbeteuerungen, von kurzem Glück und langen Enttäuschungen:

Liebe Ruth, es ist schade, daß Du immerfort so saure Briefe schreibst, nie einen, der ganz ohne irgendeine bittere Bemerkung ist, ich fange an Angst zu bekommen, sie aufzumachen.[37]– Liebe, nichts von dem, was ich Dir in dem Brief schrieb, den ich für Dich in Stockholm zurückließ, ist im geringsten überholt oder ungültig; alles darin besteht in voller Stärke.[38] – Du brauchst keine Sorge zu haben: ich weiß, daß ich Dich brauche (und nicht nur brauchen kann)[39] – da ist nichts und niemand auf der weiten Flur.[40] – anscheinend bist Du entschlossen, alles zu tun und nichts zu unterlassen, um mich zu wirklicher Bitterkeit zu bringen. Willst Du wirklich aus dem Exil nicht anderes machen als nur eine unendliche Lovestory mit Auf und Ab, Vorwürfen, Zweifeln, Verzweiflungen, Drohungen usw. usw.?[41] – Ich entferne mich nicht von Dir.[42] – Ich habe mich seit Jahren auf nichts so gefreut wie jetzt auf Dich.[43] – Liebe, ich bin froh, daß ich angerufen habe. Es war also, als ob ich Dich aus dem Schlaf aufweckte und Dich im Arm hielt, mit nur ein bißchen Decke dazwischen.[44] – Dieses Kleinbürgerthema, daß ich Dich nicht genug liebe, das dümmste und niedrigste aller möglichen Themen, weil es so entnervt und so ungezeitgemäß und so unbeantwortbar ist zwischen zwei Leuten, behandelst Du jetzt als das absolute Hauptthema. [...] Du ziehst es aber vor, mich dauernd damit zu demütigen, daß ich schlicht und einfach ein spießiges Idyll hier bewahren will und mich ängstige, Du könntest mein Familienglück stören usw.[45]

Im August 1942, als er sichtlich nervös wird, weil sie offensichtlich entschlossen ist, eine Entscheidung von ihm zu erzwingen, schickt er ihr den Grundriss seines neu angemieteten Hauses, zugleich ist es der wohl ausgetüftelte Plan, mit zwei Frauen zu leben, ohne offensichtlich zu begreifen, dass solches Arrangement für die Zweitfrau, die immer versteckt werden muss, und natürlich nicht minder für die Ehefrau, der das Kommen und Gehen ja nicht verborgen bleibt, eine untragbare Situation schaffen würde, «Kleinbürgerthema» hin oder her:

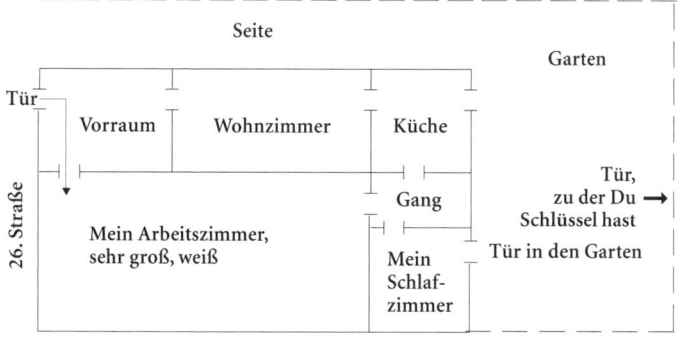

Du siehst, Du kannst von vorn als auch vom Garten aus herein, ohne durch bewohnte Räume zu müssen. Helli und die Kinder haben im ersten Stock ihre Zimmer. Im Garten ist ein Werkschuppen, sehr klein und heiß, aber jedenfalls ein Zufluchtsräumchen. Ich habe alle Häuser abgeschlagen, die keinen eigenen Eingang hatten.[46]

Er ist ebenso tunlichst darauf bedacht, alle seine Spuren intimer Nähe in Berlaus Wohnung in New York getilgt zu wissen. Die Formel «e p e p», für finstere Zeiten wie diese gedacht, wird einer harten Bewährungsprobe ausgesetzt. Brecht vergewissert sich und die Freundin im Gedicht ihrer Verlässlichkeit:

Ruth
Und es sind die finstern Zeiten
In der andern Stadt
Doch es bleibt beim leichten Schritt
Und die Stirn ist glatt.[47]

«Die Stirn ist glatt», das ist eine von Brechts Beschwörungsformeln, um Unheil zu bannen: Ruth Berlaus Stirnrunzeln verheißt ihm Widerspruch, Irritation, Skepsis, Kritik oder zu erwartende Kapriolen: «Ich will nicht, daß Deine Stirn nicht glatt ist, es kann alles geklärt werden. E p e p bertolt», hatte er der Ungeduldigen und Eifersüchtigen schon aus Marlebäck einmal geschrieben.[48] Der kleine Satz, als Frage formu-

liert, wird ihr viele Jahre lang am Briefschluss zum Boten seiner Sorge:
«Ist die Stirn glatt?»

Oder er beschwört die Erinnerung an gemeinsame Orte als Garanten unverbrüchlicher Zusammengehörigkeit:

Nacht auf der Nyborgschaluppe
Frührot im finnischen Ried
Zeitung und Zwiebelsuppe
New York, fiftyseventh Street

Im Paris der Kongresse
Svendborg und Wallensbäk
Londoner Nebel und Nässe
Auf der Anni Johnsons Deck

Zelt auf der Birkenkuppe
In Marlebaeks Morgengraun
O Fahne der Arbeitertruppe
In der Altstadt von København![49]

In der Mitte dieser sechs Jahre in den USA kommt es zur Katastrophe. 1944 erwartet Ruth Berlau ein Kind. Am 3. September muss sie sich im siebten Schwangerschaftsmonat im Krankenhaus in Los Angeles einer Operation unterziehen, ihr Leben ist in Gefahr. Am folgenden Tag kommt Michel zur Welt und stirbt wenige Tage später. (Im selben Monat wird Brechts großer Sohn Steff eingezogen.) Nicht nur die Krankheit und der Verlust des gemeinsamen Sohnes, auch Brechts reservierte Reaktion treffen Ruth Berlaus Lebensnerv und hinterlassen seelische Verwundungen, von denen sie sich nie erholen wird. Brecht notiert ins Journal:

3. 9. 44 Ruth wird operiert in Cedars of Lebanon. [Name der Klinik]
5. 9. 44 Plan für Tag: Aufstehen sieben Uhr. Zeitung, Radio. Kaffee kochen, in der kleinen Kupferkanne. Vormittags Arbeit. Leichter Lunch um zwölf. Ruhe mit Kriminalroman. Nachmittags Arbeit oder Besuche machen. Abendessen sieben Uhr. Danach Gäste. Nachts halbe Seite Shakespeare oder Waleys Sammlung chinesischer Gedichte. Radio. Kriminalroman.[50]

Verbirgt sich hinter diesen Einträgen notwendige Camouflage oder kalte Gleichgültigkeit oder hat da jemand seinen Tag so lückenlos voll gepackt, um nicht Gefahr zu laufen, sich der Trauer oder gar Schuldgefühlen ausliefern zu müssen? Ruth Berlau hat den Eintrag vom 3. 9. 44 gelesen, er hat sie tief verletzt. Das Kind Michel findet in der gesamten schriftlichen Hinterlassenschaft Brechts eine einzige Erwähnung: 1951 hat Ruth Berlau Brecht einen kleinen Prosatext geschickt: «[...] du mußt weiterschreiben, es lohnt sich», ermuntert er sie, setzt aber eher schroff hinzu: «Der Name Michel muß heraus, so hieß nur *ein* Kind für uns.»[51] Vermutlich hatte Brecht die Erzählung *Die Jacke aus Sibirien und der Pelz aus Norwegen* gelesen, eine der wenigen fertigen Geschichten, die in Berlaus reichhaltigem Nachlass liegen. Es ist die Geschichte von einer zusammengewürfelten kleinen Gesellschaft am Weihnachtsabend 1950, manche waren Nazis gewesen und manche Gegner. Alle haben Wunden und Verluste davongetragen, auch der Erzähler. Er berichtet von einem «tollen Bombenangriff», bei dem seine Frau ums Leben gekommen ist, kurz nachdem sie einen Jungen geboren hat:

Er war ja nur 9 Tage alt. Sie soll ihn Michel genannt haben.[...]
Ich hab ihn nie gesehen!
Meinen Sohn.
Ich hab diesen meinen kleinen Sohn nie gesehen. [...]
Ich sah sie: niemals war sie schöner. Da war sie im siebenten Monat. Mit welchem ranken Rücken trug sie unseren Michel!
Komisch, sie hatte nur eine Angst, dass Michel mir nicht gleichen wollte, weil sie mich so wenig sah. [...]
Sie wollte unbedingt, dass er mir gleichen sollte. Sie liebte mich.
Nun ist das alles 6 Jahre her.
Meine Frau hieß Ruth. [...][52]

Das ist genau die Sorte von unschwer ‹übersetzbarer› autobiographischer Literatur, die Brecht nicht verträgt. Was für Ruth Berlau an der Arbeit an dieser Geschichte wichtig war, nämlich dem verlorenen Kind Gestalt zu geben, das bedeutet für Brecht offensichtlich einen unverzeihlichen Mangel an Distanzierung. Die «Privatangelegenheit» kommt ihm durch die Erzählung bedrohlich nah.

Das hier skizzierte Stimmungsbild dieser Jahre deckt sich vermutlich nur ungefähr mit der Wirklichkeit. Zu einseitig sind die Beteiligten repräsentiert, zu deutlich sichtbar ist das Bedürfnis beider, das Geschehen im Dunkeln zu lassen. Liest man, was Hans Bunge aus den Erzählungen und Notaten Ruth Berlaus zur Veröffentlichung ausgewählt hat, dann ist alles in ein friedliches Licht getaucht, zuweilen in ein etwas glamouröses: Hollywood-Namedropping. Dann erfahren wir allerlei über die Emigrantenzirkel in Kalifornien und in New York, vor allem über die Prominenten. Wir hören von Berlaus Zusammenkünften mit Wystan Hugh Auden, der mit Brecht einen Film für Elisabeth Bergner erarbeitete, *The Duchess of Malfi*, von ihrer Freundschaft mit der in der Emigration bei weitem erfolgreicheren Elisabeth Bergner, die auch zu DDR-Zeiten noch getragen hat. Sie erzählt, wie Peter Lorre sie in seiner Villa in Santa Monica aufgenommen hat, sie berichtet über ihre Bekanntschaft mit Charles Chaplin, die intensive Zusammenarbeit mit Charles Laughton für die kalifornische Aufführung des *Galilei* in Beverly Hills im Sommer 1947 und anschließend in New York. Der engste Kontakt bestand zu Brechts Komponisten Hanns Eisler, seinem Bruder Gerhart und den beiden Ehefrauen. Dann stieß Paul Dessau zu dem Kreis: «Brecht schätzte Dessau sehr, und die Zusammenarbeit war auch stets lustig», plaudert Ruth Berlau, und dann gleitet sie auf dem Klatschparkett aus: «Dessau ist auf eine wunderbare Weise verrückt. Er hatte den Komplex, unbedingt etwas von Brecht ergattern zu wollen. Mir hat er zehnmal die Heirat angeboten. Dann hat er schließlich Elisabeth Hauptmann – auch etwas von Brecht – bekommen.»[53] Sie plaudert locker von den politischen Gesprächen mit Karl Korsch, Brechts altem Freund und politischem Lehrer aus Berlin, von der immer bedrohlicheren Kommunistenjagd und den Verhören vor dem HUAC (House Un-american Activities Comitee), dem Untersuchungsausschuss für Unamerikanische Umtriebe im Herbst 1947.

Die gealterte Ruth Berlau hat im Rückblick den Jahren des amerikanischen Exils trotz schmerzhafter Erlebnisse das Flair einer anregenden Party gegeben. Ganz anders sehen diese Jahre in Brechts Journalen aus: Da ist das alles beherrschende Thema der Krieg, der ganz Europa vertilgende Machthunger Hitlers. Da wird die Bitterkeit dieser Jahre sichtbar, Brechts deprimierende Erfolglosigkeit, die Qual, mit seiner Kunst das Hollywoodfilmgeschäft bedienen zu müssen und mit dieser Korrumpierung der Kunst nicht einmal erfolgreich zu sein, schließlich die drückende Sorge ums Geld.

Was die Beteiligten, Brecht und Ruth Berlau, wohl nicht wussten, oder mindestens nicht in vollem Ausmaß, war die Ausdehnung der Überwachung Brechts durch das FBI auch auf Ruth Berlau, in der Absicht, «über Berlau an Bert Brecht heranzukommen».[54] Wie staatsgefährdend Brecht den amerikanischen Geheimdiensten schien, spiegeln schon die über vierhundert für die Forschung freigegebenen Seiten der Brecht-Akte, die trotz vieler Schwärzungen reichlich Aufschluss über die Akribie geben, mit denen auch im Privatleben herumgeschnüffelt wurde. Briefe wurden geöffnet, Telefongespräche aufgezeichnet und abgehört, An- und Abreisen genauestens observiert, sogar versucht, «sich durch die Installation einer Abhöranlage im Chalet Motor Hotel von Santa Monica Zugang zum Bettgeflüster von Brecht und Berlau zu verschaffen».[55] (In Brechts Wohnung war seit Mai 1943 ohne behördliche Genehmigung eine Abhöranlage installiert.) Man setzte Informanten ein, um zu erfahren, wer im Hotel, in das Berlau für längere Zeit eingezogen war, regelmäßig die Rechnungen bar bezahlte. Für die Zeit, in der Ruth Berlau im September 1944 in Los Angeles wegen der Operation und der Entbindung im Krankenhaus lag, erstellte ein Spezialagent eine Strichliste der Anrufe Brechts: «Cedars of Lebanon Hospital, 4833 Fountain Avenue … Called September 1 (twice), 3, 4 (twice), 5, 6, 7, 8, 9, 10, 11 (twice), 12, 13, 14, 15 (twice).»[56] Spitzel erstatteten in dieser Zeit dem FBI in Los Angeles Bericht über einen Typen, den sie im Chalet Motor Hotel beim Gepäckholen beobachtet hatten: «They described this individual as a little fellow with dark hair, who could hardly speak English, and who drove a ‹wreck of an automobile›. This ist undoubtedly Bert Brecht.»[57] Zahlreiche Briefe wurden geöffnet, manche abgeschrieben, übersetzt – und folglich blieben sie der Nachwelt erhalten. Aus den Akten erfahren wir Adressen und Einträge zu Verabredungen aus Berlaus Notizbuch, lernen den Inhalt ihres Reisegepäcks kennen.

Warum das FBI auf den Inhalt ihrer Koffer so scharf war, hat noch einen besonderen Grund. Er hat zu tun mit Ruth Berlaus neuer Form der Mitarbeit an Brechts Werk, dem Fotografieren. 1944 war ihr und ihrer Freundin durch die Denunziation eines Kollegen beim Office of War Information gekündigt worden. Nun war sie auf Geldzuwendungen von Brecht angewiesen. Sie hatte immer versucht, Brecht bei seiner Arbeit mitzuhelfen, so gut sie konnte, aber sie kam eben nicht an Grete Steffin heran. Da Deutsch ja für sie selbst eine Fremdsprache war, fiel ihr das Abschreiben nicht leicht. Wie die gemeinsame Arbeit am Schreibtisch aussah, wird – im Gegensatz zu den Teams Brecht/Hauptmann oder Brecht/Steffin – aus den Erzählungen nicht deutlich. «In der ersten Arbeitsphase am Manuskript Die *Gesichte der Simone Machard* [eine Version des Heilige-Johanna-Stoffes, transponiert ins besetzte Frankreich 1940] hat Brecht eng mit mir zusammengearbeitet.»[58] Das war noch in den ersten Monaten des kalifornischen Exils. Das erste vollständige Typoskript des Stücks (von Brecht als «erste Niederschrift in Californien» bezeichnet) enthält zahlreiche handschriftliche Korrekturen von Brecht, aber auch von Ruth Berlau. Mit Berlaus Wegziehen nach New York endete wohl die gemeinsame Arbeit an diesem Stück, Brecht hat mit Feuchtwanger gearbeitet, erwähnt wird Ruth Berlau in den Publikationen des Stücks nicht.

Als Brecht sich dann im Sommer 1943 den *Schweyk*-Stoff zur Bearbeitung vornimmt, bittet er Ruth Berlau um Hilfe beim Abtippen. Es soll eine gewinnbringende Gemeinschaftsproduktion mit Kurt Weill werden, ein Broadway-Musical mit Peter Lorre in der Titelrolle. Ruth Berlau ist an der Übersetzung der englischen Fassung beteiligt und vor allem vermittelnd tätig. Aber es wird wieder eines jener Energie und Zeit raubenden amerikanischen Projekte, die am Ende nicht zustande kommen. Vielleicht gewinnt auch wegen dieses Scheiterns Ruth Berlaus Anteil hier so wenig Profil.

«Die für mich wichtigste gemeinsame Arbeit mit Brecht war das Stück *Der kaukasische Kreidekreis*.»[59] Das ist wohl verständlich, begann Brecht mit der Arbeit an der ersten Fassung dieses Stücks (nach ersten Plänen in Dänemark) doch in der gemeinsamen glücklichen New Yorker Zeit im Winter 1943/44, als Ruth schwanger wurde. Ruth Berlau ist

Szene für Szene seine erste Leserin, Beraterin, Kritikerin, Mitdenkerin. Die Arbeit an diesem Stück schafft nicht nur intellektuelle, sondern vor allem emotionale Verbundenheit. Brecht und Berlau dichten sich ihr gemeinsames Kind, Michel!

Nur so viel zu diesem poetischen und anrührenden Stück Brechts, dessen Dramaturgie in der Verflechtung verschiedener Fabelstränge allerdings viel komplexer ist: Beim Sturz des Großfürsten von Grusinien kann sich die verwöhnte, ichsüchtige Gouverneursfrau mitsamt ihren teuren Kleidern retten, lässt in den Wirren der Flucht aber ihr Kind zurück. Die Magd Grusche nimmt das Kind zunächst aus schierer Menschlichkeit an sich. Unter Gefahren und Opfern, auch der Gefährdung ihres eigenen Glückes, verteidigt sie sich und den kleinen Michel, bringt ihn in Sicherheit und lernt ihn lieb zu gewinnen wie ihr eigenes Kind. Die Gouverneursfrau kehrt zurück und lässt das Kind wegen dessen reichem Erbe suchen und fordert es zurück. Wer ist die wahre Mutter? Was ist wahre Mütterlichkeit? Der Richter Azdak lässt die Kreidekreisprobe entscheiden. Es wird ein Kreis gezogen, der kleine Michel wird hineingestellt, die rivalisierenden ‹Mütter› neben den Kreis. «Faßt das Kind bei der Hand», ordnet Azdak an. «Die richtige Mutter wird die Kraft haben, das Kind aus dem Kreis zu sich zu ziehen.» Trotz mehrerer Versuche gibt Grusche auf: «Ich hab's aufgezogen! Soll ich's zerreißen? Ich kann's nicht.»[60] Das Recht ist gefunden, die wahre Mutter ist jene, die Michel nicht weh tun kann. Eine umfangreiche Mappe in Brechts Nachlass mit Manuskripten, Bildern, Anregungen für Requisiten und Kostümen und Berlaus Kommentaren dokumentieren die Zusammenarbeit. Brecht fand ihre «*Kaukasische-Kreidekreis*-Vorschläge äußerst verwertbar».[61]

Aber es war nicht *Der kaukasische Kreidekreis*, der das FBI interessierte, es war Ruth Berlaus Filmmaterial.

Wir kennen die idyllischen Gartenszenen vor dem dänischen Strohdach von den Fotos Ruth Berlaus, Amateuraufnahmen für den Hausgebrauch. Im Frühjahr 1944 begegnet sie in New York Joseph Breitenbach und belegt einen dreimonatigen privaten Fotokurs bei ihm. Breitenbach könnte als Lehrer gar nicht geeigneter sein. Er ist seit seiner Münchner Zeit als Theaterfotograf mit dem Arbeitsfeld vertraut, und er hat 1937 in Paris zusammen mit Brecht die Aufführung der *Gewehre der Frau Carrar* fotografisch dokumentiert und damit eine Vorstufe der Modellbücher geschaffen.[62] Brecht ist sofort begeistert: «Ich finde das großartig, daß Du fotographieren lernst, das können wir so gut brauchen, besonders für Theater.»[63] Der Gedanke des Fotografierens arbeitet weiter in ihm: «Eine technische Frage: braucht man extra Apparate, um winzigklein, für Lesen mit Mikroskop, zu fotographieren? Da könnte man Manuskripte vervielfältigen […].»[64] Zwei Anwendungsbereiche für die Überlieferung von Brechts Werk sind es also, zu denen Ruth Berlau den Grundstein legt. Sie erwirbt sich die Fertigkeit, mit der sie sich nun um Brechts Werk verdient, zunächst geradezu unentbehrlich macht. Was wir heute selbstverständlich als Mikrofiche-Archivierung benutzen, hat Ruth Berlau 1944 mit Brecht als eigene Idee entwickelt. Treibender Motor bei diesen Anstrengungen war die Sorge, dass die Manuskripte verloren gehen, beschlagnahmt oder vernichtet werden könnten. Im Januar 1945 klebt Brecht die ersten Ergebnisse, Kontaktabzüge mit den *Gedichten im Exil*, in sein Journal. Der Grundstein für ein Brecht-Archiv ist gelegt.

Das andere Objekt ihrer Kamera sind die Theaterinszenierungen, das Festhalten, das Dokumentieren einer flüchtigen Kunst. Heute sind Videoaufnahmen bei anspruchsvoller Regiearbeit unverzichtbar, vor einem halben Jahrhundert hat Ruth Berlau mit den Modellbüchern zu Brechts Werken Pionierarbeit geleistet. Ihr Blick war geschärft durch die Erfahrung mit der Regie (schon in Dänemark, dann auch in New York). Mit der Fotodokumentation und einem fünfzehnminütigen 16-mm-Stummfilm der Arbeit an der kalifornischen Aufführung von *Galileo* (der englischen Fassung von *Leben des Galilei*) und den Hunderten von Fotos der New Yorker Aufführung im Maxine Elliott Theatre am 7. Dezember 1947 mit Charles Laughton in der Titelrolle entstand das Pilotprojekt der Modellbücher von Brecht-Inszenierungen: Ruth Berlau, *Aufbau einer Rolle. Laughtons Galilei*[65]. Brecht war nach dem Verhör vor dem Untersuchungsausschuss sofort nach Europa abgereist, konnte an der Inszenierungsarbeit nicht teilnehmen. Umso unschätzbarer waren für ihn Berlaus Fotos, Szene für Szene.

Mit der Fotodokumentation im Gepäck beendet auch Ruth Berlau ihr amerikanisches Exil, fährt Bert Brecht nach und trifft am 22. Januar 1948 in Zürich ein. Die Remigration ist keine Zäsur. Die Arbeit geht umgehend weiter. Die Proben für die Aufführung der *Antigone* des Sophokles in Brechts Bearbeitung am Stadttheater Chur sind schon im Gang. Berlau kommt gerade rechtzeitig zur Vorbereitung der Premiere am 15. Februar 1948, fünf Tage nach Brechts fünfzigstem Geburtstag. Ihre Erfahrungen mit der Fotodokumentation gehen nun ein in das erste der veröffentlichten Modellbücher der Brecht-Produktionen: *Antigonemodell 1948*. Es ist eine Gemeinschaftsproduktion von Bert Brecht, Caspar Neher (der die erste Gelegenheit ergriffen hatte, wieder mit Brecht zusammenzuarbeiten) und Ruth Berlau, entstanden in intensiven Arbeitsdiskussionen.

Das *Antigonemodell 1948* ist nicht nur die Dokumentation einer historischen Aufführung, es entwickelt vielmehr die dramaturgische Theorie von Brechts epischem Theater, dem Darstellungsstil, der Schauspielerführung, Überlegungen zur Maske, zum Chor, zum Spieltempo, zur Bedeutung des Bühnenraums. Es versteht sich als Programm eines Neuanfangs nach dem totalen materiellen und geistigen Zusammenbruch: «Es ist Zeit für ein Theater der Neugierigen!»[66] Brecht und Neher schreiben das Vorwort, Ruth Berlau gibt die technischen Details. Schon hier entkräften die Herausgeber den zu erwartenden Vorwurf, die Modellbücher seien Schablonen, dienten dazu, die Aufführungen zu fixieren.

In einem Aufsatz für eine neue Auflage des *Antigonemodell 1948* aus dem Jahr 1955, die den Titel *Die Wahrheit ist konkret* trägt, berichtet Ruth Berlau über die Anfänge ihrer Fotoarbeit für Brechts Theater in Amerika, über die widrigen Umstände, die technischen Schwierigkeiten der Szenenfotografie sowie über ihr Verdienst, Brecht Texte zu den Fotos «abverlangt» zu haben. (Dieser Aufsatz ist in den Band dann nicht aufgenommen worden.)

Weitere Modellbücher entstehen unter Ruth Berlaus Mitarbeit, *Das Couragemodell 1949*; *Die Gewehre der Frau Carrar. Text. Modellmappe mit Szenenfotos der Aufführungen in Paris (1937), Kopenhagen (1938),*

Greifswald (1952). Anmerkungen von Ruth Berlau; schließlich der Band *Theaterarbeit. 6 Aufführungen des Berliner Ensembles.*

Ruth Berlau beim Fotografieren in der Nachkriegszeit

Das Berliner Ensemble: Ruth Berlau erzählt, vielleicht ist es nur eine nostalgische Legende, dass ihr der Name für die neue Theatergruppe eingefallen sei. Zunächst schickt Brecht sie in die amerikanische Besatzungszone, um bei Bühnen und Verlagen wegen einer Zusammenarbeit vorzufühlen und nach einem Auto Ausschau zu halten. Da sie Dänin ist und einen Presseausweis besitzt, hat sie keine Einreiseschwierigkeiten. Nebenbei arbeitet sie als Journalistin für *Ekstra Bladet* und berichtet, dass sie vom «Nürnberger Prozeß»[67] für dänische Zeitungen geschrieben hat.

Die Brechts erreichen Ost-Berlin im Oktober auf dem Umweg über Salzburg und Prag. Ruth Berlau zögert nicht, ihm nach Ost-Berlin zu folgen; im kommenden Frühjahr begleitet sie ihn nach Zürich zur Inszenierung der *Tage der Kommune*, die sie miterarbeitet hat. Sie ist mit Organisation und Verhandlungen mit den Bühnenvertrieben und Theatern voll beschäftigt.

Im Dezember besucht sie erstmals wieder Kopenhagen, anschließend dokumentiert sie in mehreren hundert Fotos die Berliner *Mutter Courage*-Aufführung für das Modellbuch. Seit 1949 übernimmt sie mehr und mehr Regieaufgaben in anderen Städten – in Wuppertal und Leipzig zunächst, 1951 die *Mutter Courage* in niederländischer Übersetzung in Rotterdam – und Inszenierungen nach den Modellbüchern. Kritik an einem Diktat durch die Modellinszenierung, Stichwort «Regiekonfektion», kommt, wie erwartet, von Regisseuren und von der Presse.

Sie wird mit dem Aufbau eines Archivs des Berliner Ensembles betraut. Von September 1949 bis 1958 ist sie mit Unterbrechungen als Mitarbeiterin, seit 1950 als Leiterin des Archivs unter Vertrag. Ihre Fotodokumentationen sind der Grundstock.[68] Daneben wird eine sehr persönliche Gemeinschaftsarbeit von Brecht und Berlau vorangebracht, die *Kriegsfibel*. Schon im dänischen Exil, vor allem dann in Amerika, haben Brecht und Berlau denkwürdige Zeitungsfotos gesammelt und ausgeschnitten. Nicht unbedingt die welthistorischen Ereignisse sind es, die für Brecht sehens- und denkwürdig sind, sondern was mit dem einzelnen Menschen dabei geschieht, mit Tätern wie mit Opfern. Die Kunst der antiken und barocken Emblematik aufgreifend, in der Bild und Text aufeinander bezogen sind und sich gegenseitig interpretieren, schreibt er zu jedem Foto einen kunstlos gereimten Vierzeiler, eingängig, hintersinnig, aufrührend. Mit Ruth Berlau montiert er die Fotos mit jeweils einem Vierzeiler zu einem Fotoepigramm. So entsteht im Winter 1944 in Santa Monica eine erste DIN-A5-Fassung der Fibel mit circa siebzig Blättern. «Dieses Buch will die Kunst lehren, Bilder zu lesen», schreibt Ruth Berlau in einer Art Präambel des Buchs, als es schließlich nach vielen Widerständen (in Ost und West wegen seiner «pazifistischen Tendenz») 1955 im Eulenspiegel Verlag in Berlin erscheint. Die Kunst lehren, Bilder zu lesen, so könnte man Ruth Berlaus Anteil am Werk Brechts überschreiben.

Aber so schön, erfolgreich und gemeinschaftlich, wie hier zu lesen ist und wie sie es ihrem Chronisten erzählt (oder er es mitgeteilt hat), war ihr Leben durchaus nicht: ganz im Gegenteil. Es gab die andere Ruth Berlau, jene, die verzweifelt Brief für Brief wie ins Leere schreibt, meist nicht abschickt:

Mein zerstörtes Gehirn stört dein Leben – du hast angst das ich trinke – und ich trinke weil ich angst habe.
Ich will dein Leben nicht stören – und auch brauchst du vielleict neue (junge, schöne) Frauen. Ich weis es ja nicht. ? Dann komm ich zurück wenn du 70 Jahre bist. Dann wohnst du veilicht so dass ich dich besuchen und helfen kann. ?
Jeg elsker dig.[69]

Wovon bisher nicht die Rede war, das ist ihre schwere Erkrankung in New York im Winter 1945/46, zugleich der Auftakt für ihre psychische Destabilisierung, die in der Folge zu zahlreichen Einweisungen in geschlossene psychiatrische Klinik-Abteilungen führen wird.

Natürlich hat diese Krankheit ihre Vorgeschichte. Nach der Geburt des gemeinsamen Kindes, dem Trauma von Geschenk und Verlust in einem einzigen Augenblick, ist Ruth Berlau zunächst in Santa Monica geblieben. Aber mit ihren Lebensumständen als verheimlichte Nebenfrau, zu der sich der Liebende möglichst ungesehen durch die Hintertür schleicht, mit ihrer bloßen Duldung, nicht Respektierung, mit dieser unwürdigen Rolle, die ihr Brecht, wenn auch gewiss nicht freiwillig und auch nicht ganz ohne Skrupel, zuweist, konnte sie sich nicht abfinden. In den Emigrantenzirkeln in Kalifornien erzählte man, dass man von der Geliebten Brechts wusste, dass man sie aber nie zu sehen bekam. Eine Position, gegen die sie sich so heftig wehrte, dass Brecht ihr Bleiben in Santa Monica nicht länger duldete. Ende März 1945 kehrte sie dann nach New York zurück. Nach Erzählungen anderer soll Brecht mit ihr gebrochen haben, aber bald ist schon wieder in Briefen von ihm zu lesen: «Du weißt, unter keinen Umständen plane ich ohne Dich.»[70]

Im Dezember 1945 erleidet Ruth Berlau nach auffälligen Stimmungsschwankungen und extremer Arbeitswut schließlich einen schweren Nervenzusammenbruch und wird in der geschlossenen Abteilung einer Klinik auf Long Island bis März 1946 behandelt. Die Freundin Ida Bachmann und die zu dieser Zeit in New York lebende Elisabeth Hauptmann kümmern sich um sie und berichten Brecht ausführlich über das Vorgefallene, über Ruths zunehmende Aggressivität bis hin zu Tätlichkeiten, über eine wie auch immer geartete Affäre mit einem Seemann, die sie zwischen Glück und Schuldgefühlen hin- und hergerissen habe, über zunehmende Alkoholexzesse, Wahnanfälle bis zur völligen geistigen Verwirrung:

In Ruth sind Stroemungen und Gegenstroemungen (‹mein armer Kopf ist mir zerstueckt›), sie will auf der einen Seite sich von Ihnen emanzipieren, aber auf der anderen Seite mit ungeheurer Wucht bei Ihnen bleiben.

Wenn ich ihn nur nicht so sehr begehrte!

Die Worte ‹kaempfen›, ‹Kampf›, ‹Kaempferin› spielen eine große Rolle, auch aufs Politische uebertragen; das Verlieren und Gewinnen einer Schlacht, alle die vielen Anstrengungen, um zu gewinnen, alle die vielen Enttaeuschungen auf der Verlustseite, hat sie ganz genau gebucht.[71]

Ida Bachmann unterrichtet Brecht auch davon, dass sie Fritz Sternberg, Brechts aus ideologischen Gründen inzwischen fern gerückten Freund aus Berliner Zeiten, zu Hilfe gerufen haben.[72] In dessen Erinnerungen an Brecht, *Der Dichter und die Ratio*, hat Fritz Sternberg Ruth Berlaus Krankheit und die Umstände kurz gestreift. Ausführlich und sehr viel persönlicher geht er auf die Vorkommnisse in einem mit *Brecht* überschriebenen vierseitigen Typoskript ein, das den Vermerk trägt «nicht für die Veröffentlichung», in der auch der Name der Kranken geändert ist. Es ist einer der ganz seltenen Texte, in denen Brecht sich über sein Verhältnis zu einer Frau zur Rede stellt. Sternberg erinnert sich, wie er «nennen wir sie Anna» in geistiger Verwirrung und um sich schlagend vorgefunden hatte. Im selben Moment rief Brecht aus Los Angeles an, fragte Sternberg, ob er es für nötig halte, dass er nach New York fliege. Sternberg bejahte, und Brecht befolgte seinen Rat und besuchte nach der Kranken sogleich den alten Freund:

Es war, glaube ich, das erste Mal in 20 Jahren, dass er sich bei mir bedankte. […] Dann aber fragte er, ob sie mir erzaehlt habe, dass er mit ihr gebrochen hat, und als ich bejahte, fragte er, ob dies einer, natuerlich nicht der einzige Faktor fuer ihren Zusammenbruch gewesen sei und ich antwortete: Ich glaube das. Brecht saß dann lange schweigsam, und nach einer minutenlangen Pause fragte er mich, was ich denn meine, was er jetzt mit ihr tun solle, ob ich einen Rat fuer ihn haette. Er war auesserlich absolut ruhig; wir sassen in zwei bequemen Stuehlen. Aber ich spürte, wie er bis ins letzte aufgewuehlt war. Er hatte mich in den 20 Jahren manchmal, wenn er mir seine Manuskripte gab, um Rat gefragt, niemals in seinen persönlichen Fragen. Das war das eine und das letzte Mal. […] Und dann fuhr ich fort: Als Sie mit ihr brachen, bekam sie einen Nerven- zusammenbruch, als es ihr immer schlechter ging, sind Sie gekommen. Erst kam Ihre Stimme [Brechts Telefonanruf] und dann Sie selbst. Das weiß sie, das kann sie nicht vergessen. Das weiss, auch wenn sie es vergessen sollte, ihr Unterbewusstsein. So besteht von nun an die

Moeglichkeit, die Gefahr, wenn sie das Hospital verlaesst, dass sie einen Rueckfall bekommt und dann weiss, Sie sind auf der Welt, Sie koennen ihr helfen. Es mag sein, dass im Laufe der Zeit diese ihre Intensitaet nachlaesst – ich weiß nicht wann, denn Brecht kannte diese Frau schon ungefaehr ein Dutzend Jahre – aber zunaechst ist sie da. Ich fuhr fort: Ich kenne Ihre Beziehung zu dieser Frau nicht und ich weiss nicht, warum Sie mit ihr gebrochen haben. Vielleicht haben Sie gefuehlt, das es von Ihrer Seite aus notwendig war; das einzige, was ein anderer Mann Ihnen sagen kann ist, dass Sie bei Ihren weiteren Entschluessen damit zu rechnen haben, dass es sich um einen nervlich psychisch sehr gefaehrdeten Menschen handelt und dass zumindestens ein Teil dieser Gefaehrdung durch Sie beeinflusst wurde und wohl auch in naechster Zukunft beeinflusst werden wird.[73]

In diesem Erinnerungstext liegt wohl der Schlüssel für das Verständnis aller weiteren tiefen Verstörungen zwischen Brecht und Ruth Berlau bis zu seinem, eigentlich bis zu ihrem Tod.

Hat Brecht aus diesem Gespräch nichts gelernt? Wie konnte er der noch in Amerika zurückgehaltenen Ruth Berlau, die ja nicht mehr die Geliebte war, aus der Schweiz Hoffnungen machen wie in den folgenden Briefen? «Du mußt nie fragen ob ich Dich will, ich will Dich»[74], schrieb er ihr, und: «Vielleicht sollten wir so bald wie möglich nach Italien gehen?»[75] Wollte er durch wohlfeile Versprechungen ihren Unmut aufhellen, ihren Zorn kühlen? Aber Brecht zieht nicht mit Ruth Berlau zusammen, sondern bleibt bei Helene Weigel, die ihre neue große Karriere beginnt. Anfang 1950 wiederholen sich die aggressiven Ausfälle, auch 1951, regelmäßig nach Weihnachten muss Ruth Berlau in die Klinik eingewiesen werden. Das Eingesperrtsein hinter Gittern ist für sie fürchterlich, sie wittert üble Machenschaften dahinter, Freiheitsberaubung. In dem Maße, wie Brecht sich zurückzieht, auch nicht mehr regelmäßig zum Mittagessen in ihre Wohnung in die Charitéstraße kommt, passiert das, was Sternberg Brecht prophezeit hatte: Sie wird polizeiauffällig, gewalttätig, verliert vielleicht nicht den Verstand, aber doch die Contenance, sprengt durch ihr Verhalten die Proben im Berliner Ensemble, terrorisiert Brecht durch ständige Telefonate. Die Stirn ist nicht mehr glatt. Brechts Briefe an sie sprechen nur zu deutlich davon, wechselnd zwischen kaum noch zurückzuhaltendem Zorn, dann wieder tiefem Respekt für ihre Großzügigkeit. Ihre Briefe – versandte wie nicht abgeschickte – spiegeln Stimmungsschwankungen zwischen wütendstem Hass (auf Brecht, auf Helene Weigel, auf die jungen Rivalinnen, auf alles) und freundlichen, zärtlichsten Liebes- und Dankbeteuerungen bis hin zur völligen Unterwerfung, unterzeichnet mit «Deine Kreatur». Sie tauschen Gedichte aus, *Die Kälte, An R.*, *Schwächen*. Sie machen sich gegenseitig Vorwürfe, beklagen das Abkühlen der Liebe. Die Autorschaft dieser Gedichte ist nicht so gesichert, wie die Brecht-Ausgaben nahe legen. Die älteste Fassung des Gedichtes *Schwächen* stammt von Januar/Februar 1950, ist in Ruth Berlaus Handschrift und in ihrer Orthographie überliefert:

SWÄCHEN
Du hattes keine
Ich hatte eine
Ich liebte»[76]

Dass es heute als Gedicht Brechts in seiner Werkausgabe steht, dass Berlaus Nachlass zunächst zu großen Teilen dem Brecht-Archiv einverleibt wurde, zeugt von der Marginalisierung der unverzichtbaren Mitarbeit am Werk des großen Genies.

Ruth Berlau ist eine begabte Erzählerin, sie hatte immerfort literarische Pläne, hat vieles begonnen, auf Dänisch, Englisch und Deutsch, gelegentlich hat sie kleine Feuilletongeschichten verkaufen können an *Das Magazin*, eine Unterhaltungsillustrierte. Eine Sammlung von Geschichten aus dem amerikanischen Exil sollte *Zwischen Wolkenkratzern* heißen, eine andere *Sailorgeschichten*. Wieder stellt sich die Frage, warum so vieles Fragment geblieben ist. Ist es der übergroßen Inanspruchnahme durch Brecht geschuldet oder dem Schicksal der Emigration, vielleicht einer doch nicht hinreichenden Begabung oder der erdrückenden Genialität des Lehrers?

Ihr wichtigstes Projekt, ihre Herzensangelegenheit, ist ein Buch über Brecht. Zahllose Blätter, Mappen, Exposés, Inhaltsverzeichnisse zeugen von diesem Vorhaben. Einzelne Kapitel haben schon Form angenommen, manche kleine Stücke hat sie selbst noch veröffentlicht:

Brecht führt Regie
Brecht und das Geld
Brecht und die Humorvollen Dänen
Der kriminelle Brecht
Brecht als Flüchtling
Der Kapitän und sein Schiff.[77]
Am 11. Mai 1955 holt sie sich Rat bei Hans Mayer, nennt ihn – das
ist Ruth Berlaus besonderer Charme – «ein wunderliche enzyklopädie
auf zwei beine»:

> Es ist dir sicher nicht unbekannt wie es mir geht und dass Brecht's und
> meine ‹Liebesgeschikte› zu ende geht. [...] Ich habe angefangen unsere
> Geschikte aufzuschreiben. [...] willst du, trotz Zeitmangen und zu viel
> Arbeit, dies durchlesen? [...]Soll ich weiterschreiben? ist es zu sentimen-
> tal? Soll ich mir zu reine Beschreibungen halten? Soll ich versuchen
> kronologisch zu schreiben?[...] soll ich mir ganz in Hintergrund halten,
> nur ihn und sein Schaffen, seine Haltung beschreiben? [...] oder soll ich
> vielmehr eine echte Liebesroman machen, damit ich sicher gehe und es
> mal gedrückt werde.[...] Nun aufwiedersehen oder hören deine dank-
> bare sehr alte Ruth Berlau.[78]

Kein Wunder, dass die so tief in diese Beziehung Verstrickte mit einem
distanzierenden Buch über Brecht nicht fertig wurde.

Ruth Berlau wird ihrer Umwelt, auch den Wohlmeinenden, die sie, ihre
Wärme, ihre Verdienste schätzen, mit ihren Ausfällen, mit ihren Verleumdungen schwer erträglich; hinzu kommt – gewiss eine Folge ihrer
Instabilität – die Alkoholabhängigkeit, hinzu kommen Brechts immer
neue Liebesgeschichten mit jungen Frauen. Brecht gibt ihr Wohnrecht
in seiner Nähe, im Turm in Buckow, und die Mittel, um ein Haus in
Dänemark zu erwerben. Zu seinem letzten Geburtstag im Februar 1956
entwirft sie einen Brief, schickt ihn nicht ab:

> bertolt mein großer Freund, liebe bertolt,
>   ich wünsche dich: ruhe und unruhe
>   kampf und erfolg
>   freude und liebe

260 Wenn ich ihn nur nicht so sehr begehrte!

gib acht auf dich, damit du gesund bleibst, du weise, freundliche.
Ob du meine kleine geburtstagsbrief bekommst, weis ich nicht, aber
Freitag den 10. februar schicke ich so viele gedanken dass die ankommen
müssen.

ICH DANKE DIR; BERTOLT – oh, könnten wir eng bleiben in freundschaft wie vor hundert jahren in liebe, in arbeit und freundschaft.

Und ein gutes jahr für der meister, der ziehlbewußte
Alle schwierigkeiten überwindender ‹stükkeschreiber›
aber auch für kin-jeh und me-ti, meine freunde.
Ein gutes jahr, in arbeit, lust und frieden.
Wie nun soll ich unterschreiben? Ein ruiges ruth? Ein brennendes lai-tu?
Nein, las uns behalten was gedacht war dir zu helfen und nicht zu last[79]

Fritz Sternberg hatte Recht behalten: Ruth Berlau konnte sich von
Brecht nicht lösen, konnte sich nie mit einem bloßen Arbeitsverhältnis
abfinden. Aber auch Brecht blieb von ihr abhängig, vielleicht sogar er-
pressbar, durch ihre psychische Labilität oder durch die Wunde, die er
ihrer Seele – vorsätzlich oder nicht – zugefügt hat.

Nach Brechts Tod verliert sie ihre Arbeit am Berliner Ensemble, bekommt sogar Hausverbot; sie sieht sich genötigt, entgegen einer ver-
traglichen Vereinbarung, Autographen Brechts zu verkaufen. Ihren
Anteil an Brechts Werk, an seiner Theaterpraxis und an der Geschichte
des Berliner Ensembles will man tunlichst verschwinden lassen.
Ruth Berlau wollte immer im Mittelpunkt stehen, sie war durch
Schönheit, Charme, Begabung und Ausstrahlung dafür geschaffen.
Stattdessen wurde sie nie die Frau an der Seite des Genies, sie musste
vielmehr als heimliche Geliebte versteckt werden, war auf finanzielle
Zuwendungen angewiesen. Aus einem großzügigen Leben im Rampenlicht ist sie abgeglitten in eine asoziale Randexistenz. Ihr begeister-
tes Engagement für einen weltoffenen Kommunismus endete in der ihr
letztlich fremden, engen DDR.
Die Umstände ihres Todes in der Nacht vom 14. auf den 15. Januar
1974 in ihrem Bett in der Charité geben Anlass zu symbolischer Über-

Ruth Berlau kurz vor ihrem Tod. Foto: Roger Melis

frachtung: Sie ist vermutlich an einem Schwelbrand erstickt, ausgelöst von ihrer Zigarette, bevor das Feuer ausbrach. Und es gibt die – undatierte – Aufzeichnung eines hochpathetischen Traums mit unverkennbarer Sexualsymbolik: Sie fängt Feuer durch ein einstürzendes Dach, ihr Schamhaar brennt. «Ich greife mit beiden Händen hin und versuche, die Flammen mit der Nässe meines Schoßes zu löschen. Ich hebe meine Hand hoch, sie brennt wie eine Fackel. Ich zeige auf ihn, denn er ist jetzt dazugekommen.» Für ihn geht es nur «um Leben und Tod seiner Werke». Sein Verrat an ihrer Liebe hat das Feuer entzündet, aber er merkt es nicht. Eine dritte Person, eine pragmatisch-nüchterne «W.», ruft nach der Feuerwehr. Und dann zitiert der Brecht des Traumes mit dem zynischen Kommentar: ‹Von kalter Asche habe ich nichts› ein Gedicht, das er ihr einst geschenkt hat, im Sommer 1939[80]:

Ardens sed virens

Herrlich, was im schönen Feuer
Nicht zu kalter Asche kehrt!
Schwester, sieh, du bist mir teuer
Brennend, aber nicht verzehrt.

Viele sah ich schlau erkalten
Hitzige stürzen unbelehrt
Schwester, dich kann ich behalten
Brennend, aber nicht verzehrt.

Ach, für dich stand, wegzureiten
Hinterm Schlachtfeld nie ein Pferd
Darum sah ich dich mit Vorsicht streiten
Brennend, aber nicht verzehrt.[81]

«entschuldige das ich kaput gegangen bin», hat sie Brecht einmal in tiefer Niederlage geschrieben.[82] Ein gutes Jahrzehnt später ist Ruth Berlau wie Phönix aus der Asche in Hans Bunges Buch *Brechts Lai-tu* strahlend, sozusagen mit geglätteter Stirn auferstanden und hat Einzug gehalten in die Literaturgeschichte.

Brechts Lai-tu: Ruth Berlau ist die einzige der Frauen, die als literarisierte Figur einen Ort im Werk Brechts gefunden hat. Der «Soldat der Revolution», Kosename für die ‹gefallene› Grete Steffin, war etwas anderes. Im *Buch der Wendungen*[83] erfindet sich Brecht Lai-tu, die Schülerin des Lehrers Me-ti, die Schwester des Dichters Kin-jeh, beide sind Brecht. Die kleinen Lehrtexte, Verhaltensregeln, entstehen überwiegend im dänischen Exil 1936 bis 1939. (Die letzten der *Lai-tu*-Geschichten stammen aus den fünfziger Jahren. Sie reflektieren in ihrer einfachen Form die über die Maßen kompliziert gewordene Beziehung.) Me-ti unterrichtet die Schülerin über «die dritte Sache», den Klassenkampf, gibt ihr scharfsinnige Verhaltensregeln in der Liebe, weist ihr die Rolle zu, die Brecht ihr zugedacht haben möchte: «Das sind keine Gedanken über den Lauf der Welt, sondern schlicht und einfach der Versuch, mir ein moralisches Verhalten beizubringen.»[84] Etwa so: «Ich habe dich oft angehalten, nicht zu mir zu sagen: ich liebe dich, sondern: ich bin gern mit dir zusammen; nicht: verlaß dich auf mich, sondern: rechne in bestimmten Grenzen mit mir; nicht: für mich gibt es nichts als dich, sondern: es ist angenehm, daß es dich gibt.»[85]

Ruth Berlaus Leben sieht so aus, als sei die Schülerin Lai-tu in Sachen Liebe nicht sehr gelehrig gewesen. Lai-tu ist es, die Brechts schwierige Lektion im Fach Liebe zu lernen aufbekommt, die Lehre von der Liebe als einer Produktion:

Kin-jeh über die Liebe
Ich spreche nicht über die fleischlichen Freuden, obgleich über sie viel zu sagen wäre, noch über die Verliebtheit, über die weniger zu sagen ist. Mit diesen beiden Erscheinungen käme die Welt aus, aber die Liebe muß gesondert betrachtet werden, da sie eine Produktion ist. Sie verändert den Liebenden und den Geliebten, ob in guter oder in schlechter Weise. Schon von außen erscheinen Liebende wie Produzierende, und zwar solche einer hohen Ordnung.[86]

Eine Produktion Lai-tus
Der Dichter Kin-jeh sagte: Es ist schwer zu sagen, was Lai-tu produzierte. Vielleicht sind es die 22 Zeilen, die ich in mein Stück über die Landschaft einfügte, die ohne sie nie geschrieben worden wären. Natürlich haben wir nie über Landschaft gesprochen. Was sie lustig nennt, hat mich auch beeinflußt. Es ist nicht das, was andere lustig nennen. Natürlich habe ich wohl auch die Art, wie sie sich bewegt, beim Bau meiner Gedichte

verwendet. Sie macht ja eine Menge anderer Dinge, aber selbst wenn sie nur produziert hätte, was mich produzieren machte und produzieren ließ, würde sie sich doch gut gelohnt haben. (Kin-jeh litt nicht an Bescheidenheit.)[87]

«Mag sein, denke ich, ich bin in Papier und Weiber verschlagen»

Bert Brecht

Der Reigen ist zu Ende, die Frauen um Brecht, fast alle, sind in den Hintergrund zurückgetreten. Der letzte Blick fällt auf den «armen B. B.», den viel gescholtenen und oft verteidigten:

Er nun wieder

Dann wieder hört man,
der Brecht, der habe
zwar viele ge – – –,
aber nicht gut.
Sei doch ein reichlich
einfallsloser
Hacker gewesen,
Typ Hahn,
so rasch runter
wie rauf.
Aber diese ganzen Frauen dann?
Alle so schön und so
klug und so
viele?
Immer gleich drei auf einmal. Während
er es der
dritten
noch besorgte, da tippte die
zweite
die Handschriften schon
des Tages, Gedichte,
die dann die
erste
jubelndem Saal sogleich

vortrug, in welchem
schon warteten die
vierte, die
fünfte, die
sechste, so
liest man es doch
dauernd.

Dann wieder hört man –
Wo ist da nun Wahrheit?
Ich meine, das muß sich
doch feststellen lassen!
Man hat doch ein Recht
darauf zu erfahren,
womit und wodurch
und weshalb ihm die Frauen
derart. Man soll doch
von den Klassikern lernen![1]

Natürlich gilt Robert Gernhardts Spott genau den biographischen
Details, den Anekdoten um Liebesleid und -lust, die auch hier nicht
ausbleiben konnten. Was ist denn so interessant daran, «womit und
wodurch und weshalb ihm die Frauen derart» verfallen waren? Was ist
da anders als bei jedem beliebigen Macho? Es ist vor allem schlimmer,
hat John Fuegi in seinem als wissenschaftlich aufgemachten 1086 Seiten starken Kolossaltribunal Brecht & Co lautstark verkündet und hat
damit das Thema ‹Brecht und die Frauen› auf das Niveau der Regen-
bogenpresse heruntergeschrieben. Allerspätestens bei seinem Kapitel
über Brecht und Marieluise Fleißer muss man das Machwerk endgültig beiseite legen. Da steht zu lesen über die Tage nach der Pioniere-
Inszenierung in Berlin im April 1929:

Krank vor Entsetzen über seine Gefühllosigkeit war Marieluise Fleißer
wenig gewappnet für den noch härteren Schlag, der sie nur Tage später
traf. Am 10. April 1929 stieß sie in der Zeitung auf ein Bild der ‹Berliner
Bühnenkünstlerin› Helene Weigel, die, wie die begleitende Notiz meldete,
soeben den ‹Dichter Bert Brecht› geheiratet habe. Die Nachricht traf
Marieluise Fleißer zu einem Zeitpunkt, als sie über keine Kraftreserven

mehr verfügte. Ihre Karriere und ihr Privatleben lagen plötzlich als Trümmerfeld vor ihr. Es gab nichts mehr, für das es sich noch zu leben lohnte. Sie schnitt sich die Pulsadern auf.[2]

Über Brechts Gefühllosigkeit nach der Premiere gibt es keine Dokumente, allerdings auch nicht über einen Beistand bei dem Ingolstädter Skandal. Am 10. April 1929 heirateten Weigel und Brecht zwar, das beschriebene Pressefoto erschien aber erst am 21. April 1929 in der *Berliner Illustrirten Zeitung*. Zwischen diesen beiden Tagen schrieb Marieluise Fleißer ihren selbstbewusst satirischen Brief an den Bürgermeister von Ingolstadt im *Berliner Tageblatt*. Von einer Liebesbeziehung zwischen Brecht und Fleißer damals wissen die Dokumente nichts, auch nichts von irgendeiner Reaktion Fleißers auf Brechts Heirat. Seit fast zwei Jahren hatten sie offensichtlich gar keinen Kontakt. Marieluise Fleißer war nach der erfolgreichen Aufführung bei Redaktionen und Verlagen gefragter denn je. In Ingolstadt wartete ihr durchaus nicht «verständnisloser» (Fuegi), sondern Anteil nehmender Verlobter, weit und breit ist kein Trümmerfeld zu entdecken. Die aufgeschnittenen Pulsadern sind reine oder eher unreine Phantasie John Fuegis ohne den Hauch eines biographischen Anhaltspunktes.

Brechts Verhältnis zu Frauen vor dem Hintergrund seines Werks ist allerdings ein ungewöhnliches, erklärungsbedürftiges Phänomen. Das beginnt mit seiner von vielen bezeugten Ausstrahlung. Ohne jede landläufige gepflegte Attraktivität besaß er eine ungewöhnliche Macht über Frauen wie Männer, sie ist immer wieder bezeugt. Hermann Kasack beschreibt den 22-jährigen Brecht nach seiner ersten Begegnung:

Ich habe kaum in meinem Leben wieder ein Gesicht gesehen, das einen so verschiedenen, so wandlungsfähigen Ausdruck zeigte. Es war alles darin, was später auch in seinen Arbeiten in Erscheinung trat: Naivität ebenso wie Zynismus, das Böse wie das Zarte, Wärme und Schroffheit – und das in einer elementaren Besessenheit und ohne jedes Zugeständnis an falsche Sentimentalität und überlebte Konventionen.[3]

Fritz Sternberg erinnert sich, wie er das erste Mal den ihm noch unbekannten Mann am Nebentisch beobachtete: «Er fiel mir auf. Wie er so dasaß, wie er die Hände bewegte, ging von seinem Gesicht und seiner Gestalt etwas Merkwürdiges, Unvergeßliches aus.»[4] Ruth Berlau erzählt von der erotischen Faszination, «als ich hinter mir ein leises ‹Hallo› hörte. Dieses zarte, fragende Rufen ist, wie ich später erfahren habe, für viele Frauen sozusagen der Inhalt ihres Lebens geworden. Darauf haben sie gewartet, darauf haben sie gebaut und davon haben sie geträumt.»[5] Dass er auch ein Könner in der *ars amandi* war, erfahren wir aus Grete Steffins intimen Sonetten:

> Mit spitzen Fingern spielt auf Bein und Knie
> Auf Schenkel, Hüfte er, streichelt das Haar
> Liebkost die Brust und küßt den Hals sehr zart,
> Er kennt sich aus auf jede Melodie.[6]

Und freimütiger noch:

> Rührst du mich nur an, muß ich mich legen.
> Weder Scham noch Reue stehn dagegen
> Und was sonst noch wacht.[7]

Freunde und Feinde aus den zwanziger Jahren schildern die höchst irritierende Verwandlungsfähigkeit Brechts: «Liebenswürdig, gesprächig, von abgeklärtem Witz [...] hell und human. [...] Das war der eine Brecht. Der zweite war der beste aller Bandenführer, der auch für die Kleinsten unter den Seinen sorgte. [...] Das war der dritte Brecht, der öffentliche: hochmütig, bösartig, hämisch.»[8] Eines wird vor allem anderen immer wieder mit Staunen bezeugt und erklärt diese verschiedenen Gesichter, die Masken: Es ist die Inszenierung. «Intimität war eine seiner gekonntesten Verfremdungen.»[9] Elias Canetti, der sich zu seinen bewundernden Feinden zählte, ist von seinem «Zwang zur Verkleidung»[10] abgestoßen. Und so ist er ja auch in all den Briefen an die Geliebten in Erscheinung getreten, zärtlich, liebenswürdig, verführend oder wütend die Geliebte ins Unrecht setzend, selbst wenn er faustdicke Lügen auftischte.

Der zur Schau gestellte Habitus, die Selbstinszenierungen, die Verkleidungen, die gerade in seinem Umgang mit Frauen, in seiner Promiskuität zu beobachten sind, springen derart ins Auge, dass es nahe liegt, nach einer Erklärung dafür zu suchen. Der Literaturwissenschaftler und Psychoanalytiker Carl Pietzcker hat mit dem Instrumentarium dieser einander ergänzenden Wissenschaften die Tagebücher und literarischen Arbeiten des pubertierenden Knaben Eugen Berthold Brecht einer wachsamen Lektüre unterzogen und seine Lebensumstände (von Verwandten und Freunden beschrieben), das Verhältnis zu Mutter und Vater, den Einfluss der Religion, die kindliche und jugendliche Sexualität, überhaupt sein Verhältnis zum Körper zu rekonstruieren versucht.[11] Und gerade beim letzten Punkt hat er Aufschlussreiches zutage gefördert. Dass Brecht kein robustes Kind war, dass er seit seiner Jugend an Herzkrämpfen litt und letztlich an Herzversagen gestorben ist, weiß man. Dass diese Herzattacken aber psychische Ursachen hatten, dass Brecht unter einer Herzneurose litt, die ihn massiv und allgegenwärtig bedrohte, wie er sein Leben lang mit dieser Bedrohung umging, sie entschlossen abwehrte – das ist Pietzckers Forschungsergebnis, und es ist von hohem Erkenntnisgewinn auch für Brechts befremdlichen bis skandalösen Umgang mit den Frauen, die er liebte. Die Ursache dieser Neurose liegt offensichtlich in einer engen Bindung zur Mutter, zu einer zärtlichen, verstehenden Mutter, die ihren Erstgeborenen mit übermäßiger Fürsorge umhegt und später in der Pubertät mit rigiden Moralvorstellungen einengt. Seine Bindung an diese Mutter, die, solange er sich erinnern kann, selbst krank ist und im Mai 1920 stirbt, erfährt der junge Brecht als bedrohlich symbiotisch, als «verschlingend». Durch überlegene Kälte und Kaltschnäuzigkeit muss er sich fortan die verschlingenden Gefühle vom Leib, vom Herzen halten. Das Tagebuch aus dem Jahr 1916 strotzt von demonstrativer Großmannssucht und Potenzphantasien; Anlehnungsbedürfnis wird durch sexuelles Begehren kaschiert.

21.10.
Schreiben kann ich, ich kann Theaterstücke schreiben, bessere als Hebbel, wildere als Wedekind. […] Jetzt werde ich gesünder. Der Sturm geht immer noch, aber ich lasse mich nimmer unterkriegen. Ich kommandiere mein Herz. Ich verhänge den Belagerungszustand über mein Herz. Es ist schön zu leben.

22. 10.
Nein. Es ist sinnlos, zu leben. Heute Nacht habe ich einen Herzkrampf
bekommen, daß ich staunte, diesmal leistete der Teufel erstklassige
Arbeit. Heute philosophiere ich wieder...
Ich bin schon etwas verdorben, wild und hart und herrschsüchtig. Wenn
ich jemand hätte, der still ist, gütig und mit mir gegen mich kämpfen
wollte, könnte alles wieder gut werden. Wenn ein Mann richtig lebt, lebt
er wie im Sturm, den Kopf in den Wolken, mit wankenden Knien, im
Finstern, lachend und kämpfend, stark und schwach, oftmals besiegt und
nie unterworfen. Aber er braucht etwas, was ihn auf die [sic!]Erde hält,
einen Schoß, den müden Kopf hineinzulegen, weiche Hände, Natürlich-
keit, Liebhaben, Reinheit.[12]

Zwischen der Angst vor der ‹Verschlingung› und der Angst vor dem
Verlust dieses Mütterlichen entwickelt der junge Mann Strategien des
Überlebens, der Furchtabwehr. Vor allem muss er versuchen, dem Verlassenwerden stets zuvorzukommen; er muss derjenige sein, der die
Spielregeln bestimmt, und er darf sich nicht in die Karten schauen lassen. Daher die ständige Selbstinszenierung. Das Gedicht *Vom armen
B. B.* ist das Paradebeispiel einer solchen Inszenierung[13], die ‹Frauen-
strophe› verzeichnet das Programm eines Hedonisten, der sich mit Gefühlen nicht weiter belastet, der Frauen betrachtet wie Puppen und
vorgibt, dass er sie nicht im Unklaren darüber lässt, worauf sie sich mit
ihm einlassen:

In meine leeren Schaukelstühle vormittags
Setze ich mir mitunter ein paar Frauen
Und ich betrachte sie sorglos und sage ihnen:
In mir habt ihr einen, auf den könnt ihr nicht bauen.[14]

Er legt sich – nach außen – den Habitus des überlegenen Spielers zu,
der Kommen und Gehen selbst bestimmt, denn «wer selbst weggeht,
kann nicht verlassen werden»[15]; an den Revuegirls findet er «angenehm, daß es viele sind und daß man sie auswechseln kann»[16], eine
Meinung, die man zynischerweise auf seine Geliebten übertragen
könnte.

Bert Brecht 271

*Franz Heinfeldner, «In meine leeren Schaukelstühle vormittags, setze ich
mir mitunter ein paar Frauen …», aus der Ausstellung* Brecht und die Frauen,
14. 8.–27. 9. 1992 in Augsburg

Die Angst vor dem Verlassenwerden und die daraus entwickelten Strategien Brechts zusammen mit den Konsequenzen für die betroffenen Frauen sind wohl der größte Stein des Anstoßes im Urteil seiner Freunde, Feinde und der Nachwelt. Fritz Sternberg hat dieses Phänomen in der Erinnerung an seine langjährige Bekanntschaft mit Brecht auf den Punkt gebracht: «[…] ich wusste, dass er fuer sich voellige Freiheit beanspruchte; ich glaube nicht, dass es in diesen 20 Jahren eine Zeit gegeben hat, in der er nur mit einer Frau war, und ich wußte auf der anderen Seite, dass er den Frauen, mit denen er war, keine Freiheit gestattete [...].»[17] Ins Tagebuch notiert Brecht Ende der zwanziger Jahre: «Ich war unfähig, Beziehungen von mir aus abzubrechen.»[18] Aber das ist nur die halbe Wahrheit, er war ebenso unfähig, geliebte Frauen, die sich von ihm entfernten und eine andere Bindung eingehen wollten, gehen zu lassen. Vielmehr reagierte er auf solche Absichten mit wilden Eifersuchtsszenen, Verdächtigungen, Wortbrüchen. Unsinnig ist es also, Brechts Beziehungen zu seinen Frauen und Geliebten in die Kategorie ‹Freie Liebe› einzuordnen, gegen verachtungswürdige ‹Bürgerlichkeit› auszuspielen.[19] Besitzergreifend und eifersüchtig über den Besitz wachend, hat Brecht sich selbst auf die Umfrage des *Uhu* von 1928 *Was halten Sie von der Eifersucht?* nicht ohne Selbstironie in die Nähe der «letzten Träger dieser einst tragischen Leidenschaft» stellen müssen, der «Spießer, [...] denn wie könnte jemand behaupten, daß nichts Spießiges in ihm wäre!»[20]

Den Bruch mit der jeweils Geliebten galt es also dringend zu vermeiden, und um dieses zuweilen sehr verstrickte Beziehungsnetz nicht unentwirrbar zu verknoten, bedurfte es kaltblütiger Lügen, eines skrupellosen Ausspielens der einen gegen die andere. Er verleugnet Paula Banholzer gegenüber Marianne Zoff, macht die Marianne-Liebe gegenüber Dora Mannheim lächerlich[21] und verrät die neue Liebe zu Helli gegenüber Marianne usw. Wo Brüche dennoch drohten, wo ihm die Fäden aus der Hand glitten, reagierte er nicht mutig, sondern feige. Ruth Berlau hat es bezeugt, Grete Steffin hat es zur Genüge erlebt, Elisabeth Hauptmann hat sich dagegen verwahrt. «Brecht war ganz naiv in diesen Dingen», meint Käthe Rülicke, eine seiner letzten Freundinnen, «er hat immer gehofft, die Frauen würden sich untereinander schon verstehen. [...] Ich bin fest davon überzeugt. Daß er es immer wieder, sein Leben lang, geglaubt hat, von der Jugend an. Von der Bi Banholzer und der Marianne an bis zuletzt. Immer hat der Brecht geglaubt, die werden sich schon verstehen.»[22] Die Zuschreibung «naiv» stimmt skeptisch, auch wenn man Naivität gerne als Schlüssel zum Verständnis seiner Verhaltensweisen verwenden möchte. «Hatte er Probleme», fragt Ruth Berlau in ihrem Erinnerungstext *Wie war Bertolt Brecht?* «Er sagte, er habe keine, außerdem ginge das niemand etwas an.»[23]

«Ich bin Zeit meines Lebens in Deiner Schuld»[24], beteuert er Marianne Zoff. Was meint Brecht mit «Schuld»? Versteht er sie als moralische Kategorie, hatte er je ein schlechtes Gewissen, war er sich seiner verletzenden Handlungsweise bewusst? Meint er seine Zumutungen, seine Untreue, sein sich Fortstehlen aus der Verantwortung? Leichter ist die Frage zu beantworten bei seiner Erklärung gegenüber Elisabeth Hauptmann: »ich bin tief in Ihrer Schuld, ich weiß es gut.»[25] Sie hat ihm handfeste und berechtigte Vorwürfe gemacht, die die Ausbeutung ihrer Arbeitskraft betrafen. Seine Zerknirschung hält freilich nicht lange vor. Grete Steffin kommt mit ihrer aus Verzweiflung sarkastischen Bemerkung über Brechts Verhältnis zur Schuld vermutlich der Wahrheit recht nahe: «Natürlich hat er keine Schuld. Er hat mir immer gesagt, er hat das Gewissen eines Eisklumpens.»[26]

Aber nicht alle Spielregeln waren souverän beherrschbar. Dass die Liebe und die Lust von Dingen begleitet sein können, denen gegenüber er ohnmächtig ist, unangenehmen Dingen, die Angst machen und die schlauen Planungen durchkreuzen können, davon sind die frühen Tagebücher und Briefe voll: Später hat er über derlei Privatangelegenheiten tunlichst geschwiegen: Das sind Schwangerschaften, Abtreibungen, Kinder. In der Liebesgeschichte mit Paula Banholzer, in der Eifersuchtsgeschichte mit Marianne Zoff waren solche Sorgen immer gegenwärtig. Vom Frühjahr 1920 stammen Entwürfe für *Die Bälge*, ein Stück über das Thema Abtreibung. Erkennbar ist in den wenigen Skizzen schon der Ton zwischen Angst, Großspurigkeit und Medizinerzynismus.[27] Zwiespältig steht Brecht begreiflicherweise zu den sich dramatisch häufenden Schwangerschaften, als die Erfolge noch sehr auf sich warten lassen und er eine Familie, vielmehr mehrere nicht ernähren kann. Trotzdem verkündet er großartig: «Laßt sie wachsen, die kleinen Brechts»[28], und stolz: «jetzt reißen sich die Ungeborenen um mich!!»[29]

Im Liebesgenuss war man sich einig – ansonsten hat es wohl selten so fundamentale Missverständnisse des Paarseins gegeben wie zwischen den liebenden Frauen und dem Objekt ihrer Liebe, Bert Brecht. 1925 macht er sich Gedanken über die *Beziehungen der Menschen untereinander* und über ihre vertragliche Regelung im Besonderen. Er beschreibt, wie er das Verhältnis von Mann und Frau gern geregelt wissen möchte:

Bei Mann und Frau ist es meistens so, daß der Mann kraft seines Vertrages ungeheuer viel verlangen kann und die Frau ungeheuer viel zugeben muß.[...] Manches muß die Frau als unabänderlich hinnehmen. [...] Das Überspannen [der vertraglichen Vereinbarungen] geschieht in verschiedener Form von beiden Seiten, bei Mann und Frau muß die Frau meistens draufzahlen.[30]

Wo es um Brechts Verhältnis zu Frauen geht, da wird immer auch jener Tagebucheintrag von 1927 zitiert, der mit intellektueller Arroganz die Hierarchien festlegt: «Für einen starken Gedanken würde ich jedes Weib opfern, beinahe jedes Weib. Es gibt viel weniger Gedanken als Weiber.»[31] Vielleicht ist das ja nur kraftmeierischer Gestus und die Selbstinszenierung von jemand, der gern der starke Max wäre, und nicht weiter ernst zu nehmen.

Aber die Rangordnung steht fest, und wer über Nähe und Distanz bestimmt, vor allem über die Distanz. Das beginnt beim verwirrenden Spiel zwischen verführerischer Intimität und kalkuliertem Abstand. Ein Meisterstück ist Brechts Umgang mit dem Du und Sie. Als er Dora Mannheim erobern wollte, schrieb er ihr raffiniert: «Zu der Zeit tanzten Sie und wußten mein Gesicht nicht mehr. Und jetzt küsse ich Dich auf den Mund und bitte Sie um Verzeihung.» Oder: »Aber jetzt küsse ich Dich auf dem Papier – da können Sie gar nichts dagegen machen, ätsch. Bert Brecht»[32] Das Spiel mit den Liebescodes, mit «g g» und «e p e p», ist eine Inszenierung von intimer Nähe bei gleichzeitiger Distanz, denn ginge es nach der jeweils angesprochenen Geliebten, wäre man ja wirklich zusammen, und es bedürfte der Codes gar nicht. Nachgerade symbolisch für diese Intimität auf Distanz ist die Verabredung im Weltall:

> Einmal, in Dänemark, haben Brecht und ich zusammen in den Sternen- himmel geschaut. Brecht zeigte mit einem Finger nach oben und fragte: ‹Siehst du das *W* da? Fünf Sterne bilden die Kassiopeia. Das ist von jetzt ab unser Sternenbild, Lai-tu. Dort werden unsere Augen sich treffen, wo immer wir sind.›[33]

Für das Paar Brecht/Steffin ist es der Orion, das «Steffinische Stern- bild».

Sabine Kebir meint in ihrer Streitschrift *Ein akzeptabler Mann? Brecht und die Frauen*: «Er besaß den Wunsch und zudem ein außeror- dentliches Talent, begabte und charakterstarke Frauen aufzuspüren und mit ihnen eine Symbiose einzugehen.»[34] Im Gegenteil, die Sym- biose war bei aller Liebe und aller sexuellen Lust gerade zu vermeiden! Was wie Symbiose aussieht und die Frauen symbiotisch verstehen, ist in Wahrheit Abstand um jeden Preis, auch um den der gelegentlichen Notlüge.

Abstand ja, aber Einsamkeit auf gar keinen Fall! Brecht hat tun- lichst vermieden, in Situationen zu kommen, wo er einsam und verlas- sen ist. Bi in Kimratshofen und Marianne in Wiesbaden, Helli in Santa Monica und Bess in St. Louis, Grete in Moskau und Ruth in New York – sie alle mussten mit der Einsamkeit fertig werden. Brecht hat, in wel- ches Land der Erde es ihn auch verschlug, immer eine Geliebte vorge- funden, die ihm Nähe und Heimat gab, und eine Frau, die bereits die fremde Sprache beherrschte.

«Brecht verstand zwar alles und konnte sogar schwierigen Diskus- sionen folgen», erinnert sich Salka Viertel, «doch er lehnte es ab, sich fehlerhaft in einer fremden Sprache auszudrücken.»[35] Wie angenehm dann, stets die vertraute Dolmetscherin und Managerin bei sich zu haben.

Ruth Berlau fotografiert Brecht auf dem Balkon ihrer New Yorker Wohnung in der 57. Straße, 1946

Die grundlegenden Meinungsverschiedenheiten und in ihrer Folge die Ursache für viele Verletzungen liegen im Verständnis dessen, was Liebe sei. Lai-tus Lehrer Me-ti (Brecht gibt sich immer als der überlegene, kundig Lehrende in Sachen Liebe) will die «fleischlichen Freuden» von der Liebe unterschieden wissen. Die Liebe hat mit ihnen nichts zu tun, sie ist Produktion, geht auf im Werk. Ruth Berlau hat ihm offensichtlich entschieden widersprochen. «Du sagst auch immer», antwortet ihr Brecht, «daß ich einfach nur nicht weiß, was Liebe ist.»[36] Genießen also, «vögeln», «lieben» ohne zu vereinnahmen, ohne zu verschlingen, ohne die Lust an die geliebte Person zu binden, das glaubt Brecht die Schülerin Grete Steffin lehren zu können und versteht hier doch – wie Konfutse in deren Erzählung – wirklich nichts von Frauen:

Das neunte Sonett

Als du das Vögeln lerntest, lehrt ich dich
So vögeln, daß du mich dabei vergaßest
Und deine Lust von meinem Teller aßest
Als liebtest du die Liebe und nicht mich.

Ich sagte: tut nichts, wenn du mich vergißt
Als freutest du dich eines andern Manns!
Ich geb nicht mich, ich geb dir einen *Schwanz*
Er tut dir nicht nur gut, weil's meiner ist.
[...][37]

Die Liebe als episches Theater, ‹fleischliche Freuden› bei gehöriger Distanz, nur ja keine ‹aristotelische Einfühlung›, das ist ihm ein taugliches Rezept gegen Liebesschmerzen: «Jetzt betrachte sie nicht mit dem Herzen, sondern kalt.»[38] Mit beiläufiger Geste erklärt er der sich vor Sehnsucht verzehrenden Grete Steffin:

Ich meine nur: wenn einer an nichts hinge
Dem stünd auch keine schlimme Zeit bevor.[39]

Enttäuscht über seine Promiskuität und nicht ohne Spott führt sie ihm solch schlimme Zeiten in einem hässlichen Szenario vor Augen:

Stell dir vor: es kommen alle Frauen
Die du einmal hattest, an dein Bett.
Ach, die wenigsten sind jetzt noch nett.
Keine, denkst du, ist mehr anzuschauen.

Aber alle stehen streng und schweigend.
Eine jede will von dir heut nacht
Ihren Spaß. Und wenn du ihr's gemacht
Tritt sie seitwärts, auf die nächste zeigend.

Gierig langen sie dich an. Verloren
Bist du. Die du einst zum Spaß erkoren
Treiben mit dir einen bösen Spaß.

Selbst seh ich mich in der Reihe stehen
Sehe mich ganz schamlos zu dir gehen.
Und du liegst armselig, krank und blass.[40]

Das Kaltbleiben, das Nichtleiden erklärt Brecht zum männlichen Lust-
prinzip: «Der Männer Wollust ist es: nicht zu leiden.»[41] Welcher Irrtum, die liebende Frau würde sich je mit solch kalter Lust zufrieden
geben. Für Grete Steffin und für Ruth Berlau hatte dieser Irrtum verheerende Folgen. Der unüberbrückbare Gegensatz zu Brechts Verständnis von Liebe und Lust wird offenbar, wenn Ruth Berlau, ihre Autonomie aufgebend, ihre Briefe unterschreibt mit «Deine Kreatur»,
wenn Grete Steffin, ihre Souveränität verabschiedend, bekennt «ich
bin ‹eh› schon versklavt»[42].

Gegen die Seelenschmerzen verordnet Brecht Arbeit, leitet das Begehren um auf sein Werk. So wie das monomanische Schreiben, das Dichten für ihn Mittel ist, das Herz ruhig zu stellen, den immer drohenden
Krampf in Schach zu halten, so wird das Interesse am Werk und die
eigene Beteiligung an der «dritten Sache» den Frauen zum erotischen
Ersatz. Brecht war auf die Anwesenheit, auf den aufopfernden Einsatz,
auf die Begabung, die Akribie, die Inspiration, die Ideen dieser Frauen
angewiesen. Insofern verwandelte er die Liebe in eine «Produktion».
Von Ebenbürtigkeit in diesen Verhältnissen kann allerdings nicht die
Rede sein. Er legt den Abstand fest, bestimmt die Rangordnung, ver-

fügt über die Mittel, damit die Liebe als Produktion funktioniert: das erotische, das literarische und das ökonomische Kapital.

Dass die Mitarbeit bei Brecht zu Lasten des Eigenen ging, daran gibt es keinen Zweifel. Wie aber sollte man auch schreiben oder gar veröffentlichen so nahe beim Genie und immer in seinem Schatten? Unausbleiblich, dass das Qualitätsgefälle bei aller Begabung viel schärfer zutage tritt als aus großem Abstand. Grete Steffins Klage spricht auch für die anderen Frauen: «Immer, wenn ich etwas beginne, habe ich Angst, daß die Leute sagen werden, ich hätte es nicht selbst gemacht. Und deshalb höre ich wieder auf. Oder ich glaube, daß es nichts taugt.»[43] Elisabeth Hauptmann schätzte ihre Mitarbeit in der Dichtwerkstatt ihr Leben lang ambivalent ein, zwischen freiwilligem Verzicht auf eigene Autorschaft und Klagen über ihre Namenlosigkeit als selbständige Autorin. Brechts Bild in der Geschichte als einem weibliche Talente zerstörenden Genie ist allerdings – wie beschrieben – dem Rezeptionsirrtum von Marieluise Fleißers Erzählung *Avantgarde* geschuldet. «Wahrscheinlich ist nie ein wahreres Porträt Brechts geschrieben worden als das, was unter dem Titel *Avantgarde* erschien»[44], urteilt der Fleißer-Herausgeber Günther Rühle, nachdem er entgegen Fleißers Beteuerungen die Erzählung als Schlüsseltext dargeboten und die Schlüssel zu den Figuren im Kommentar gleich mitgeliefert hat. Dass der «Dichter» aus *Avantgarde* ein Konstrukt aus mehreren Männerbildern und der zerstörende Wesenszug zum wenigsten Brecht anzulasten ist, das sollte deutlich geworden sein. Dass übrigens eine Dichterin mit einer derart eigenständigen Begabung wie Marieluise Fleißer sich jemals mitschreibend ins Brecht-Kollektiv hätte einreihen können, ist sehr unwahrscheinlich.

Schließlich war auch Brecht ‹Mit-Arbeiter›. Er hat den schreibenden Frauen Ratschläge gegeben, ist ihnen – wie im Fall von Marieluise Fleißer – auf ihrem Weg in die literarische Öffentlichkeit behilflich gewesen. Sein Vorbild hat, wie im Sonetten-Dialog mit Margarete Steffin, Begabungen erst freigesetzt; er hat angeregt und mitgeschrieben an Hauptmanns und Berlaus Arbeiten (nicht nur umgekehrt). In der Literatur- und Kunstgeschichte von begabten Frauen begegnet immer wieder, von ihnen selbst oder von ihren Biographen, öfters noch von ihren Biographinnen geäußert, ein Rechtfertigungsmuster für das verhinderte Opus magnum: Es sei nur deshalb nicht zustande gekommen, weil die Abhängigkeit vom Mann, die Sozialisation, die Aufgaben als Frau und die Zuarbeit zu *seinem* Œuvre dem eigenen im Weg gestanden hätten. Die tatsächliche Befähigung zum großen Werk wird in diesem Mythos nicht angezweifelt. Dieses Erklärungsmuster wird in vielen Fällen zutreffen, allerdings ist es nicht nachprüfbar.

Der Anteil der Arbeit von Brechts Geliebten an seinem Werk in allen Stadien seiner Genese kann wohl kaum zu hoch veranschlagt werden. Auch wenn die Tochter Barbara Brecht-Schall im Interview zum hundertsten Geburtstag ihres Vaters erklärt: «Es stimmt nicht, daß sie für ihn gearbeitet haben, wie immer behauptet wird».[45] Aber welcher Autor hat sich andererseits in einem solchen Ausmaß von Frauen in sein Werk hineinreden, -denken, -schreiben und -korrigieren lassen?

Könnte man dieses gigantische Œuvre Seite für Seite (Stücke, Gedichte, Geschichten) in eine Testlösung legen, die Wörter und Sätze nach ihrem Erzeuger/ihrer Erzeugerin einfärbt – rot für Brecht, blau für die Mitautorinnen und Mitarbeiter –, die Seiten würden schillern von Blau zu Rot mit sehr viel Violett.

Einer der letzten Einträge in Brechts Tagebuch lautet:

> Die Freundin, die ich jetzt habe und die vielleicht meine letzte ist, gleicht sehr meiner ersten. Wie jene ist auch sie leichten Gemüts; wie bei jener überrascht mich tiefere Empfindung. Diese Frauen weinen, wenn sie gescholten werden, ob mit Recht oder nicht, einfach weil sie gescholten werden. Sie haben eine Sinnlichkeit, die niemand zu erregen braucht, und niemandem viel hilft. Sie suchen alle zu gefallen, lassen sich aber nicht jeden gefallen, dem sie gefallen. Meine jetzige Freundin ist wie meine einstige am lieblichsten, wenn sie genießt. Und von beiden weiß ich nicht, ob sie mich lieben.[46]

Anhang

Abkürzungsverzeichnis

ANN	Augsburger Neueste Nachrichten
BBA	Bertolt-Brecht-Archiv in der Stiftung Archiv der Akademie der Künste Berlin
EHA	Elisabeth Hauptmann Archiv in der Stiftung Archiv der Akademie der Künste Berlin
GBA	Bertolt Brecht: Werke. Große kommentierte Berliner und Frankfurter Ausgabe. Hg. von Werner Hecht, Jan Knopf, Werner Mittenzwei, Klaus-Detlef Müller. 30 Bände und Registerband. Berlin und Weimar, Frankfurt a. M. 1989–2000
GW	Marieluise Fleißer: Gesammelte Werke. Hg. von Günther Rühle. Vier Bände. Frankfurt a. M. 1972, 1989
MAAZ	München-Augsburger-Abendzeitung
NF	Nachlass Marieluise Fleißer im Stadtarchiv Ingolstadt
RBA	Ruth-Berlau-Archiv in der Stiftung Archiv der Akademie der Künste Berlin

Anmerkungen

«Etwas Glanz fällt auf jede» – Die Frauen und der Dichter

Überschrift: Margarete Steffin an Brecht, Mitte Juli 1933, in: Margarete Steffin, *Briefe an berühmte Männer. Walter Benjamin, Bertolt Brecht, Arnold Zweig*, hg., mit einem Vorwort und mit Anmerkungen versehen von Stefan Hauck. Hamburg 1999, S. 66

1 Ebd., S. 66
2 Ebd., S. 72
3 Reginald R. Isaacs, *Walter Gropius. Der Mensch und sein Werk*, 3 Bände. Wien 1985, Bd. 1, S. 158
4 Vgl. Astrid Seele, *Alma Mahler-Werfel*, Reinbek 2001 (Rowohlts Monographien), S. 82–92
5 *Autobiographische Notizen* 1919/20, GBA 26, 116
6 *Tagebuch*, 17. Juni 1921, ebd., 230
7 GBA 11, 120

«Verschwimmt dein Antlitz, Bittersüße» – Paula Banholzer

Überschrift: Eintrag im Notizbuch, GBA 13, 133
1 Paula Banholzer, *So viel wie eine Liebe. Der unbekannte Brecht. Erinnerungen und Gespräche*, hg. von Axel Poldner und Willibald Eser. München 1981, S. 123
2 Banholzer, *So viel ...*, S. 11
3 GBA 28, 21
4 GBA 28, 71
5 Banholzer, *So viel ...*, S. 143
6 Ebd., S. 106
7 Ebd., S. 11
8 Ebd., S. 15
9 Ebd., S. 12

10 Ebd., S. 18
11 Ebd., S. 29
12 Hans Otto Münsterer, *Bert Brecht. Erinnerungen aus den Jahren 1917–22*. Zürich 1963, S. 19
13 Banholzer, *So viel …*, S. 31
14 August 1917, GBA 28, 27 f.
15 Banholzer, *So viel …*, S. 34
16 GBA 28, 30
17 Paul Claudel, *Gesammelte Werke*. Hg. v. Edwin Maria Landau. Bd. II. Heidelberg 1959, S. 368
18 Ebd., S. 381
19 GBA 28, 153
20 Brief von Paula Banholzer an Brecht vom 8. Februar 1922, GBA 26, 562
21 GBA 28, 44
22 GBA 28, 49
23 GBA 28, 59
24 Banholzer, *So viel …*, S. 36
25 Ebd., S. 37 f.
26 GBA 28, 60
27 Banholzer, *So viel …*, S. 38
28 GBA 28, 61 f.
29 Banholzer, *So viel …*, S. 39
30 Willibald Eser und Axel Poldner befragen Paula Groß, geborene Banholzer, in: Banholzer, *So viel …*, S. 120
31 Banholzer, *So viel …*, S. 30
32 Werner Frisch, K. W. Obermeier, *Brecht in Augsburg*. Berlin und Weimar 1975, S. 124
33 Banholzer, *So viel …*, S. 128 f.
34 Ebd., S. 42
35 GBA 28, 71
36 Banholzer, *So viel …*, S. 30
37 GBA 28, 80 f.
38 Ebd., 81
39 Frisch/Obermeier, *Brecht in Augsburg*, S. 160
40 GBA 26, 562 f.
41 BBA 654/145
42 Banholzer, *So viel …*, S. 69
43 GBA 26, 205
44 Banholzer, *So viel …*, S. 39
45 Ebd., S. 70
46 GBA 26, 259
47 Banholzer, *So viel …*, S. 95

48 Ebd., S. 99
49 Um 1953, GBA 15, 274
50 GBA 26, 133
51 Das Programm. Blätter der Münchner Kammerspiele, hg. von Otto Falckenberg, Oktober 1922, S. 8
52 25. April 1921, GBA 26, 206
53 GBA 26, 207
54 GBA 26, 210
55 GBA 26, 212
56 GBA 26, 128
57 GBA 26, 288
58 Eintrag im Notizbuch, GBA 13, 133

«*Serbati fido! – Bleibe getreu mir!*» – *Marianne Zoff*

Überschrift: Dorabella in Mozarts *Così fan tutte*, 1. Akt., 5. Szene

1 Tagebuch, Samstag 26. [März 1921], GBA 26, 195
2 Theaterkritik zur Aufführung von *Figaros Hochzeit* in den *Augsburger Neuesten Nachrichten* (ANN) vom 12. März 1920
3 ANN vom 1. Dezember 1919
4 Ulrike Edschmid, *Diesseits des Schreibtischs. Lebensgeschichten von Frauen schreibender Männer.* Frankfurt a. M. 1990, S. 167
5 Adreßbuch des Deutschen Buchhandels, Leipzig 1923
6 Marieluise Fleißer, *Zu Brecht*, in: Fleißer, GW IV, S. 487
7 Marianne Zoff-Brecht-Lingen erzählt Willibald Eser über ihre Zeit mit Bert Brecht. In: Banholzer, *So viel …* , S. 157
8 MAAZ 28. Januar 1920
9 «Auf dem Wege von Augsburg nach Timbuktu habe ich die Marianne Zoff gesehen; / Welche in der Oper sang und aussah wie eine Maorifrau», Brechts Tagebuch Mai 1921, GBA 26, 218.
10 GBA 13, 205
11 GBA 26, 175
12 GBA 26, Kommentar 547 f. Weitere Notate in einem gehefteten Manuskript gelten dem Zeitraum September 1921 bis Februar 1922.
13 Bertolt Brecht, *Briefe an Marianne Zoff und Hanne Hiob*, hg. von Hanne Hiob. Frankfurt a. M. 1990, S. 15 f.
14 Sonntag, 13. [Februar 1921] GBA 26, 175 f.
15 Freitag 25. [Februar 1921], ebd. 177
16 Sonntag, 27. [Februar 1921], ebd. 178

17 Samstag, 5. [März 1921], ebd. 182
18 Ebd., 185
19 GBA 26, 203 und 217
20 Nach freundlicher Auskunft von Peter Recht, München, Januar 2001
21 GBA 26, 189
22 Ebd., 190
23 MAAZ 19. März 1921
24 GBA 26, 192
25 Ebd., 193
26 Ebd., 195
27 Ebd., 197
28 Ebd., 202
29 Ebd., 195
30 Ebd., 203
31 Ebd., 204 f.
32 Ebd., 214
33 Ebd., 206
34 Ebd., 211
35 Ebd., 213
36 Ebd., 218
37 Ebd., 217
38 Ebd., 222
39 Ebd., 232
40 Ebd., 234
41 GBA 28, 128 f.
42 GBA 26, 270
43 GBA 26, 562 f.
44 GBA 28, 155 f.
45 April 1922, ebd., 159
46 Ebd., 158
47 5. Oktober 1922
48 Banholzer, *So viel* ..., S. 83 f.
49 GBA 28, 183
50 GBA 28, 181
51 GBA 28, 186
52 GBA 28, 192
53 Brecht, *Briefe an Marianne*, S. 86
54 GBA 19, 180
55 GBA 28, 203 f.
56 Ebd., 204
57 Ebd., 207
58 Ebd., 217 f.

59 GBA 28, 221
60 Ebd., 224
61 Ebd., 232
62 Ebd., 233 f.
63 Ebd., 240
64 Ebd., 243
65 Ebd., 249 f.
66 GBA 21, 258 f.
67 Ebd., 128 f.
68 GBA 26, 255
69 GBA 13, 205
70 Brecht, *Briefe an Marianne*, S. 162

«Der Brecht, nun, das war immer ein Wunschtraum» – Marieluise Fleißer

Überschrift: Nicht abgeschickter Briefentwurf an Lion Feuchtwanger vom Sommer 1956, NF

1 Universitätsarchiv München, Studentenkartei – Fleißer
2 Zur Charakterisierung Weickers und zu seiner Bibliographie vgl. Gast Mannes, *Marieluise Fleißer & Alexander Weicker, «Ich bin stolz auf ihn, solange ich lebe.»* Echternach 1999
3 Fleißer, *Der verschollene Verbrecher X*, in: Fleißer, *Die List*, S. 74
4 Weicker an Fleißer, in: Fleißer, *Briefwechsel*, S. 13
5 Walter Rüdel, *Das bemerkenswerte Leben der Marieluise Fleißer aus Ingolstadt.* Film zum 70. Geburtstag
6 Lion Feuchtwanger, *Erfolg. Drei Jahre Geschichte einer Provinz.* Berlin 1930, Bd. 1, S. 57 f.
7 *Frühe Begegnung*, in: Fleißer, GW II, S. 298
8 Fleißer, GW I, S. 438
9 Alfred Kerr an Marieluise Fleißer, 18. Januar 1927, *Briefwechsel*, S. 36
10 Rühle, *Materialien*, S. 140–142
11 Fleißer, *Briefwechsel*, S. 19 f.
12 Ebd., S. 14
13 NF
14 Fleißer, *Briefwechsel*, S. 23 f.
15 Antwort auf Fragen von Günther Rühle, NF
16 Elisabeth Hauptmann, *Tagebuch* von 1926, zit. nach Kebir, *Ich fragte nicht*, S. 59
17 In: Rühle (Hg.), *Materialien*, S. 36–39; Reaktionen, die von großer Beeindruckung zeugen, stehen am selben Tag außerdem im *Berliner Börsen-Courier* von

Herbert Ihering, ebd. S. 40–42 und im *8 Uhr-Abendblatt* von Kurt Pinthus, ebd., S. 45–47

18 An Heinrich Fleißer, 28. April 1926, in: Fleißer, *Briefwechsel*, S. 29 f.
19 Elisabeth Hauptmann, *Tagebuch*, zitiert nach Kebir, *Ich fragte nicht*, S. 59
20 GBA 28, 267
21 GBA 28, 280
22 Sondervertrag mit den Münchner Kammerspielen vom 12. Dezember 1926, NF
23 Dr. Heinrich Dehmel an Fleißer, 16. März 1928, NF
24 Fleißer, *Briefwechsel*, S. 39
25 *Der verschollene Verbrecher X*, in Fleißer, *Die List*, S. 69–74
26 Fleißer, *Briefwechsel*, S. 41
27 Fleißer, GW III, S. 79 f.
28 Elisabeth Hauptmann, *Notizen über Brechts Arbeit 1926*, in: Hauptmann, *Julia*, S. 172
29 *Montag Morgen*, 15. April 1929
30 4. Mai 1929, Fleißer, *Briefwechsel*, S. 73
31 Rühle, *Materialien*, S. 159
32 In: *Der Autor* 5(1930), H. 2, S. 5–7
33 Morgen-Ausgabe, Sonntag 21. Dezember 1930
34 Marieluise Fleißer, *Der Tiefseefisch*. Text. Fragmente. Materialien. Hg. von Wend Kässens und Michael Töteberg. Frankfurt a. M. 1980, S. 149–151
35 Fleißer, *Briefwechsel*, S. 121
36 Akten der Reichsschrifttumskammer, RKK 2101/0446/04: Haindl, Marieluise, Bundesarchiv Berlin
37 Liebeslieder für Marieluise Fleißer, dargeboten am 23.11.1932 (Autograph), NF
38 Fleißer, *Briefwechsel*, S. 209–213
39 Diese Ausdrücke fallen in einem Brief von Fleißer an Erich Kuby vom 30. Januar 1943, zitiert nach Erich Kuby, *Mein Krieg*. München 1975, S. 310 f.
40 GBA 29, 468
41 GBA 29, 523
42 Auskünfte auf Fragen von Rühle, NF
43 An Feuchtwanger, Juli 1957, Fleißer, *Briefwechsel*, S. 358
44 Fleißer, GW III, S. 117
45 20. November 1964, Fleißer, *Briefwechsel*, S. 407
46 Nicht abgeschickter Briefentwurf vom Sommer 1956, NF
47 Rüdel, *Das bemerkenswerte Leben der Marieluise Fleißer aus Ingolstadt*

«Eine Schauspielerin müsste man haben» – Helene Weigel

Überschrift: Arnolt Bronnen, *Tage mit Bertolt Brecht. Die Geschichte einer unvollendeten Freundschaft.* München/Wien/Basel 1960, S. 163 f.

1 Ebd., S. 163 f.
2 GBA, 28, 205
3 Zit. nach Werner Hecht, *Helene Weigel. Eine große Frau des 20. Jahrhunderts.* Frankfurt a. M. 2000, S. 139–141
4 Ebd., S. 145
5 Die Theaterkritiken folgen dem Abdruck in dem Kapitel «Rollenverzeichnis und Wirkung Helene Weigels». In: Hecht, *Helene Weigel,* S. 239–294
6 «Das Stichwort heißt praktisch. Helene Weigel im Gespräch.» In: Hecht, *Helene Weigel,* S. 53 f.
7 Dieser und die folgenden Briefe GBA 28, 208–218
8 NF III, 1949, 10
9 GBA 28, 226
10 Franco Fabiani, «Erinnerung an H. W.» In: *Theater der Zeit* 8(1971), S. 11 f.
11 GBA 28, 281
12 *Berliner Börsen-Courier* vom 17. Februar 1929, GBA 21, 281
13 GBA 21, 711 f.
14 *Die Volksbühne,* Berlin, 1928, Nr. 1, GBA 2, 417
15 Hauptmann, *Julia,* S. 172
16 Sabine Kebir: *Abstieg in den Ruhm. Helene Weigel. Eine Biographie.* Berlin 2000, S. 70
17 GBA 2, 307
18 Vgl. die Recherchen von Kebir, *Abstieg,* S. 67 f.
19 Aufricht, *Erzähle…,* S. 100
20 GBA 3, 302
21 GBA 28, 344 f.
22 Karin Michaelis an Alma Dahlerup, zitiert nach Willy Dähnhardt/Birgit S. Nielsen, *Exil in Dänemark. Deutschsprachige Wissenschaftler, Künstler und Schriftsteller im dänischen Exil nach 1933.* Heide 1993, S. 65
23 Hecht, *Helene Weigel,* S. 44
24 Vgl. Hecht, ebd., S. 302
25 An Margot von Brentano, GBA 28, 466
26 GBA 28, 460
27 Ruth Berlau, *Brechts Lai-tu. Erinnerungen und Notate.* Hg. und mit einem Nachwort von Hans Bunge. Berlin 1987, S. 39 f.
28 GBA 28, 286 f.
29 Ebd., 293
30 Ebd., 294

31 Ebd., 306
32 Ebd., 311
33 Ebd., 336
34 Ebd., 337
35 Ebd., 435
36 Ebd., 437
37 Ebd., 453
38 Ebd., 456
39 Ebd., 461
40 Ebd., 498
41 Alfred Ostermoor an seine Frau, 29. Mai 1934, zit. nach Birgit S. Nielsen: «Die Freundschaft Bert Brechts und Helene Weigels mit Karin Michaelis. Eine literarisch-menschliche Beziehung im Exil.» In: Edith Böhne und Wolfgang Motzkau-Valeton (Hg.): *Die Künste und die Wissenschaften im Exil 1933–1945*. Gerlingen 1992, S. 83
42 GBA 28, 538
43 GBA 29, 56
44 Nach Sabine Kebirs Recherchen hatte es sich um eine Bauchhöhlenschwangerschaft gehandelt, vgl. Kebir, *Abstieg*, S. 111
45 GBA 28, 495
46 Ebd., 501
47 Ebd., 529
48 Weigel, *Briefwechsel*, S. 14
49 GBA 29, 57
50 GBA 14, 355
51 Weigel, *Briefwechsel*, S. 15
52 Hecht, *Helene Weigel*, S. 60
53 BBA 2177/31–38
54 März 1942, zitiert nach Willy Dähnhardt/Birgit S. Nielsen, *Geflüchtet unter das dänische Strohdach. Schriftsteller und bildende Künstler im dänischen Exil nach 1933*. Heide 1988, S. 40
55 Elisabeth Bergner, *Unordentliche Erinnerungen*. Berlin 1987, S. 103
56 *Journal*, 24. 11. 42, GBA 27, 139
57 GBA 27, 10
58 Bergner, *Unordentliche Erinnerungen*, S. 174–213, Zitat S. 186
59 November 1946, GBA 29, 401
60 Zit. nach Nielsen, *Die Freundschaft*, S. 94
61 Ebd., S. 95
62 An Ernst Busch, 25. November 1946, *Briefwechsel*, S. 18
63 Weigel an Peter Suhrkamp, Februar 1947, ebd., S. 20
64 Hecht, *Helene Weigel*, S. 20
65 GBA, 15, 191

66 An Ferdinand Reyher, April 1948, GBA 29, 448
67 Hecht, *Helene Weigel*, S. 201
68 Paul Rilla, zitiert nach Hecht, *Helene Weigel*, S. 198
69 GBA 15, 203
70 GBA 27, 296
71 Hecht, *Chronik*, S. 869
72 Brecht, *Journal* 13.11.49, GBA 27, 308
73 GBA 29, 570
74 GBA 29, 529 f.
75 Zitiert nach Hecht, *Helene Weigel*, S. 314
76 *Die Regierung ruft die Künstler. Dokumente zur Gründung der «Deutschen Akademie der Künste (DDR) 1945–1953*. Ausgewählt und kommentiert von Petra Uhlmann und Sabine Wolf. Berlin 1993, S. 168
77 Zit. nach Nielsen, *Die Freundschaft*, S. 96
78 «Auskünfte über Helene Weigel und Bertolt Brecht (1). Matthias Braun im Gespräch mit Käthe Rülicke-Weiler über die Arbeit am Berliner Ensemble.» In: *Theater der Zeit* 11(1985), S. 61
79 BBA 971/95–98
80 Lion Feuchtwanger: *Briefwechsel mit Freunden 1933–1958*. Berlin 1991, Bd. 1, S. 98
81 Zit. nach Hecht, *Chronik*, S. 1252
82 Zit. nach Hecht, *Helene Weigel*, S. 325
83 GBA 12, 330 f.
84 Hecht, *Helene Weigel*, S. 42
85 Hecht, *Helene Weigel*, S. 131

Bessie so – und so – Elisabeth Hauptmann

1 *Funkstunde*, 14. Februar 1930, S. 195
2 Otto August Ehlers, «Berufe der Frauen», in: *Westermanns Monatshefte* 74(1930), Bd. 148, S. 153–160
3 GBA 22,1, S. 149 und Anm.
4 Karl Heinz Mund, *Arbeitsplatz bei Brecht. E. H. Elisabeth Hauptmann, Mit-Arbeiterin und Autorin. Ein Feature*, Deutschlandfunk 1997
5 «Leseerlebnisse im Elternhaus», in: Elisabeth Hauptmann, *Julia ohne Romeo. Geschichten, Stücke, Aufsätze, Erinnerungen*, hg. von Rosemarie Eggert und Rosemarie Hill, Berlin 1977, S. 201–204
6 Lebenslauf EHA 1261
7 Doris Hasenfratz (d. i. Dora Mannheim): «Aus dem Alltag eines Genies. Bertolt Brecht zum zehnten Todestag», *Die Zeit* vom 19. August 1966, S. 11

8 Sabine Kebir hat in ihrem Porträt Elisabeth Hauptmanns die nicht in den Film *Die Mit-Arbeiterin* aufgenommenen Interviewpassagen ausgewertet und zitiert, Sabine Kebir, *Ich fragte nicht nach meinem Anteil: Elisabeth Hauptmanns Arbeit mit Bertolt Brecht*, Berlin 1997, S. 25

9 *Simplicissimus* 30(1925), Nr. 30, S. 429

10 Brief an Brecht vom 19. Juli 1925, BBA 654

11 Bernhard Reich, *Im Wettlauf mit der Zeit. Erinnerungen aus fünf Jahrzehnten deutscher Theatergeschichte*, Berlin 1970, S. 279, 282

12 Die Zitate aus den Tagebüchern und ihren verschiedenen Überarbeitungen folgen den Transkriptionen von Sabine Kebir, *Ich fragte nicht ...*, hier S. 42

13 Ebd., S. 45

14 Ebd., S. 44

15 Ebd., S. 44

16 Ebd., S. 53

17 Ebd., S. 59

18 Ebd., S. 43

19 Ebd., S. 38–40

20 Ebd., S. 46–48

21 Ebd., S. 52

22 Karl Heinz Mund, *Arbeitsplatz bei Brecht. E. H. Elisabeth Hauptmann*, a. a. O., Deutschlandfunk, 1997

23 Ebd.

24 Ebd.

25 Kebir, *Ich fragte nicht ...*, S. 51

26 EHA 1261

27 BBA 439/04

28 in: Elisabeth Hauptmann, *Julia ohne Romeo*, S. 8

29 «Er soll dein Herr sein», in: *Uhu* 5(1929), H. 6., S. 48–52, ebd., S. 27

30 Ebd.

31 Ebd.

32 Kurt Weill an Lotte Lenya, 4. Mai 1927, in: *Sprich leise, wenn Du Liebe sagst. Der Briefwechsel Kurt Weill/Lotte Lenya*, hg. und übers. von Lys Symonette und Kim H. Kowalke, Köln 1998, S. 62

33 *Berliner Börsen-Courier* Nr. 429 vom 14. September 1927

34 Kebir, *Ich fragte nicht ...*, S. 35

35 Die Textfassung, die der *Uhu* angenommen hat, war nicht auffindbar. Elisabeth Hauptmann an Hannes Küpper, 24. März 1928, Nachlass Küpper, DLA

36 EHA 12

37 Hannes Küpper an Elisabeth Hauptmann, 7. Dezember 1927, Nachlass Küpper, DLA

38 Elisabeth Hauptmann an Hannes Küpper, 4. Dezember 1927, ebd.

39 14. März 1957, EHA 9

40 GBA 2, 440

41 Undatiertes Typoskript ohne Unterschrift, vermutlich Frühjahr 1929 GBA 28, 320 f.

42 BBA 783/12

43 Kurt Weil an Lotte Lenya, 3. Februar 1930, in: *Sprich leise...*, S. 73 f.

44 An Küpper, 24. März 1928, Nachlass Küpper, DLA

45 Hauptmann, *Julia ohne Romeo*, S. 21

46 Ebd., S. 25

47 Ebd., S. 26

48 Bernhard Diebold: «‹*Happy end* eine – Magazingeschichte› oder Künstliche Schmiere», *Frankfurter Zeitung*, 5. September 1929, S. 2

49 An Helene Weigel, 12. Dezember 1965, EHA 680

50 An Küpper, undatiert [nach 14. November 1927], Nachlass Küpper, DLA

51 Fritz Hofmann, in: Hauptmann, *Julia ohne Romeo*, S. 241; in einem Lebenslauf spricht sie von zehn von ihr gesendeten Hörspielen, EHA 1261

52 An Küpper, 24. März 1928, Nachlass Küpper, DLA

53 Hauptmann, *Julia ohne Romeo*, S. 42

54 *Die Weltbühne* 28, II (1932), S. 689–692

55 Hauptmann, *Julia ohne Romeo*, S. 172

56 Tagebucheintrag 1. 2. 26, zit. nach Kebir, *Ich fragte nicht ...*, S. 38

57 undatiert, um 1929/1930, Nachlass Küppers, DLA

58 Hans-Christian von Herrmann, *Der Sang der Maschinen. Brechts Medienästhetik*, München 1996, S. 43 f.

59 «Gedanken am Sonntagmorgen», in: Hauptmann, *Julia ohne Romeo*, S. 226

60 Weill/Lenya, *Sprich leise ...*, S. 73 f.

61 Ebd., S. 95 f.

62 Da die Chronik der Ereignisse und Brieffolgen aber so nicht aufgeht, datiert Sabine Kebir einen eindeutig mit 18. 5. 1933 an Walter Benjamin datierten Brief Hauptmanns kurzerhand auf Mai 1934, obgleich etwa die Anspielung auf die bevorstehende Weltausstellung in Chicago 1933 einen Datierungsirrtum ausschließt; Kebir, *Ich fragte nicht ...*, S. 168 f.

63 BBA 480/133–134

64 Walter Benjamin, *Gesammelte Briefe*, hg. von Christoph Gödde und Henri Lonitz. Bd. IV, Frankfurt a. M. 1998, S. 122

65 An Walter Benjamin, undatiert, vor der Abreise nach Paris. Ein Teil von Hauptmanns Briefen, so auch dieser, ist abgedruckt in: Geret Luhr (Hg.), «*Was noch begraben lag*». *Zu Walter Benjamins Exil. Briefe und Dokumente*, Berlin 2000, S. 102

66 Briefe Elisabeth Hauptmanns an Walter Benjamin, Theodor-W.-Adorno-Archiv, Frankfurt a. M.

67 Benjamin: Gesammelte Briefe. Band IV, S. 315 f.

68 Brooklyn, 28. Januar 1934, BBA 480 /107–112

69 Die Gegenbriefe Benjamins müssen als verloren gelten; Briefe Elisabeth Hauptmanns an Walter Benjamin, Theodor-W.-Adorno-Archiv, Frankfurt a. M.

70 Hauptmann an Benjamin, 15. Mai 1934, in: Luhr (Hg.), «Was noch begraben lag», S. 107

71 An Walter Benjamin, 26. März 1934, Theodor-W.-Adorno-Archiv, Frankfurt a. M.

72 An Benjamin, 15. Mai 1934, in: Luhr (Hg.), «Was noch begraben lag», S. 108

73 An Walter Benjamin, 9. Juni 1934, Theodor-W.-Adorno-Archiv, Frankfurt a. M.

74 Die Maßnahme. Lehrstück, 1. gedruckte Fassung 1930. Elisabeth Hauptmann ist als Mitarbeiterin an diesem Stück nicht genannt.

75 An Benjamin, 5. März 1935, Theodor-W.-Adorno-Archiv, Frankfurt a. M.

76 An Elisabeth Hauptmann, Ende Dezember 1934/Anfang Januar 1935, GBA 28, 473

77 3. Dezember 1934, BBA 480/45–57

78 GBA, 28, 544

79 GBA 14, 320

80 Elisabeth Hauptmann an Lion Feuchtwanger, 7. Januar 1941, zitiert nach notate 3, 84, S. 12

81 Erika-Mann-Archiv, Stadtbibliothek München, Monacensia

82 GBA 12, 85 f.

83 Feuchtwanger an Brecht , 13. Januar 1941, in: Lion Feuchtwanger, Briefwechsel mit Freunden 1933–1958, Band 1, Berlin und Weimar 1991, S. 50

84 GBA 27, 9

85 EHA 1261

86 GBA 27, 150

87 Eric Bentley, Erinnerungen an Brecht, Berlin 1995, S. 35

88 Zit. nach Kebir, Ich fragte nicht ..., S. 190

89 Brecht an Elisabeth Hauptmann, 28. Mai 1946, GBA 29, 381

90 Nachlass Berthold Viertel, DLA

91 Kebir, Ich fragte nicht ..., S. 200 f.

92 Etwa Mitte 1949, GBA 29, 538

93 Dezember 1953, BBA 972, 75 f.

94 14. März 1957, EHA 9

95 Manfred Wekwerth, «Abschied von Elisabeth Hauptmann», in: Mitteilungen der Akademie der Künste der DDR, Nr. 3, XI, Mai/Juni 1973, S. 21–23

96 An Hans Bunge, 9. Januar 1958, EHA 671

97 EHA 9

98 An Helene Weigel, 16. August 1967, EHA 682

99 An Helene Weigel, 2. Januar 1965, EHA 681

100 Der von Sabine Kebir, Ich fragte nicht ..., S. 7 erwähnte Brief von 1966 ist die Antwort auf eine spätere Sendung von zwei autobiographischen Texten Fleiß-

ers, von *Der Rauch*, erschienen in *Jahresring* 1964/65 und *Die im Dunkeln*, erschienen in *Jahresring* 1965/66

101 GBA 13, 364 f.

«Ich denke, ich bin Deine Getreueste.
Wirklich!» – *Margarete Steffin*

Überschrift: Steffin an Brecht, November/Dezember 1935, in: Margarete Steffin, *Briefe an berühmte Männer. Walter Benjamin. Bertolt Brecht. Arnold Zweig.* Hg. und mit Anmerkungen versehen von Stefan Hauck, Hamburg 1999, S. 159

1 GBA 26, 485; Alexander Fadejew war Erster Sekretär im sowjetischen Schriftstellerverband, Michail Jurjewitsch Apleton war stellvertretender Vorsitzender der Auslandskommission des Unionverbandes der Sowjetschriftsteller und von Brecht gebeten, sich im Falle von Steffins Tod deren Hinterlassenschaft anzunehmen.

2 GBA 15, 45

3 Steffins nachgelassene Texte sind abgedruckt in: Margarete Steffin, *Konfutse versteht nichts von Frauen*, hg. v. Inge Gellert. Mit einem Nachwort von Simone Barck und mit einem dokumentarischen Anhang, Berlin 1991 (vergriffen); zuletzt erschien Margarete Steffin, *Von der Liebe. Und dem Krieg. 13 Erzählungen und zwei Gedichte*, hg. und mit einem Nachwort versehen von Michael Töteberg, Hamburg 2001; Steffin, Konfutse, S. 14

4 Die detaillierten Informationen zur Biographie Margarete Steffins verdanke ich der Dissertation von Stefan Hauck, *«Die im Schatten sieht man nicht». Margarete Steffin – Leben und Werk.* Unveröffentlichtes Manuskript, Zitate mit freundlicher Genehmigung des Suhrkamp Verlags.

5 Herbert Dymke, zitiert nach Hauck, *«Die im Schatten…»* S. 16

6 Veröffentlicht unter dem Titel *Zwillinge*, in: Steffin, *Konfutse*, S. 55–61

7 Ebd., S. 189 f.

8 Ebd., S. 166

9 Hanns Eisler, zitiert nach Hauck, *«Die im Schatten…»*, S. 41

10 Vgl. die Margarete Steffin gewidmeten Gedichte vom *Soldaten der Revolution*, GBA 14, 367–371 und Anmerkung S. 641

11 Englische Sonette, GBA 11, 196

12 Das zweite Sonett, GBA 11, 185

13 Steffins Notizbücher, BBA 2112

14 Ende September 1933, GBA 28, 385 f.

15 Journal 9. 8.41, GBA 27, 10

16 «Vom Glück des Soldaten der Revolution», Typoskript des Gedichts mit hand-

schriftlicher Widmung von Brecht: «liebe Grete, mein guter Soldat!», EHA, vgl.
GBA 14, 647

17 An Brecht, Sommer 1933, in: Steffin, *Briefe*, S. 100
18 Ebd., S. 183 f.
19 Ebd., S. 195
20 1. Januar 1935, GBA 28, 476
21 Ebd., S. 197
22 GBA 11, 185
23 GBA 28, 376
24 Steffin, *Briefe*, S. 177
25 Steffin, *Konfutse*, S. 201
26 Steffin an Bertolt Brecht, 13. Juli 1933, in: Steffin, *Briefe*, S. 67 f.
27 Brecht an Steffin, 16. März 1933, in: GBA 28, 349
28 GBA 11, 186
29 Steffin, Briefe, S. 77 f.
30 Das sechste Sonett, GBA 11, 187
31 GBA 11, 188
32 Das neunte Sonett, ebd.
33 13. Oktober 1937, zitiert nach Hauck, «*Die im Schatten*», S. 220
34 An Anna Maria Blaupot ten Cate, 19. August 1934, in: Benjamin, *Gesammelte Briefe*, Bd. IV, 1931–1934, S. 481
35 Steffin, *Briefe*, S. 310–313
36 Tagesplan auf einem Notizzettel von Grete Steffin, BBA 1391/19
37 an Brecht, Moskau, im März 1936, Steffin, Briefe, S. 194
38 28. August 1933, GBA 28, 383
39 Bert-Brecht-Abend im Hause der Sowjetschriftsteller, in: *Rote Zeitung*, Leningrad, 22. 5. 1935, zit. nach Hauck, «*Die im Schatten*», S. 152
40 11. Februar 1937, Steffin, *Briefe*, S. 227
41 An Benjamin im Januar 1939, «ich predige dauernd: amerika!», in: Steffin, *Briefe*, S. 294, auch schon am 25. März 1938: «ich möchte gern nach amerika», ebd. S. 280
42 Steffin, *Briefe*, S. 258
43 An Walter Benjamin, Juli 1935, in: Steffin, *Briefe*, S. 138
44 An Walter Benjamin, November/Dezember 1937, ebd., S. 262
45 3. April 1938, GBA 29, 83
46 Hauck, «*Die im Schatten*», S. 227 f.
47 GBA 12, 91–112
48 Wolfgang Jeske: «… jetzt habe ich ihm wieder Flöhe ins Ohr gesetzt»: Anmerkungen zu Margarete Steffin, ‹Hauslektorin› bei Brecht, in: «Focus: Margarete Steffin», *Brecht-Jahrbuch* 19(1994), S. 119–133
49 GBA 28, 376
50 Ebd., 379

51 Ebd., 465

52 Ende Januar 1934, Steffin, *Briefe*, S. 109

53 9. Juni 1937, ebd., S. 243

54 12. März 1938, ebd., S. 276

55 Hanns Eisler, *Gespräche mit Hans Bunge. Fragen Sie mehr über Brecht*, Leipzig 1975, S. 110

56 *Journal* 25/VII 38, GBA 26, 315

57 *Journal* 12. 2. 39, ebd., S. 327

58 Hauck, «Die im Schatten», S. 348–351

59 GBA 10, 2, 719–752, vgl. Stefan Hauck, «Wer schrieb *Das wirkliche Leben des Jakob Gehherda*? Und wann? Die Geschichte eines nicht allzu bekannten Fragments», in: *Dreigroschenheft* 3 (2001), S. 10–19

60 5. Juni 1940, zit. nach Hauck, «Die im Schatten», S. 132

61 Lied des Schiffjungen, in: *Das Wort* 1(1935), Heft 6, S. 4 f.; «Herr Fischer, wie tief ist das Wasser?» (2. Bild), in: *Internationale Literatur* 7(1937), Nr. 7, S. 55–58; Ein weiteres Kinderstück, das Gespensterstück *Die Geisteranna*, ist in dem Margarete Steffin gewidmeten *Brecht-Jahrbuch* 19(1994), S. 1–43 abgedruckt.

62 Heft 2, Mai 1933, S. 5–7, von Stefan Hauck aufgefunden und zitiert nach ebd., S. 65

63 Steffin, Konfutse, S. 95 f.

64 Ebd., S. 61–66

65 Steffin, Konfutse, S. 169–173, Zitat S. 172

66 An Walter Benjamin am 20. Juli 1936, in: Steffin, Briefe, S. 203

67 An Walter Benjamin, 24. August 1937, ebd., S. 249

68 Ich bin ein Dreck, in: Steffin, Konfutse, S. 178–181

69 GBA 15, 40

70 GBA 15, 343

«Wenn ich ihn nur nicht so sehr begehrte!» – Ruth Berlau

Überschrift: Bert Brecht, *Lied der liebenden Witwe*, GBA 14, 328

1 GBA 29, 163–165

2 Brecht an Berlau, 17. Februar 1951, GBA 30, 56

3 Ruth Berlau, *Brechts Lai-tu. Erinnerungen und Notate*, hg. und mit einem Nachwort von Hans Bunge, Berlin 1987, S. 17

4 Berlau, *Brechts Lai-tu*, S. 14

5 Ebd., S. 62

6 Ebd., S. 24

7 Ebd., S. 18

8 Ebd., S. 22

9 Ebd., S. 45 f.
10 Ebd., S. 102
11 Steffin an Brecht Mitte Februar 1934, in: Steffin, *Briefe*, S. 115
12 Ebd., S. 113
13 Berlau, *Brechts Lai-tu*, S. 249
14 Steffins Tagebuch, November 1937, BBA 2112/113–161, Kurzschrift, zit. nach Hauck, *Die im Schatten*, S. 221
15 Ebd., S. 220
16 EHA 216
17 Berlau, *Brechts Lai-tu*, S. 57
18 Ruth Berlau, *Jedes Tier kann es. Erzählungen.* Aus dem Dänischen von Regine Elsässer. Mit einem Nachwort von Klaus Völker. Mannheim, 1989, S. 111
19 Ebd., S. 122
20 Ebd., S. 134
21 Berlau, *Brechts Lai-tu*, S. 57
22 Ebd., S. 61
23 GBA 26, 317
24 GBA 14, 416
25 Brecht an Berlau, Mai/ Juni 1942, GBA 29, 235
26 Berlau, *Brechts Lai-tu*, S. 74
27 GBA 22,1, 502
28 Berlau, *Brechts Lai-tu*, S. 77
29 Ebd.
30 Sabine Kebir: «‹Wir haben uns dabei fast totgelacht.› Ist *Alle wissen alles* ein unbekanntes Lustspiel von Bertolt Brecht & Co.?»(Mit einem Auszug aus dem Schwank), in: *Theater der Zeit* 2 (2002), S. 20–29
31 Hella Wuolijoki, *Und ich war nicht Gefangene*, Rostock 1987, S. 229
32 Tagebuch – BBA 2177/31–38
33 16. August 1944, in: *Sprich leise ...*, S. 427
34 RBA (Das Ruth-Berlau-Archiv in der Stiftung Archiv der Akademie der Künste Berlin wird zur Zeit neu katalogisiert, deshalb können keine Einzelsignaturen angegeben werden.)
35 GBA 27, 135
36 GBA 27, 106 f.
37 25. Mai 1942, GBA 29, 230
38 Mai/Juni 1942, ebd., 232
39 1. Juni 1942, ebd., 237 f.
40 Mitte Juni 1942, ebd., 239
41 Ebd., 240 f.
42 10. September 1942, ebd., 250
43 22. Dezember 1942, ebd., 257
44 26. Juli 1943, ebd., 285

45 7. September 1943, ebd., 300 f.
46 Ebd., 248
47 Von Ruth Berlau datiert auf den 18. September 1943, GBA 15, 92
48 GBA 29, 195
49 September 1943, GBA 15, 92 f.
50 GBA 27, 203
51 25. März 1951, GBA 30, 666
52 RBA
53 Berlau, *Brechts Lai-tu*, S. 193
54 Alexander Stephan, *Im Visier des FBI. Deutsche Exilschriftsteller in den Akten amerikanischer Geheimdienste.* Stuttgart 1995, S. 216. Auf Stephans umfassende Recherchen und ihre Interpretationen stützen sich die hier angeführten Bemerkungen.
55 Ebd., S. 215 f.
56 FBI-Report, Los Angeles vom 1. 2. 1945, S. 14 (BBA), zitiert nach ebd., S. 217
57 FBI-Report, Los Angeles vom 30. 6.1945, S. 3, zitiert nach ebd., S. 219
58 Berlau, *Brechts Lai-tu*, S. 145
59 Ebd., S. 187
60 GBA 8, 183
61 GBA 29, 336
62 Vgl. dazu Keith Holz/Wolfgang Schopf, *Im Auge des Exils. Joseph Breitenbach und die Freie Deutsche Kultur in Paris 1933–1941.* Berlin 2001, S. 70–121
63 9. Mai 1944, GBA 29, 336
64 18. Mai 1944, ebd., 337
65 Im Druck erschienen 1956 im Berliner Henschelverlag als Modellbücher des Berliner Ensembles 2
66 Vorwort zu *Antigonemodell 1948*, GBA 25, 73
67 Berlau, *Brechts Lai-tu*, S. 206
68 Laut freundlicher Auskunft beim Archiv des Berliner Ensembles
69 Tagebuchnotizen, Februar 1951, BBA 1194/36
70 August 1945, GBA 29, 363
71 Elisabeth Hauptmann an Brecht, 9. Januar 1945 [muss 46 heißen], BBA 211/23–24
72 Ida Bachmann an Brecht, 11. Januar 1946, BBA 286, 04–10
73 Fritz Sternberg: Brecht. Typoskript, Nachlass Fritz Sternberg, Archiv der sozialen Demokratie der Friedrich-Ebert-Stiftung
74 Undatiert, Mitte November, GBA 29, 432
75 14. November 1947, GBA 29, 431
76 RBA
77 In verschiedenen Mappen im RBA
78 RBA
79 Briefentwurf zum Geburtstag von Brecht, 6. Februar 1956 nach Mailand, RBA

80 «Ein Traum», in: Berlau, *Brechts Lai-tu*, S. 290
81 GBA 14, 438
82 Berlau an Brecht, BBA 972/06
83 Das *Buch der Wendungen* blieb unvollendet und ungeordnet; es ist postum in verschiedenen Anordnungen veröffentlicht worden.
84 Berlau, *Brechts Lai-tu*, S. 7
85 *Kin-jeh und seine Schwester 3*, GBA 18, 167
86 Ebd., 175
87 Ebd., 192

«Mag sein, denke ich, ich bin in Papier und Weiber verschlagen» – Bert Brecht

Überschrift: «Ich, Bertolt Brecht», GBA 13,242
1 Robert Gernhardt, *Gedichte 1954–1997*. Frankfurt a. M. 2000, S. 261 f.
2 John Fuegi, *Brecht & Co.* Biographie. Autorisierte erweiterte und berichtigte deutsche Fassung von Sebastian Wohlfeil. Hamburg 1997, S. 300
3 Zit. nach Hecht, *Brecht Chronik*, S. 86
4 Fritz Sternberg, *Der Dichter und die Ratio*. Göttingen 1963, S. 7
5 Berlau, *Brechts Lai-tu*, S. 42
6 Steffin, *Konfutse*, S. 196
7 Ebd., S. 204
8 Ludwig Marcuse: *Mein zwanzigstes Jahrhundert. Auf dem Weg zu einer Autobiographie.* Zürich 1975, S. 133 ff.
9 Ebd.
10 Elias Canetti, *Die Fackel im Ohr. Lebensgeschichte 1921–1931*. München 1980
11 Carl Pietzcker, *«Ich kommandiere mein Herz». Brechts Herzneurose – ein Schlüssel zu seinem Leben und Schreiben.* Würzburg 1988
12 1916, GBA 26, 108 f.
13 Vgl. dazu Pietzcker, *«Ich kommandiere mein Herz»*, S. 124–139
14 GBA 11, 120
15 Pietzcker, *«Ich kommandiere mein Herz»*, S. 46
16 Autobiographische Notizen 1925, GBA 26, 283
17 Fritz Sternberg, Brecht. Typoskript, Nachlaß Fritz Sternberg, Archiv der sozialen Demokratie der Friedrich-Ebert-Stiftung
18 GBA 26, 292
19 Sabine Kebirs Kapitel «Wirklichkeit und Fiktion. Die Schmerzen der freien Liebe» in ihrer Studie über Elisabeth Hauptmann, *Ich fragte …*, S. 68–89
20 GBA 21, 258 f.
21 GBA 28, 110

22 Hartmut Reiber, «Das eigene Leben des Anderen: Gespräch mit Käthe Rülicke-Weiler», in: «Focus: Margarete Steffin», *Brecht-Jahrbuch* 19(1994), S. 163–185, hier S. 181

23 Berlau, *Brechts Lai-tu*, S. 281

24 GBA 28, 204

25 An Elisabeth Hauptmann, 28. Mai 1946, GBA 29, 380 f.

26 Steffin, *Konfutse*, S. 181

27 GBA 10,1, 143–149

28 Das berichtet Bronnen, *Tage mit Brecht*, S. 128

29 Tagebuch 1921, GBA 26, 192

30 «Beziehungen der Menschen untereinander», GBA 21, 111 f.

31 GBA 26, 289

32 Doris Hasenfratz (d. i. Dora Mannheim), «Aus dem Alltag eines Genies. Bertolt Brecht zum zehnten Todestag», in: *Die Zeit*, 19. August 1966

33 Berlau, *Brechts Lai-tu*, S. 243

34 Sabine Kebir, *Ein akzeptabler Mann? Brecht und die Frauen*. Köln 1989, S. 63 f.

35 Salka Viertel, *Das unbelehrbare Herz. Ein Leben in der Welt des Theaters, der Literatur und des Films*. Hamburg/Düsseldorf 1970, S. 377

36 15. September 1940 GBA 29, 187

37 GBA 11, 188

38 «Komm mit mir nach Georgia», GBA 13, 315 f.

39 GBA 11, 187

40 Steffin, *Konfutse*, S. 199

41 «Das sechste Sonett», GBA 11, 187

42 «An Brecht», Mitte Februar 1934, in: Steffin, *Briefe*, S. 115

43 5. Juni 1940, zit. nach Hauck, *Die im Schatten ...*, S. 132

44 Günther Rühle: «... vor meinen sehenden Augen». Marieluise Fleißer wird siebzig / Notizen nach einem Gespräch, in: *Materialien*, S. 359

45 Joachim Lang/Jürgen Hillesheim (Hg.): *«Denken heißt verändern ...». Erinnerungen an Brecht*. Augsburg 1998, S. 18

46 Um 1954, GBA 27, 362 f.

Ausgewählte Literatur

Banholzer, Paula: *So viel wie eine Liebe. Der unbekannte Brecht.* Erinnerungen und Gespräche. Hg. von Axel Poldner und Willibald Eser. München 1981

Benjamin, Walter: *Gesammelte Briefe.* Hg. von Christoph Gödde und Henri Lonitz. Bd. IV, V, VI. Frankfurt a. M. 1998–2000

Bentley, Eric: *Erinnerungen an Brecht.* Berlin 1995

Berlau, Ruth: *Brechts Lai-tu. Erinnerungen und Notate.* Hg. und mit einem Nachwort von Hans Bunge. Berlin 1987

—: *Jedes Tier kann es. Erzählungen.* Aus dem Dänischen von Regine Elsässer. Mit einem Nachwort von Klaus Völker. Mannheim 1989; Frankfurt a. M. 2001

Braun, Matthias: «Auskünfte über Helene Weigel und Bertolt Brecht». Matthias Braun im Gespräch mit Käthe Rülicke-Weiler über die Arbeit am Berliner Ensemble. In: *Theater der Zeit* 11 (1985) S. 61–64, 12 (1985), S. 10–14

Brecht, Bertolt: *Briefe an Marianne Zoff und Hanne Hiob.* Hg. von Hanne Hiob. Frankfurt a. M. 1990

—: *Werke. Große kommentierte Berliner und Frankfurter Ausgabe.* Hg. von Werner Hecht/Jan Knopf/Werner Mittenzwei/Klaus-Detlef Müller. 30 Bände und Registerband. Berlin und Weimar, Frankfurt a. M. 1989–2000

Bronnen, Arnolt: *Tage mit Bertolt Brecht. Die Geschichte einer unvollendeten Freundschaft.* München/Wien/Basel 1960

Brüns, Elke: «Keine Bürgerin der Spiegelstadt. Marieluise Fleißer: Autobiographismus als Rezeptionsstrategie», in: Michaela Holdenried (Hg.): *Geschriebenes Leben. Autobiographik von Frauen.* Berlin 1995, S. 324–338

Dähnhardt, Willy/Nielsen, Birgit S. (Hg.): *Geflüchtet unter das dänische Strohdach. Schriftsteller und bildende Künstler im dänischen Exil nach 1933.* Heide 1988

— (Hg.): *Exil in Dänemark. Deutschsprachige Wissenschaftler, Künstler und Schriftsteller im dänischen Exil nach 1933.* Heide 1993

Eisler, Hanns: *Gespräche mit Hans Bunge. Fragen Sie mehr über Brecht.* Leipzig 1975

El-Akramy, Ursula: *Transit Moskau. Margarete Steffin und Maria Osten.* Hamburg 1998

Feuchtwanger, Lion: *Briefwechsel mit Freunden 1933–1958.* Bd. 1. Berlin und Weimar 1991

Fischer, Ulrich: «Die «Dreigroschenoper» – Ein Fall für mehr als Zwei. Weill, Brecht

u. a. in den Untiefen des Gesellschafts- und Urheberrechts». In: *Dreigroschenheft* 2 (2001), S. 23–44

Fleißer, Marieluise: *Gesammelte Werke.* Hg. von Günther Rühle. 4 Bände. Frankfurt a. M. 1972, 1989

—: *Der Tiefseefisch. Text. Fragment. Materialien.* Hg. von Wend Kässens und Michael Töteberg. Frankfurt a. M. 1980

—: *Die List. Frühe Erzählungen.* Hg. und mit einem Nachwort versehen von Bernhard Echte. Frankfurt a. M. 1995

—: *Briefwechsel 1925–1974.* Hg. von Günther Rühle. Frankfurt a. M. 2001

Frisch, Werner, Obermeier, K. W. (Hg.): *Brecht in Augsburg. Erinnerungen, Dokumente, Texte, Fotos.* Berlin und Weimar 1975

Fuegi, John: *Brecht & Co. Biographie.* Autorisierte erweiterte und berichtigte deutsche Fassung von Sebastian Wohlfeil. Hamburg 1997

Häntzschel, Hiltrud: «*Diese Frau ist ein Besitz». Marieluise Fleißer aus Ingolstadt. Zum 100. Geburtstag.* Marbacher Magazin, Sonderheft 96 (2001)

—: «Schlagschatten Vergangenheit. Marieluise Fleißers Bemühungen um Rückkehr in die literarische Öffentlichkeit». In: Christiane Caemmerer/Walter Delabar/ Elke Ramm/Marion Schulz (Hg.): *Erfahrung nach dem Krieg. Autorinnen im Literaturbetrieb 1945–1950.* Frankfurt a. M. 2002

Hafald, Dorothea: «Zwischen eingreifendem Denken und Utopie. Zu einem Aspekt der Auffassung Brechts von der Liebe als einer ‹Produktion›». In: *Zeitschrift für Germanistik* NF 5 (1995), S. 103–111

Hanssen, Paula: *Elisabeth Hauptmann. Brechts Silent Collaborator.* Bern, Berlin, Frankfurt a. M. u. a. 1995

Hauck, Stefan: «*Die im Schatten sieht man nicht». Margarete Steffin – Leben und Werk.* Unveröffentlichtes Manuskript. Druck in Vorbereitung, Frankfurt a. M.

Hauptmann, Elisabeth: *Julia ohne Romeo. Geschichten, Stücke, Aufsätze, Erinnerungen.* Hg. von Rosemarie Eggert und Rosemarie Hill. Berlin und Weimar 1977

Hecht, Werner: *Brecht. Vielseitige Betrachtungen.* Berlin 1978

—: *Brecht Chronik 1898–1956.* Frankfurt a. M. 1997

—: *Helene Weigel. Eine große Frau des 20. Jahrhunderts.* Frankfurt a. M. 2000

Heinrichsdorff, Amelie: «*Nur eine Frau»? Kritische Untersuchungen zur literaturwissenschaftlichen Vernachlaessigung der Exilschriftstellerinnen in Los Angeles: Ruth Berlau, Marta Feuchtwanger, Gina Kaus und Victoria Wolff.* Ann Arbor 1998

Herrmann, Hans-Christian von: *Der Sang der Maschinen. Brechts Medienästhetik.* München 1996

Hillesheim, Jürgen: *Augsburger Brecht-Lexikon. Personen – Institutionen – Schauplätze.* Würzburg 2000

Hilzinger, Sonja: «Schreiben im Exil. Margarete Steffins Erzählungen und Stücke für Kinder». In: Walter Delabar, Jörg Döring (Hg.): *Bertolt Brecht (1898–1956).* Berlin 1998

Horst, Astrid: *Prima inter pares. Elisabeth Hauptmann. Die Mitarbeiterin Brechts.* Würzburg 1992

Jeske, Wolfgang: «... jetzt habe ich ihm wieder Flöhe ins Ohr gesetzt»: Anmerkungen zu Margarete Steffin, ‹Hauslektorin› bei Brecht, in: *Focus: Margarete Steffin, Brecht-Jahrbuch* 19 (1994), S. 119–133

Kässens, Wend und Michael Töteberg: «...fast schon ein Auftrag von Brecht». Marieluise Fleißers Drama «Pioniere in Ingolstadt». In: *Brecht-Jahrbuch*, Frankfurt 1976, S. 101–119

Kebir, Sabine: *Ein akzeptabler Mann? Brecht und die Frauen.* Köln 1989

—: *Ich fragte nicht nach meinem Anteil. Elisabeth Hauptmanns Arbeit mit Bertolt Brecht.* Berlin 1997

—: *Abstieg in den Ruhm. Helene Weigel. Eine Biographie.* Berlin 2000

—:«‹Wir haben uns dabei fast totgelacht.› Ist ‹Alle wissen alles› ein unbekanntes Lustspiel von Bertolt Brecht & Co.?» (Mit einem Auszug aus dem Schwank) In: *Theater der Zeit* 2 (2002), S. 20–29

Knopf, Jan: *Brecht-Handbuch.* 2 Bände, Stuttgart 1984

Luhr, Geret (Hg.): *«was noch begraben lag». Zu Walter Benjamins Exil. Briefe und Dokumente.* Berlin 2000

Lyon, James K.: «Collaborateurs». In: *Schnittpunkte. Brecht-Jahrbuch* 21 (1996), S. 1–18

Mannes, Gast: *Marieluise Fleißer & Alexander Weicker. «Ich bin stolz auf ihn, solange ich lebe».* Echternach 1999

Marko, Gerda: *Schreibende Paare. Liebe, Freundschaft, Konkurrenz.* Zürich/Düsseldorf 1995

Mittenzwei, Werner: *Das Leben des Bertolt Brecht oder Der Umgang mit den Welträtseln.* 2 Bände, Berlin und Weimar 1986

Müller, Maria E., Vedder, Ulrike (Hg.): *Reflexive Naivität. Zum Werk Marieluise Fleißers.* Berlin 2000.

Mund, Karl Heinz: *Arbeitsplatz bei Brecht. E. H. Elisabeth Hauptmann, Mitarbeiterin und Autorin. Ein Feature.* Deutschlandfunk 1997

Münsterer, Hans Otto: *Bert Brecht. Erinnerungen aus den Jahren 1917–22.* Zürich 1963

Nielsen, Birgit S.: «Die Freundschaft Bert Brechts und Helene Weigels mit Karin Michaelis. Eine literarisch-menschliche Beziehung im Exil», in: Edith Böhne und Wolfgang Motzkau-Valeton (Hg.): *Die Künste und die Wissenschaften im Exil 1933-1945.* Gerlingen 1945

Oettinger, Klaus: «Der Tod ist zu nichts gut. Brechts Trauer um Margarete Steffin», in: *Exil* 1, 2000, S. 74–78

Raddatz, Fritz J.: *Bertolt Brecht.* In: *Männerängste in der Literatur. Frau oder Kunst.* Hamburg 1993, S. 165–184

Reiber, Hartmut: «Das eigene Leben des anderen. Gespräch mit Käthe Rülicke-Weiler». In: *Focus: Margarete Steffin, Brecht-Jahrbuch* 19 (1994), S. 196–185

Reich, Bernhard: *Im Wettlauf mit der Zeit. Erinnerungen aus fünf Jahrzehnten deutscher Theatergeschichte.* Berlin 1970

Rühle, Günther (Hg.): *Materialien zum Leben und Schreiben der Marieluise Fleißer.* Frankfurt a. M. 1973

Steffin, Margarete: *Konfutse versteht nichts von Frauen. Nachgelassene Texte.* Hg. von Inge Gellert. Mit einem Nachwort von Simone Barck und einem dokumentarischen Anhang. Berlin 1991

—: «Die Geisteranna: Ein Kinderstück». In: *Focus: Margarete Steffin. Brecht-Jahrbuch* 19 (1994), S. 1–43

—: *Briefe an berühmte Männer. Walter Benjamin. Bertolt Brecht. Arnold Zweig.* Hg., mit einem Vorwort und mit Anmerkungen versehen von Stefan Hauck. Hamburg 1999

—: *Von der Liebe. Und dem Krieg. 13 Erzählungen und zwei Gedichte.* Hg. und mit einem Nachwort versehen von Michael Töteberg. Hamburg 2001

Stephan, Alexander: *Im Visier des FBI. Deutsche Exilschriftsteller in den Akten amerikanischer Geheimdienste.* Stuttgart 1995

Stern, Carola: *Männer lieben anders. Helene Weigel und Bertolt Brecht.* Berlin 2000

Sternberg, Fritz: *Der Dichter und die Ratio.* Göttingen 1963

Töteberg, Michael: «Abhängigkeit und Förderung. Marieluise Fleißers Beziehungen zu Bertolt Brecht». In: *Text + Kritik* 64, 1979, S. 74–87

Viertel, Salka: *Das unbelehrbare Herz. Ein Leben in der Welt des Theaters, der Literatur und des Films.* Hamburg und Düsseldorf, 1970

Völker, Klaus: *Bertolt Brecht. Eine Biographie.* München 1976

—: «Induktive Liebe, extensive Mitarbeit». In: *Nach Brecht. Ein Almanach 1992 vom Brecht-Zentrum Berlin.* Hg. von Inge Gellert. Berlin 1992, S. 76–99

Voris, Renate: «Inszenierte Ehrlichkeit. Bertolt Brechts ‹Weiber-Geschichten›». In: «Brecht. Frauen und Politik». *Brecht-Jahrbuch* 12 (1983), S. 79–97

Wedel, Ute: *Die Rolle der Frau bei Bertolt Brecht.* Frankfurt a. M./Bern, New York 1983

Weigel, Helene: «*Wir sind zu berühmt, um überall hinzugehen». Briefwechsel 1935–1971.* Hg. von Stefan Mahlke. Berlin 2000

Helene Weigel 100. Brecht-Jahrbuch 25 (2000)

Weill, Kurt; Lenya, Lotte: «*Sprich leise, wenn Du Liebe sagst». Der Briefwechsel Kurt Weill/Lotte Lenya.* Hg. und übersetzt von Lys Symonette und Kim H. Kowalke. Köln 1998

Weiss, Peter: Notizbücher 1971–1980. Bd. 1. Frankfurt a. M. 1981, S. 98 f.

Willett, John: «Bacon or Shakespeare? The Problem of Mitarbeit». In: *Brecht-Jahrbuch* 12 (1983), S. 121–137

Wuolijoki, Hella: *Und ich war nicht Gefangene.* Rostock 1987

Wysocki, Gisela von: *Die Magie der Großstadt. Marieluise Fleißer.* In: *Die Fröste der Freiheit. Aufbruchsphantasien.* Frankfurt a. M. 1980, S. 9–22

Bildnachweis

Personenregister

Abusch, Alexander 138
Addams, Jane 181
Adorno, Theodor Wiesengrund 88
Amann, Maria Rosa 20 f., 24 f.
Andersen Nexø, Martin 198, 214 f., 237
Apletin, Michail Jurjewitsch 189
Aristophanes 100
Auden, Wystan Hugh 248
Auerbach, Ellen 89
Aufricht, Ernst Josef 84, 113, 116, 162

Bab, Julius 108
Bachmann, Ida 243, 250, 256 f.
Baerensprung, Horst 183
Banholzer, Frank Otto Walter 31 f., 34, 48, 53, 122, 130
Banholzer, Karl (Vater) 29–31, 34
Banholzer, Paula (Bi), verheiratete Groß 12, 14, 17–36, 40, 46–48, 51–55, 71, 86, 101, 122, 273 f., 276
Bard, Maria 118
Becher, Johannes R. 210
Benjamin, Walter 72, 85, 88, 112, 116, 120, 175–178, 197, 199, 207 f., 211 f., 214, 219, 221, 230, 236
Benn, Gottfried 88
Bentley, Eric 183
Berghaus, Ruth 184
Bergner, Elisabeth 130–132, 248
Berlau, Michel (Sohn von Brecht) 246 f., 251
Berlau, Ruth 120, 122–124, 126,

128 f., 131, 139, 197–199, 206, 210, 213, 221, 223–265, 269, 274, 276–280
Bernhardt, Sarah 99
Bizet, Georges 37
Borchardt, Hermann 173
Bork, Kurt 138
Branting, Georg 233
Brecht, Berthold Friedrich (Vater) 20, 27, 31, 53, 119 f., 219
Brecht, Hanne siehe *Hiob, Hanne*
Brecht, Marianne siehe *Zoff, Marianne*
Brecht, Sophie Wilhelmine Friederike (Mutter) 40, 270
Brecht, Stefan Sebastian 58, 105–107, 110, 116–118, 121–123, 130 f., 133, 195, 246
Brecht, Walter (Bruder) 18, 53
Brecht-Schall, Barbara 111, 117 f., 122, 130, 133, 195, 281
Bredel, Willi 138, 212
Breitenbach, Joseph 127, 251
Brentano, Bernard von 66, 112 f., 116, 120, 193
Brentano, Margot von 116, 120
Bronnen, Arnolt 52–54, 70 f., 95, 97, 100 f.
Büchner, Georg 100, 107
Budzislawski, Hermann 183
Bunge, Hans 233, 248, 263
Busch, Ernst 113, 131, 193

Dank

Die bereits geleistete Forschung zu Leben und Werk von Bert Brecht und seinen Geliebten, Frauen, Mitarbeiterinnen habe ich dankbar genutzt. Für die Hilfe beim Verfolgen neuer Spuren und bei der Bereitstellung von Archivalien, für vielfältige Anregungen und Auskünfte, für kritische Lektüre und Korrektur des Manuskripts danke ich herzlich: Lisette Buchholz (Mannheim), Ingrid Eiden (Ingolstadt), Helga Grebing (München), Günter Häntzschel (München), Rolf Harder (Berlin), Jürgen Hillesheim (Augsburg), Hanne Hiob (München), Johannes Hoffmann (Berlin), Wolfgang Jeske (Frankfurt), Franka Köpp (Berlin), Ingrid Kussmaul (Marbach), Ursula Lingen (Wien), Karl Heinz Mund (Berlin), Uwe Naumann (Hamburg), Heike von Schlebrügge (München), Roland Schulz (München), Annalisa Viviani (München), Erdmut Wizisla (Berlin), Sabine Wolf (Berlin).

Dem Suhrkamp Verlag, Frankfurt a. M., sei herzlich gedankt für die Genehmigung zum Abdruck der Zitate Bertolt Brechts. Außerdem wurde mit freundlicher Genehmigung durch die Rechteinhaber aus folgenden unveröffentlichten Nachlässen zitiert:

Aus dem Nachlass Fritz Sternbergs (Archiv der sozialen Demokratie der Friedrich Ebert Stiftung, Bonn)

Aus unveröffentlichten Briefen Elisabeth Hauptmanns an Walter Benjamin (Theodor W. Adorno Archiv, Frankfurt a. M.)

Aus dem Bertolt-Brecht-Archiv (Stiftung Archiv der Akademie der Künste, Berlin)

Aus dem Nachlass von Elisabeth Hauptmann (Stiftung Archiv der Akademie der Künste, Berlin)

Aus dem Nachlass Ruth Berlaus in der Stiftung Archiv der Akademie der Künste Berlin (Johannes Hoffmann, Berlin)

Aus dem Briefwechsel Elisabeth Hauptmanns mit Hannes Küpper und aus einem Brief Elisabeth Hauptmanns an Berthold Viertel (Deutsches Literaturarchiv, Marbach a. N.).